Liebeswahn

Geliebt, verfolgt, gehetzt

Susanne Schumacher

Liebeswahn

Geliebt, verfolgt, gehetzt

vgs

Die Informationen in diesem Buch sind von Autorin und Verlag nach bestem Wissen und Gewissen sorgfältig erwogen und geprüft, stellen aber keinen Ersatz für psychologische Betreuung jeglicher Art dar. Autorin und Verlag übernehmen keinerlei Haftung für etwaige Personen- oder Sachschäden, die sich aus Gebrauch oder Missbrauch der in diesem Buch aufgeführten Informationen und Hinweise ergeben.

Die Deutsche Bibliothek - CIP-Einheitsaufnahme
Schumacher, Susanne:
Liebeswahn : geliebt, verfolgt, gehetzt / Susanne Schumacher.
- Köln : vgs, 2000
ISBN 3-8025-1421-1

Umschlagfoto: Pictor International Ltd., München
Umschlaggestaltung: Sens, Köln
Redaktion: Martina Weihe-Reckewitz
Lektorat: Marcus Reckewitz, Bonn
Produktion: Angelika Rekowski
Satz: Greiner & Reichel, Köln
Druck: Pustet, Regensburg
Printed in Germany
ISBN 3-8025-1421-1

Inhalt

1. »Diese Gier – völlig frei und animalisch« 11
Malu an Frank –
Ein Brief von über 400 einer Liebeskranken **11**

2. Wenn Liebe zum Wahn wird 13
Stalking – die unheimliche Sucht **13**
Der Irrsinn beginnt **13**
Drei Fälle – ein Phänomen: Liebeswahn **15**
Job, Supermarkt, Aufzug –
Es kann jeden überall treffen **17**
Liebeskummer, Eifersucht, Stalking **19**
Die irre Lust an der Jagd **22**
Erst Anrufe, dann Mord **24**
Stalking – Volkskrankheit der Zukunft? **25**

3. »Deine kleine Frau« 27
Der Fall Marieluise Niemann **27**
Ende der Schonzeit **27**
Das Höschen **34**
Das Recht – dein Helfer? **43**
Telefonterror **52**
Auf der Pirsch **61**
Malu an Frank **66**
Neues Jagdrevier Berlin **72**
Ein Hoffnungsschimmer? **89**
Wie lange noch bis zum Halali? **95**

4. Von Fans und Verfolgern 101
Die gängigsten Stalker-Typen **101**
Der anonyme Fan **102**
Der flüchtige Bekannte **113**
Der Expartner **120**

»Ich kreise immer um dich herum …« –
Morddrohungen am Telefon **126**
Der Internet-Stalker **130**
Der Rache-Stalker **136**
»Ich sehe mich nicht als Idol«
Interview mit der ARD-Talkmasterin Sabine Christiansen über heiratswütige Fans, Stalking und mögliche staatliche Intervention **137**

5. Das instabile Selbst 143
Die psychologischen Hintergründe des Stalkings **143**
Stalking und Gewalt in der Partnerschaft **145**
»Wie ein Weltuntergang« –
Persönlichkeitsstörungen als Ursache **147**
54 Monate Haft, 3 Zwangseinweisungen oder:
das Clérambault-Syndrom **149**
»Lieber Adi, Du süßes Luderchen« –
Liebesbriefe an Hitler **153**
»Gefühle sind der Schlüssel« **155**

6. »Emotionale Vergewaltigung« 161
Das Leid der Opfer **161**
Stalking – Einzelfälle oder Zivilisationskrankheit? **169**
Handy, Internet, Datenflut –
Warum der Fortschritt Stalkern hilft **171**

7. »Eine grausam-quälende Geschichte« 173
Der Stalking-Fall des Musikkritikers Prof. Dr. Joachim Kaiser **173**
»Wie Fräulein G. in mein Leben eindrang …« –
von Prof. Dr. Joachim Kaiser **180**

8. »Das ist Ihr privates Problem« 185
Die Hilflosigkeit von Polizei und Justiz **185**

9. Wie Stalking-Opfer rechtlich vorgehen können 189
von Kirsten Luxenburg
Strafanzeige, Strafantrag **190**
Der Haftbefehl **192**
Einstweilige Verfügung, Unterlassungsklage, Wohnungszuweisung **193**
Grenzen der Justiz **194**
Wer zahlt Anwalt und Gericht? **195**

10. Uninteressierte Juristen 197
Die Schwierigkeiten des deutschen Rechtswesen im Umgang mit Stalking **197**
Interview mit Bundesjustizministerin Prof. Dr. Hertha Däubler-Gmelin **197**

11. Schlechte Zeiten für Stalker – Vorbild USA 201
Gesetze in Rekordzeit **202**
Kaliforniens Stalking-Spezialeinheit **204**

12. »Und dann war endlich Ruhe« – Vier Interventionsstrategien 207
Ignorieren **207**
Einschüchtern, Anzeigen, Verklagen **208**
Konfrontieren **208**
Vermittlung durch Dritte **209**

13. Erste Hilfe gegen Stalker 211
Polizei, Sozialpsychiatrischer Dienst und Gesundheitsamt **211**
Hilfe in Rechtsfragen – Weißer Ring, Rechtsanwälte und regionale Opferhilfe **213**
Hilfe bei häuslicher Gewalt und Bedrohung durch den Expartner **213**
Beratungsstellen für Frauen, Männer, Familien und Homosexuelle, Notruf für vergewaltigte Frauen **214**
Hilfe in Krisen, bei Angst und Depressionen **216**
Selbsthilfegruppen **217**
Hilfe im Internet **218**

14. Die Anti-Stalking-Regeln 221
17 ways to leave your stalker **221**
13 Tipps zur Abwehr von Internet-Stalkern **226**

15. Danksagung 228

16. Medien 229
Sachbücher **229**
Studien **230**
Romane **231**
Filme **232**
Internetadressen **233**

17. Quellennachweis 234

18. Register 236

Für Birgit

Desdemona schläft, neben ihr brennt eine Kerze.
Othello tritt herein.

Doch sterben muss sie, sonst betrügt sie andre.
Tu aus das Licht, und dann – Tu aus das Licht;
Ja, lösch' ich dich, du flammenheller Diener –
Kann ich dein vorig Licht dir wiedergeben,
sollt' ich's bereun; – doch dein Licht ausgetan,
Du reizend Muster herrlichster Natur,
Nie find' ich den Prometheusfunken wieder,
Dein Licht zu zünden. Pflück' ich deine Rose,
Nie kann ich ihr den Lebenswuchs erneun,
Sie muss, muss welken; dufte mir vom Stamm!
O würz'ger Hauch, der selbst Gerechtigkeit
Ihr Schwert zu brechen zwingt! – Noch einen! einen!
Seit wann du tot bist so, dann töt ich dich
Und liebe dich nachher – noch einen und den letzten!
So süß war nie so tödlich. Ich muss weinen.
Doch sind's grausame Tränen; dieser Schmerz
Ist wie des Himmels, strafend, wo er liebt.

Othello, 5. Aufzug, 2. Szene

1. »Diese Gier – völlig frei und animalisch«

Malu an Frank – Ein Brief von über 400 einer Liebeskranken

Köln, 30. April 1998

Ich glaube an dich – ich glaube an den Mann in dir – den unverrückbaren Mann – den starken geraden aufrichtigen ehrlichen Mann – den Frankie-Man – den Mann meines Lebens und den Mann – der mein Heartthrob ist – so lange wie ich ihn kenne – ununterbrochen – uneingeschränkt – immer gleichbleibend – nie anders – immer gleich – sogar die Briefe und das Lamentieren – du kannst dir das Lesen sparen – denn – die Liebe gleich – die Worte gleich – die Aussage und Befindlichkeiten gleich – alles gleich – Here I am, deine Diva – dein Miststück und dein Gegenbild – Narziß und Goldmund – Pubertäts-Literatur – einmalig – bis heute – du der Narziß und ich Goldmund! Nur nicht gleichen Geschlechts, sondern jeder auf der anderen Seite des Ufers. Du männlicher Voyeur. Du Augen-Scharfschütze – seit du deine Augen in meine Richtung lenktest, seitdem jagst du mich eben mit diesem Geschütz – mit deinem Augen-Geschütz – ich war immer unter Strom und Anspannung – Die ganze Zeit unentwegt und ununterbrochen seit du deine Augen auf mich warfst – seitdem – seitdem gehöre ich zu dir – weil du es so wolltest – und du zu mir – weil ich es so wollte – nur so – so. Wir passen so gut zusammen – in jeder Hinsicht, insbesondere in unserem gleichen Sein und im Mut und in der Intelligenz (sorry, lt.

Nietzsche liebst du mich nur, weil du mir meine Dummheit als Frau verziehen hast!), aber auch im Gebaren. Wir haben beide den gleichen Gang - ausschreitend und dynamisch, beide sehr tiefe und schöne Stimmen (meine Stimme ist nur sehr hoch, wenn ich hysterisch bin und du mich gerade wieder einmal verlassen willst). I love you - I love you - I need you and I want you. Ich weiß nun um die Geheimnisse der Erbsünde, der Sünde Liebe und Leidenschaft. Diese Gier die wir aufeinander hatten, völlig frei und animalisch. Ich habe dieses Jahr irgendwie völlig im Traum verbracht. Im Frankie-Traum - im Traum immer ganz dicht bei dir - so dicht, daß ich dein Herz durch meine Brust schlagen hören konnte. Ich liebe dich bis zum Tode. Du bist für mich der perfekteste Mann, den ich für mich passend finde. Du bist mein Prinz. Und jeden Frosch würde ich an die Wand klatschen, der es wagt, sich mir zu nähern. Du allein verdienst die absolute Bewunderung. You are a very gentle man. A very decent and a very loving man. You are straight forward and very strong-minded. But you also are hottempered and cynical, which shows lack of self-discipline. And stop living unhealthy, pls., I want you alive and not like in the story of Jean Paul Sartre - Das Spiel ist aus. Ich möchte dich mit meinen Briefen nicht belästigen. Aber es kommt so über mich - so heiß u. ich will dann bei dir sein.
In ewiger Anbetung -

Deine kleine Frau.

2. Wenn Liebe zum Wahn wird

Stalking – die unheimliche Sucht

Dich liebt' ich immer, dich lieb ich noch heut,
und werde dich lieben in Ewigkeit.
Ludwig Uhland

Der Irrsinn beginnt

Es fängt eines Tages an. Ganz plötzlich wird man von einem Nachbarn, einem Arbeitskollegen oder einem flüchtigen Bekannten mit übertriebener Aufmerksamkeit überschüttet. Man wird ins Kino, zum Essen oder zum Tanzen eingeladen. Man ist geschmeichelt und trifft sich mit ihm, allerdings stellt man sehr schnell fest, dass er zu aufdringlich wird. Man wird ein zweites Mal eingeladen, redet sich aber mit einer Notlüge heraus. Zu Hause klingelt das Telefon. Er ist dran und will plaudern. Halbherzig lässt man sich darauf ein, schließlich will man ja nicht unhöflich erscheinen.

Am nächsten Tag findet man Blumen vor der Haustür. Das Telefon klingelt. Er will wissen, ob die Blumen angekommen sind. Vorsichtig versucht man ihm zu erklären, dass er ja ganz nett sei, aber man schon einen Freund habe, und dass er, obwohl man sich gefreut habe, doch bitte keine Blumen mehr schicken möge. Er schmeichelt einem erneut. Regelmäßig klingelt nun das Telefon. Morgens liegen kleine Präsente vor der Haustür. Man findet Nachrichten unter dem Scheibenwischer des Autos oder im Briefkasten. Fortan lässt man den Anrufbeantworter permanent eingeschaltet.

Ein paar Wochen vergehen, dann bemerkt man, dass er vor dem Haus steht. Man spricht ihn an und sagt ihm, dass er aufhören soll. Er grinst, entschuldigt sich und verspricht, es nicht mehr zu tun. Am nächsten Tag sitzt er wieder in seinem Auto vor dem Haus. Es wird lästig. Der Partner wird langsam stutzig, die Nachbarn wundern sich, die Arbeitskollegen tuscheln. Er taucht nun immer dort auf, wo man sich gerade aufhält – im

Restaurant, im Kino, im Sportcenter. Wenn er nicht in seinem Auto vor dem Haus sitzt, ruft er pausenlos an, sowohl am Arbeitsplatz als auch zu Hause, erzählt akribisch, was er alles über das Leben seines Opfers herausgefunden hat. Er schickt Dutzende Briefe, Telegramme, Pakete.

Inzwischen gibt es nur noch Wut auf den Verfolger. Man versucht, ihn in seine Grenzen zu weisen. Anfangs noch recht freundlich, später drohend. Es hilft nichts. Da sein Werben unerhört bleibt, wandelt sich sein Verhalten und wird plötzlich unheimlich, ja bedrohlich. Die Briefe werden obzön, drohend und wirr. Auf dem Anrufbeantworter sammeln sich wilde Verwünschungen gegen die ganze Familie, die Freunde.

Anonyme Briefe gehen bei der Personalabteilung ein. Ein ernstes Gespräch mit dem Chef. Er macht nicht den Eindruck, als glaube er die Geschichte. Der Verfolger holt Erkundigungen über sein Opfer ein, bei Familienmitgliedern, Freunden, Arbeitskollegen und Nachbarn. Selbst gute Freunde rücken jetzt ab und fragen: »Mal ehrlich: Was war denn da wirklich?«

Eines Tages sind die Autoreifen zerstochen, ist die Benzinleitung zerschnitten. Dann der erste Einbruch. Angst. Es waren also doch nicht nur leere Drohungen. Das Telefon klingelt Tag und Nacht. Die Stimme des Verfolgers ist überall. Bei jedem Schritt aus der Haustür der bange Blick. Wo steckt er? Verbarrikadieren in der eigenen Wohnung: keine Parties mehr, kein Kino, keine Konzerte. Das Essen schmeckt nicht. Keine Nacht ohne Alpträume. Die Konzentration lässt nach, schließlich die Arbeitsleistung.

Oft bleibt der erste Gang zur Polizei auch der letzte. Die Beamten lachen und sagen: »Das ist Privatsache.« Dann zum Anwalt. Er sagt: »Warum gehen Sie nicht zur Polizei.« Verzweiflung keimt, wüste Gedanken: Den Täter erschrecken, ihm die Meinung sagen, ein paar Ohrfeigen verpassen, ihm einen Schlägertrupp auf den Hals hetzen.

Das freie und unbeschwerte Leben war früher. Jetzt ist der Schatten da, immer und überall. Die Kontrolle über das eigene Leben schwindet. Das geht erst Monate, dann Jahre so. Leben als Geisel. Jedes vierte Opfer denkt schließlich an Selbstmord.

In den USA, in Großbritannien und Australien hat das unheimliche Phänomen bereits einen Namen: Stalking. Das aus der Jägersprache stammende englische Verb »to stalk« bedeutet »pirschen, anschleichen an das

Wild« und ist inzwischen jedem Amerikaner geläufig. Es beschreibt jemanden, der einen Mitmenschen unaufgefordert verfolgt, belästigt und terrorisiert. Einen, der hetzt. Der Stalker kann sowohl Mann als auch Frau sein. Im Deutschen gibt es noch kein Wort für das, was die Psychologen Liebeswahn nennen.

Drei Fälle – ein Phänomen: Liebeswahn

Die Welt vom 28.01.1999

Leute von Welt Schattenseiten des Ruhms

Brad Pitt, US-Schauspieler, wird seit drei Jahren von einem besessenen Fan belästigt. Ein Gericht in Los Angeles (US-Bundesstaat Kalifornien) hat jetzt angeordnet, dass die 19-jährige Athena Maria Rolando, die vor drei Wochen durch ein offenes Fenster in das Haus von Brad Pitt eingestiegen war, mindestens 30 Meter Abstand von dem Schauspieler und seinem Haus halten muss. Sie war von einem Angestellten im Bett Pitts gefunden worden. Bereits vor ihrer Festnahme soll sie das Haus mindestens zweimal aufgesucht und Geschenke vor die Tür gelegt haben. Gerichtsunterlagen beinhalten unter anderem einen Brief an Brad Pitt. Darin berichtet die junge Frau von einem bösen Schwur, den sie ausgesprochen habe, um eine Trennung des Schauspielers von seiner damaligen Freundin Gwyneth Paltrow zu bewirken.

dpa-Meldung vom 06.08.1998

Einweisung in die Psychiatrie

38-Jähriger verfiel in Liebeswahn zu Nonne

dpa. Ein 38 Jahre alter psychisch gestörter Mann, der einem Liebeswahn zu einer katholischen Ordensschwester verfallen ist, muss in eine psychiatrische Anstalt. Das ordnete das Landgericht Frankfurt am Mittwoch an.

Laut Feststellung des Gerichts hat der Mann über längere Zeit hinweg die 36 Jahre alte, in Frankfurt lebende Nonne verfolgt. Bei zahllosen Gelegenheiten schlug er ihr eine Heirat oder wenigstens eine intime Beziehung vor. Ein Ordensbruder der 36-Jährigen sagte vor Gericht aus, er allein habe „mehrere hundert Mal, vielleicht auch tausend Mal“ einschreiten und den Mann abweisen müssen. Die Belästigungen hätten solche Ausmaße angenommen, dass die Ordensschwester sich kaum noch auf die Straße getraut habe.

Nach übereinstimmenden Aussagen war der 38-Jährige nie aggressiv oder gar gewalttätig gegen die Nonne geworden. Das Gericht entschied, dass eine zeitweise, laufend ärztlich zu überprüfende Unterbringung erforderlich sei zwecks Behandlung und möglicherweise Heilung des 38-Jährigen von seinen Wahnideen.

B.Z. vom 29.05.1999

r.s.2-Moderator, 32, von Groupie, 57, k.o. geschlagen – Wehe, du bist ein Radio-Star und eine Hörerin verliebt sich in dich

Erst Fans machen den Normalsterblichen zum Star. Aber wehe dem, der einen Fan nicht mehr los wird. „Diese Frau verfolgt mich seit fünf Jahren mit ihrer kranken Liebe", so Radio-Moderator Jochen Trus vom Sender r.s.2. gestern vorm Amtsgericht. „Bitte helfen Sie mir, Herr Richter."

SIE ist 25 Jahre älter als er und sitzt auf der Anklagebank: Hausfrau Erika N., 57, aus Weißensee. Blonde Dauerwelle, weiße Caprihose, 1,60 Meter groß. Mit großen braunen Augen himmelt sie ihr Idol auch hier noch an.

ER sitzt auf dem Zeugenstuhl: dunkelblauer Nadelstreifen-Anzug, Bart und lange Mähne. Jochen Trus ist alles irgendwie peinlich: „Ich will nur, dass dieser Frau geholfen wird und sie mich in Ruhe lässt", sagt der „Radio-Wecker", dem man eine „sexy Stimme" nachsagt.

„Es fing harmlos an", sagt er. „Sie rief morgens im Sender an. Aber bald bezog sie alles, was ich im Radio mache, nur auf sich. Wenn ich zum Beispiel Westernhagens ‚Weil ich dich liebe' spiele, ruft sie an und sagt: ‚Weiß ich doch, aber wir müssen reden, was aus unserer Beziehung geworden ist.' Sie belästigt mich."

SIE blitzt ihn böse an: „Die wissen genau, wenn ich zu Hause zuhöre über ISDN."

ER: „Sie wartete oft mit Rosen auf dem Parkplatz, steckte Zettelchen untern Scheibenwischer, überschüttet mich mit Liebesbriefen, schickte Süßigkeiten zu Weihnachten – sie lauert einfach überall."

SIE: „Du bist so gemein."

ER: „Ich habe Angst vor ihr, besonders im Dunkeln."

SIE: „Du hast mir doch den Privatdetektiv in den Urlaub nachgeschickt!"

ER: „Sie bildet sich alles Mögliche ein. Und ihr Telefonterror lässt mich nicht schlafen. Geheimnummer? Zwecklos, sie ist schlau."

SIE: „Du bist so grausam."

ER: „Einmal schlenderte ich mit einer Kollegin über den Kudamm, sie schlug mir ihre Handtasche ins Kreuz."

SIE presst die Tasche an die Brust:

„Das Leder ist weich, aber du, du hältst ja nie, was du im Radio versprichst!"

ER: „Ich bin sehr pazifistisch, aber ..."

SIE: „Du hast mich doch seelisch fertig gemacht!"

ER: „Ich glaube, sie braucht ärztliche Hilfe."

SIE: „Frechheit, geh du doch zum Psychiater!"

Anne Losensky

Drei Fälle, ein Phänomen: Liebeswahn. Prominente wie die Tennisspielerin Steffi Graf, der Showmaster Thomas Gottschalk oder die TV-Talkerin Sabine Christiansen kennen ihn gut: den hartnäckigen Fan, der seinem Idol unentwegt nachstellt, an ihm klebt. Auch amerikanische Popstars wie Madonna und Whitney Houston, der Late-Night-Talker David Letterman, Komiker Jerry Lewis oder Supermodell Naomi Campbell haben die Besessenheit fanatischer Verfolger am eigenen Leib gespürt. »Warum ausgerechnet ich?«, fragte sich auch die Schauspielerin Jodie Foster. Ihr Verfolger John Hinckley verübte 1981 ein Attentat auf US-Präsident Ronald Reagan, um Foster zu imponieren. Zuvor hatte er ihr monatelang nachgestellt.

In der Psychologie nennt man das Phänomen Übertragung und kennt es schon seit Freud. Gemeint sind jene Fälle, in denen sich ein Patient in einen Arzt oder in eine Ärztin verliebt oder, wie im klassischen Liebeswahn, annimmt, der Mediziner oder die Medizinerin sei in den Patienten verliebt. Oftmals ist der behandelnde Arzt der erste Mensch im Leben eines Kranken, der ihm zuhört, ihm Aufmerksamkeit schenkt.

Job, Supermarkt, Aufzug – Es kann jeden überall treffen

Die hartnäckige Verfolgung – ein Problem allein der Stars? Offenbar nicht. Es kann jeden überall treffen – bei der Arbeit, im Supermarkt, im Aufzug. Pro Jahr, so ergab eine Studie des amerikanischen Justizministeriums, werden eine Million US-Bürgerinnen Opfer fortgesetzter, systematischer Belästigung durch Telefonterror, durch Verfolgung, durch Briefe, Pakete, seit einigen Jahren auch über das Internet.

Der Stalker ist vollständig auf das Opfer fixiert, das wiederholten und mutwilligen Belästigungen ausgesetzt ist, die sich stetig steigern. Der Stalker pirscht sich in ein fremdes Leben, er schleicht sich heran an das Opfer und treibt es in die Enge. Bisweilen geht diese Hetzjagd tödlich aus.

Zwar sind vorwiegend Frauen betroffen, doch auch Männer können Stalking-Opfer werden, praktisch jeder, Heteros ebenso wie Homosexuelle, Junge wie Alte, Reiche wie Arme. Stalking gibt es in allen gesellschaftlichen Schichten. Der Verfolger ist der hartnäckige Fan einer Prominenten, eine ehemalige Partnerin oder ein verschmähter Verehrer, aber auch ein flüchtiger Bekannter oder ein gänzlich Fremder. Manche Fälle dauern Monate, andere Jahre oder gar Jahrzehnte. Die Täter zeigen ein diffuses psychologisches Krankheitsbild, die Forschung steht erst am Beginn. Im Interview auf Seite 140 fordert die TV-Talkerin Sabine Christiansen, die Forschung über das unheimliche Phänomen auszuweiten.

Bemerkenswert ist die große Kreativität und Suggestivkraft, mit der Stalker das Umfeld ihres Opfers und auch ihre eigenen Bekannten für ihre Ziele instrumentalisieren können. So wurde ein Chirurg aus Süddeutschland von einer Patientin gefragt, ob sie als freie Journalistin ein Interview mit ihm machen dürfe. Der Arzt willigte ein. »Allerdings«, erinnerte sich der Mann, »war das Interview sehr bewundernd auf meine Person fixiert. Ich konnte mir nicht vorstellen, dass es jemals gedruckt werden würde.« Und so kam es auch. Der angebliche Auftraggeber wollte das Interview nicht.

Stattdessen erhielt der Mediziner von der Frau Geschenke und bewundernde Briefe, die von einem anfangs distanzierten »Sie« bald in ein persönliches »Du« übergingen. Auch Sätze wie: »Ich will mit dir schlafen«, fielen immer häufiger. Sie schickte BHs und Höschen. Das Praxispersonal war angewiesen, sämtliche Post zurückzuschicken. Schließlich rief der genervte Mediziner die Frau an und sagte ihr, sie solle ihn in Ruhe lassen, er fühle sich belästigt.

Doch das ermunterte die liebeswahnsinnige Frau erst recht. Nun lauerte sie ihm auf der Straße auf, verfolgte ihn. Zur Rede gestellt, sah sie ihr Fehlverhalten zwar ein und versprach, den Chirurgen fortan nicht weiter zu belästigen, änderte jedoch ihre Meinung umgehend und verfolgte ihr Opfer weiterhin. »Einmal«, erzählt der Mediziner, »hat sie mir sogar auf dem Briefpapier eines befreundeten Kollegen geschrieben. Und immer zweifelte sie meine Zurückweisungen an. In ihrem kranken Kopf konnte es gar nicht anders sein, als dass ich in sie verliebt sei.«

Eine Freundin der Stalkerin meldete sich bei dem Chirurgen mit den Worten: »Was sind sie nur für ein Mensch. Meine Freundin ist so traurig, dass sie sich umbringen will!« Als die liebeskranke Frau schließlich auf Fachkongressen auftauchte, drohte er ihr mit dem Rechtsanwalt. Daraufhin schrieb sie der Ehefrau des Mediziners Briefe, in denen sie behauptete, der Arzt würde sie mit Telefonterror sexuell belästigen. Zudem drohte sie, die Presse zu informieren. Die beunruhigte Ehefrau wurde nervös, misstraute ihrem Gatten anfangs, merkte dann aber, dass sie es offenbar mit einer Kranken zu tun hatte. Der genervte Mediziner ignorierte die Stalkerin schließlich rigoros. Nach zwei Jahren Liebesterror verschwand die Frau aus seinem Leben.

Die überwiegende Zahl von Stalkern kann ihre Obsession über einen extrem langen Zeitraum auch passiv aufrechterhalten. So nahm eine Frau in den USA einen Anhalter in ihrem Auto mit, hatte anschließend jedoch keinerlei Kontakt mehr zu dem betreffenden Mann. 31 Jahre später begann der einstige Passagier die Frau unbarmherzig zu belästigen. Er hatte die ihm bis dahin unbekannte Anschrift aus der Todesanzeige für ihre Mutter entnommen. Als die Polizei ihn festnahm, fand sie in seiner Wohnung 62 Geschenke, die er über all die Jahre hinweg für sie gekauft hatte. Es handelte sich um jeweils ein Präsent zu Weihnachten und eines zum Geburtstag für jedes der 31 vergangenen Jahre. Die Polizei fand außerdem Trauringe, eine Flasche Champagner und zwei Gläser zum Anstoßen. Mancher Stalker lässt auch nach langem Gefängnis- oder Psychiatrie-Aufenthalt nicht von seinem Opfer ab.

Liebeskummer, Eifersucht, Stalking

Von Cicero, dem römischen Denker und Staatsmann (106–43 v. Chr.), stammt die Erkenntnis: »Furor amoris« – Liebe ist verrückt. Cicero meinte damit jene Besessenheit, die der Liebe eigen ist. Für die heutige Wissenschaft ist klar bewiesen: Verliebtsein ist eine psychische Störung. Wer verliebt ist, bei dem hat der Verstand eine Pause eingelegt. Schützen kann sich niemand. Früher oder später wird fast jeder einmal von seinen Liebesgefühlen überrollt. Das ist normal.

Bedenklich wird der Zustand jedoch dann, wenn der Tunnelblick des Verliebten chronisch wird. »Jahrelanges Verliebtsein würde zur totalen Erschöpfung führen«, sagt der niederländische Psychologie-Professor Rene Diekstra. Wer die große Liebe nicht vergessen kann, wer einen »inneren Altar« für das Objekt seiner Sehnsucht errichtet, wer ganz im Sinne Casanovas »verliebt in die Liebe« ist, erfüllt eines von vielen Merkmalen, die einen Stalker auszeichnen.

Stalker sind jedoch nicht zu verwechseln mit Menschen, die vorübergehend unter Liebeskummer leiden und die angebetete Person nach einer Trennung eine Weile mit Telefonanrufen oder Briefen behelligen. Von Stalking sprechen Experten erst, wenn die Verfolgung anhält und sich eher steigert als nachlässt. Stalker sind nicht wirklich an dem Menschen ihrer Begierde interessiert, sondern besessen von der Vorstellung, die sie sich von ihm machen. Um dieses eingebildete Ideal dreht sich ihr gesamtes Denken. Die meisten von ihnen sind Menschen, die grundsätzlich nicht loslassen können. Alle Stalker haben gemeinsam, dass sie das Wort »Nein« keinesfalls als Ablehnung verstehen. Einige wenden die Negation vielmehr ins Positive. Ein Satz wie: »Ich bin nicht interessiert an dir«, verstehen sie als Aufforderung, sich noch etwas mehr Mühe in ihrem Werben zu geben. Andere, wenn ihre Liebe nicht erwidert wird, suchen Macht und Kontrolle auszuüben. Wobei die Zurückweisung des Opfers nicht akzeptiert wird.

Zuweilen glauben die Täter auch, ihr Opfer liebe sie, wisse nur noch nichts davon. Dann wird die Ablehnung als Finte interpretiert. Das Opfer, so glaubt der Stalker, dürfe in Gegenwart seines Partners, seiner Freunde oder Arbeitskollegen nichts von der großen, geheimen, ja mystisch aufgeladenen Liebe zum Stalker verraten und verleugne sie deshalb. So wird auch die schärfste Ablehnung als versteckte Zuneigung gewertet.

Diese verblendete Wahrnehmung erklärt sich aus der labilen Psyche von Stalkern. Viele von ihnen leiden unter starken Minderwertigkeitsgefühlen. Nähmen sie die Ablehnung des Opfers ernst, wären sie wieder auf sich und ihr oftmals eintöniges Leben, ihre emotionale Leere und Liebesunfähigkeit zurückgeworfen. Darum hält ein Stalker an seinem Opfer fest und ignoriert jede Zurückweisung.

Als »liebes-, romanzen-, beziehungs- oder sexsüchtig« bezeichnen sich die Mitglieder der Selbsthilfegruppe S. L. A. A. (Sex and Love Addicts Anonymous – Anonyme Sex- und Liebessüchtige), denen der Begriff Stalking durchaus bekannt ist. S. L. A. A. wurde ursprünglich in den USA gegründet, in Anlehnung an die Anonymen Alkoholiker. In Deutschland gibt es inzwischen 45 Gruppen (siehe Kapitel 13 »Erste Hilfe gegen Stalker«, Seite 217 f.). Laut S. L. A. A. erleben Sex- und Liebessüchtige zwischenmenschliche Nähe immer seltener, haben sie vielleicht niemals erfahren oder zunehmend Schwierigkeiten, sie herzustellen. Die Sex- und Liebessucht verdeckt jedoch nur den zunehmenden Selbstverlust, den wahren Kern dieser Erkrankung. S. L. A. A. legt den Schwerpunkt auf das Erkennen der eigenen Sucht als selbstzerstörerischen Akt, der jegliches menschliche Miteinander verhindert.

Eine andere Gruppe von Stalkern, die der Expartner, kann ihre Situation durchaus realistisch einschätzen. Diese Stalker versuchen, ihrem ehemaligen Partner bewusst das Leben zur Hölle zu machen: »Wenn schon nicht ich, so soll dich auch kein anderer haben.« Zuvor versuchen einige durch Psychoterror den ehemaligen Lebenspartner zurückzugewinnen. Die Gefühle und Rechte des Opfers werden dabei vom Stalker nicht wahrgenommen.

Stalking ist kein Verbrechen aus Liebe oder Begehren. Im Gegenteil: es geht um Aufmerksamkeit, Kontrolle und Macht. Das Verhalten dieser Liebesjunkies erinnert eher an das kleiner Kinder, denen zu wenig Liebe und Aufmerksamkeit entgegengebracht wird. Sie reagieren ihren Frust oftmals an geliebten Gegenständen oder kleinen Haustieren ab. Im Gegensatz zu diesem harmlosen kindlichen Verhalten verfolgen, bedrängen, bedrohen, verleumden Stalker ihr Opfer.

Zu fünf Jahren und neun Monaten Gefängnis verurteilte eine Strafkammer des Landgerichts Stuttgart einen Vergewaltiger, weil er seine Exfreundin auf einer Behinderten-Toilette brutal misshandelt hatte. Für das Gericht war es eine Tat mit Bestrafungscharakter, da die Frau im Jahr zuvor dem Mann unmissverständlich erklärt hatte, dass es mit ihrer Beziehung aus und vorbei sei.

Doch der verschmähte Exfreund hatte sich damit nicht abfinden wollen. Nach einer Serie von Terroranrufen bei seinem Opfer lauerte er ihr schließlich am Arbeitsplatz auf und bat um eine Aussprache. Die Frau ließ sich auf ein Gespräch ein. Plötzlich schlug er auf seine Exfreundin ein, zerrte sie in die Behinderten-Toilette, zückte ein Messer, hielt es ihr an die Kehle und verging sich dann wiederholt an ihr. Schließlich konnte sie fliehen. Seit der Vergewaltigung leidet die Frau an Depressionen. Sie versuchte sogar, sich das Leben zu nehmen.

Die irre Lust an der Jagd

Amerikanische Studien zeigen, dass Stalker meist überdurchschnittlich intelligent sind. Ihre Fähigkeiten, sich Informationen über ihre Opfer zu beschaffen, sind beachtlich. Mit den tollsten Tricks spüren sie in kurzer Zeit die neue Anschrift ihres aus Angst verzogenen Opfers und dessen geheime Telefonnummer auf.

Eine besonders hartnäckige Verfolgerin aus Hamburg gab sich wechselweise als Vertreterin der Telekom, der Polizei, diverser Behörden und als Familienangehörige aus, um an private Daten ihres Opfers zu kommen. Die Mutter zweier Kinder, die angab, aus einer reichen Familie zu stammen, machte auf diese Weise sowohl die Mutter als auch die Geschwister ihres Opfers aus, die unter anderen Namen in anderen Städten wohnten.

»Sie tauchte bei Terminen auf, von denen nicht mal mein Verleger wusste«, sagt Professor Joachim Kaiser über die junge Frau, die ihn jahrelang verfolgte, ohne dass er in irgendeiner Beziehung zu ihr stand. Der renommierte Musikkritiker der Süddeutschen Zeitung erinnert sich: »Sie stellte sich bei Empfängen neben mich, und alle dachten, sie sei meine Freundin.« Seine Erfahrungen mit der Verfolgerin schildert Kaiser auf Seite 173 ff.

Stalker haben in der Regel kaum engere Kontakte zu anderen Menschen. Sie sind häufig Einzelgänger, suchen aber verzweifelt eine dauerhafte Beziehung. Von ihrem edlen Tun überzeugt, nehmen sie nicht wahr, dass sie mit ihrem Verhalten andere belästigen und ängstigen. Einem normalen Menschen wäre es peinlich und unangenehm, einer geliebten Person so hartnäckig und aufdringlich auf die Pelle zu rücken. Stalker kennen diese Grenzen nicht. Ihnen erscheint alles erlaubt, um die Liebe des anderen zu gewinnen.

Doch sie erreichen in der Regel das genaue Gegenteil von dem, was sie beabsichtigen. Denn bei ihrer fortgesetzten Verfolgung überschreiten sie zahlreiche Grenzen des menschlichen Zusammenlebens, verletzen zahlreiche Tabus und oftmals auch Gesetze. Stalker machen sich lächerlich, sie lügen, sie erfinden, sie schicken peinliche Päckchen und Briefe, sie sitzen tagelang im Auto, um ihr Opfer zu observieren. Haben sie sich gesellschaftlich erst einmal derart diskreditiert, fällt es ihnen nicht weiter schwer, auch die nächste Grenze zu überschreiten.

Stalker werden so nach und nach zu gesellschaftlichen Outlaws, die kaum mehr in ihre alte, normale Rolle zurückkehren können. Sie brechen alle Brücken hinter sich ab. Stalker, zumindest im fortgeschrittenen Stadium, haben nichts mehr zu verlieren. Sie geben nichts mehr auf gesellschaftliche Konventionen und erst recht nichts auf ihren Ruf – diese »Ganz-egal-Mentalität« macht sie mit der Zeit so unberechenbar und gefährlich.

Auf Grund ihrer geringen Selbstachtung suchen Stalker sich meist Opfer, von deren sozialem Status sie zu profitieren hoffen. Doch das heißt nicht, dass Stalker bevorzugt Prominente verfolgen. Schon die Tätigkeit bei einem bekannten Arbeitgeber wie dem Fernsehen, einem Verlag, einer Universität, dem Krankenhaus, einer Werbeagentur oder bei Gericht genügt bereits, um einen Stalker anzuziehen. Und manchmal reicht auch schon die physische Attraktivität des Opfers.

Die Schweizer Sängerin Géraldine Olivier zum Beispiel wurde jahrelang von einem 56-jährigen deutschen Oberkommissar verfolgt, der vom Dienst suspendiert war. Kennengelernt hatte die Sängerin den besessenen Verehrer bei einem Treffen mit ihrem Fanclub. »Mir fiel sofort auf, dass mit ihm etwas nicht stimmte. Die Art, wie er mich anschaute …«, erzählte sie in einem Interview. Täglich bekam sie fortan Briefe von ihrem hartnäckigen Verfolger. Die anfangs noch harmlosen Forderungen wie »Ich will, dass du mit mir eine CD aufnimmst« oder: »Ich will, dass du dich mit mir in der Öffentlichkeit zeigst« schlugen bald um in brutale Morddrohungen. So schickte er ihr per Post ein verbranntes Foto der verstorbenen amerikanischen Olympiasiegerin Florence Griffith-Joyner. Und zu ihren Konzerten ließ der offensichtlich verstörte Mann ihr jedesmal einen Tennisball zukommen – in Anspielung an das Attentat auf Monica Seles (Quellenangabe siehe Seite 234).

Erst Anrufe, dann Mord

Was meistens harmlos beginnt, kann in einer Katastrophe enden. Die Täter entwickeln ungeahnte kriminelle Energien, die Opfer zeigen starke physische und psychische Stresssymptome, die sich in Angstattacken, Depressionen, Schlafstörungen äußern. 70 Prozent der Opfer leiden nach einer Studie der australischen Psychiatrie-Professoren Dr. Paul E. Mullen und Michele Pathé unter post-traumatischen Stressreaktionen wie Angst, Isolation und Verlust an Lebensfreude. Jeder vierte Befragte hatte an Selbstmord gedacht. Immer ist seelische Gewalt im Spiel, in einem Viertel aller Fälle körperliche Gewalt, und manchmal steht am Ende sogar ein Mord.

Darüber hinaus wird das Opfer von seiner Umwelt oftmals in Frage gestellt. Familienmitglieder, Freunde oder ahnungslose Kollegen vermuten häufig Liebeskummer oder gar Rosenkrieg zwischen Täter und Opfer. Dass teilweise gar keine Liebesbeziehung bestanden hat und die besessene Liebe des Stalkers pathologische Züge zeigt, nehmen die meisten Nicht-Betroffenen kaum wahr.

Dabei ist es in der Regel zunächst gar nicht das Ziel des Stalkers, dem Opfer Schaden zuzufügen. Die gewalttätige Komponente ist oft nur das Resultat einer emotionalen Eskalation, eines Aufschaukelns der Gefühle, die von Liebe in Hass umschlagen können, wie der Fall eines 42-jährigen Maschinenmechanikers aus Rheinland-Pfalz zeigt. Der Mann, der die 1995 von seiner Frau eingereichte Scheidung nicht akzeptieren wollte, fuhr immer wieder nachts mit seinem Auto zum Haus seiner Schwiegereltern, in der seine Exfrau seit der Trennung mit der Tochter wohnte.

Er hupte und klingelte, brüllte: »Euch Hurenfamilie bringe ich um.« Seinen Schwiegervater bedrohte er mit einer Pistole. Wegen unerlaubten Waffenbesitzes wurde er daraufhin auf Bewährung verurteilt. Ein andermal versuchte er die hinter seinem Auto stehende Exfrau zu überfahren. Nur mit einem Hechtsprung konnte die Frau sich retten.

Anfang Juli 1999 drang der wütende Mann in das Haus der Familie ein und erschoss seine Exschwiegereltern und seine Exfrau mit einem Pumpgun. Die 7-jährige Tochter, die sich unter einer Couch versteckt hatte, überlebte das Verbrechen. Vorangegangene Anzeigen der Frau wegen Terrors und der Nachbarn wegen Ruhestörung und Belästigung bei der Polizei hatten nichts genützt.

Stalking – Volkskrankheit der Zukunft?

Zwar kennen Psychologen das Phänomen Liebeswahn, dass in seiner Auswirkung mit Belästigung einhergehen kann und zu den paranoiden Psychosen gezählt wird, schon lange. Doch beim Stalking bewegt sich die Wissenschaft ebenso auf neuem Terrain wie Justiz und Polizei. Vieles spricht dafür, dass verschiedene gesellschaftliche Entwicklungen eine Zunahme des Stalkings begünstigen. Moderne Kommunikationsmittel erlauben zudem eine relativ einfache Kontaktaufnahme mit dem Stalkingopfer. Einerseits ist vor allem in den Großstädten eine Vereinzelung der Menschen zu beobachten, andererseits suggeriert das Fernsehen die totale Öffentlichkeit des Privaten. Wird das Stalking eine der ersten Zivilisationskrankheiten des neuen Jahrtausends?

In Amerika, England und Australien gilt Stalking bereits als gesellschaftliches Problem. Polizei, Anwälte und Gerichte sind mit der Anti-Stalking-Gesetzgebung vertraut. Nach amerikanischem Strafrecht ist bereits Telefonterror eine Form von strafbarer Belästigung. Alle 50 Bundesstaaten der USA haben, beginnend mit Kalifornien im Jahre 1990, gesetzliche Vorschriften eingeführt, die Stalking unter Strafe stellen. Seit 1996 gibt es auch ein Bundesgesetz. Zahlreiche Verurteilungen und Einweisungen bilden die Grundlage für psychologische Studien über Persönlichkeitsstruktur, Sozialverhalten, körperliche Auffälligkeiten und Gefährlichkeit von Stalkern und die Folgen für die Opfer.

In den Niederlanden hat sich 1996 eine Selbsthilfegruppe gegründet, die Opfern Mut macht, Verhaltenstipps und juristischen Beistand gibt und die Öffentlichkeit für die Nöte der Opfer sensibilisiert.

In Deutschland hingegen existiert der Tatbestand des Stalkings nicht, weder Straftaten noch Verurteilte werden aktenkundig. Bundesjustizministerin Hertha Däubler-Gmelin hält einen gesonderten Tatbestand dennoch nicht für sinnvoll (siehe Interview Seite 197 f.).

Der im folgenden Kapitel dargestellte authentische Fall der Marieluise Niemann zeichnet den Verlauf einer Geschichte nach, die mit einseitiger Liebe anfing und zu Stalking wurde. Die Namen der Personen und der Orte wurden verändert.

Dieses Buch versucht, die geschilderte Problematik umfassend zu behandeln und zugleich die Frage zu beantworten, wie Stalking-Opfer sich selbst helfen können und welche Hilfe von Dritten die richtige ist. Wichtig sind konsequente Schritte, die den Tätern Grenzen ziehen und sie frühzeitig stoppen. Dabei muss stets bedacht werden: Der Grad zwischen heftiger Liebe und wahnhafter Besessenheit ist schmal. Jeder »Täter« ist auch »Opfer«, dem man durchaus helfen kann, wenn das Krankheitsbild rechtzeitig erkannt wird.

3. »Deine kleine Frau«

Der Fall Marieluise Niemann

»Hätte ich vorher gewusst, was man alles unter Liebe verstehen kann, wäre ich ihr aus dem Weg gegangen.«
Eva Lorenz

Ende der Schonzeit

Köln, April 1998

Seit fünf Jahren waren Eva und Frank Lorenz verheiratet. Sie wollten ihren Sohn Felix gemeinsam aufziehen und miteinander alt werden. Sie liebten sich und genossen die wenige Zeit zu dritt. Sie fühlten sich stark mit dem Wissen, eine Familie zu sein.

Eines Tages, sie wohnten damals noch in Köln, kam Frank sehr viel früher als erwartet nach Hause. An seinem Gesichtsausdruck sah Eva, dass etwas nicht stimmte: »Was ist mit dir? Hat man dir gekündigt? Hattest du einen Unfall? Was ist passiert?« Frank sah sie an: »Setz dich erstmal«, sagte er. Er fuhr sich nervös durchs Haar und murmelte: »Wie fang ich an?« »Okay«, sagte er schließlich, »es gibt was Gutes und was Blödes. Was möchtest du zuerst hören?« Natürlich wollte sie zuerst das Gute hören. Er sah sie stolz an und verkündete: »Gut, wir können, wenn wir wollen, in einigen Monaten nach Berlin ziehen.« »Hey, toll«, Eva sprang auf und umarmte ihn, »dann haben sie sich also für dich entschieden und nicht für deinen Kollegen Peter?« Frank und Peter arbeiteten für Klöppmann und Partner, ein renommiertes Architektenbüro in der Stadt. Jetzt, nach vier Jahren, bot sich ihm die Chance, die Berliner Niederlassung zu übernehmen.

Eine räumliche Veränderung würde vor allem für Eva eine Herausforderung bedeuten, das war ihr klar. Ihre »Agentur der tausend Ideen«, die sie zusammen mit ihrer Freundin Nora gegründet hatte, war in Köln gut angenommen worden. Berlin hieß für sie, wieder ganz von vorn anzufangen. Gleichzeitig würde sie sich um eine Wohnung in der Hauptstadt und um einen Kindergartenplatz für Felix kümmern müssen. Wie schnell müssten sie sich entscheiden? Ihre stille Hoffnung war, dass sie ein bisschen Zeit hätten, doch Frank sagte: »Wir müssen wahrscheinlich bald umziehen. Klöppmann wird vermutlich nicht lange warten wollen.«

»Nun will ich die blöde Nachricht hören!« Eva sah Frank an. »Das ist nicht einfach zu erklären. Erinnerst du dich noch an die Frau, die damals Klöppmanns Chefsekretärin Lilly Malecki vertreten hat?«, fragte er. Sie durchsuchte das Bildarchiv in ihrem Kopf, konnte aber beim besten Willen kein passendes Negativ finden. »Nee, tut mir leid, dazu habe ich keine registrierte Meldung.« Sie schwiegen beide. In der entstandenen Stille wirbelten die wildesten Vermutungen durch Evas Hirn.

Frank fuhr betont ruhig fort: »Vor etwa vier Jahren hatten wir eine Aushilfssekretärin. Mein Kollege Peter und ich haben uns heimlich lustig über sie gemacht. Sie war so'n bisschen überkandidelt. Immer rausgeputzt, Goldschmuck, wo man hinschaute, und immer darauf aus, zu gefallen.« Frank sah Eva an. Vor vier Jahren, schoss es ihr durch den Kopf, das war die Zeit, als Frank und sie oft Streit hatten. Sie war mit dem Baby beschäftigt. Felix war damals gerade auf die Welt gekommen und brauchte viel Zuwendung. Abends war sie oft erschöpft in die Kissen gefallen, die Beziehung zu Frank köchelte auf Sparflamme.

Und Frank hatte gerade bei Klöppmann angefangen. Oft beschlich ihn damals das Gefühl, niemandem gerecht zu werden, weder seiner Familie noch dem neuen Arbeitgeber. Auch Eifersüchteleien gab es zwischen ihm und Eva. Sie beneidete Frank um seine Stelle, weil er herumreisen und viele Menschen kennenlernen konnte. Er hingegen beneidete sie um ihre Tage »ohne Stress und Hast«, weil er fest davon überzeugt war, dass sie unentwegt mit dem schlafenden Baby auf einer Parkbank lesend in der Sonne saß. So lebten sie nebeneinander her, beide unglücklich und nicht im Stande, ihre Probleme zu lösen. Sie funktionierten nur noch – Felix brauchte seine geregelten Zeiten und eine Familie. Eva hatte das Gefühl, dass Frank ihr manchmal durch die Blume zu verstehen geben wollte, sie entspreche kaum noch der Frau, die er einst geheiratet hatte.

»Und was ist mit dieser Aushilfssekretärin«?, fragte sie. »Naja, sie war eben bloß eine Aushilfssekretärin, und als ihr Vertrag auslief, wurde sie nicht weiter beschäftigt. Irgendwann rief sie mich während der Arbeit an. Ich wusste erst nicht, wer sie war. Sie fragte mich, ob ich nicht einen Job für sie hätte, sie würde so gerne wieder arbeiten. Ich sagte ihr, dass ich keine Jobs vergebe und dass sie sich doch bitte an die Personalabteilung wenden sollte. Ein paar Wochen später war sie wieder am Telefon. Diesmal wollte sie wissen, welchen Computerkurs ich ihr empfehlen könnte. Das ging etwa ein Jahr so. Alle paar Wochen fragte sie mich telefonisch nach irgendwelchen beruflichen Dingen. Dabei habe ich mir erstmal nichts gedacht.« Frank sah Eva an. »Naja, dann war eine lange Zeit Ruhe. Vielleicht lag es daran, dass ich sie ein paar Mal rigoros abgewimmelt habe, weil ich den totalen Stress hatte.«

»Na und, was ist an der Geschichte denn nun das Blöde?«, drängte Eva. »Irgendwann war sie dann wieder am Apparat, und daraus wurden immer regelmäßigere Anrufe. Wenn ich Zeit hatte, haben wir ein bisschen geplaudert, und manches Mal habe ich ihr Ratschläge gegeben. Anfang des Jahres wurde sie dann aufdringlich. Sie erzählte mir, sie liebe mich. Sie machte mir Avancen. Wollte, dass wir uns in einem Hotel treffen. Ich gab ihr in barschem Ton zu verstehen, dass ich glücklich verheiratet sei und nicht beabsichtige, meine Frau zu betrügen. Bisweilen bekam ich an einem Tag mehrere Anrufe hintereinander. Als sie merkte, dass ich mich nicht auf ihre Wünsche einließ, fing sie an, von Selbstmord zu reden. Ich appellierte an ihre Vernunft. Erinnerte sie an ihr Kind, das sie nicht allein lassen dürfe.«

Worauf wollte Frank eigentlich hinaus? Wollte er sich rechtfertigen? Frank fuhr unbeirrt fort: »Es folgten Anrufe, in denen sie mir drohte, meine Ehe zu zerstören, meinen Sohn vom Kindergarten abzuholen. Dann behauptete sie, ich hätte mir viel Geld von ihr geliehen und eine antike Uhr von ihrem Vater, die sie jetzt wieder haben wollte. Sonst mache sie das Ganze öffentlich ...«, Frank machte einen etwas hilflosen Eindruck. »Ich weiß nicht, was ich tun soll.«

Das wusste Eva auch nicht. In ihrem Kopf hallte es. Ihr Herz klopfte bis zum Hals. »Sie will Felix entführen? Wann hat sie das gesagt?« »Vor etwa einem Monat hat sie das mal angedeutet, und heute hat sie regelrecht damit gedroht.« »Heute?« Deshalb war er also vorhin so aufgelöst nach Hause gekommen. »Wieso erzählst du mir das alles jetzt erst?«, Eva sah Frank wütend an. »Manchmal wirst du halt schnell eifersüchtig. Ich wollte dich nicht unnötig beunruhigen.« So war das also. Eva merkte, wie sie noch wütender wurde, riss sich dann aber zusammen. »Auf jeden Fall sollten wir den Kindergarten warnen, dass die vermehrt auf Felix aufpassen. Was ist sie für eine Frau? Wie heißt sie? Traust du ihr das zu?« Während sie ihre Fragen stellte, versuchte sie Franks Gedanken zu lesen. Was hatte er mit dieser Frau gehabt? Verschwieg er ihr irgendwas?

»Was für eine Frau sie ist?« Frank überlegte: »Das weiß ich eigentlich auch nicht. Sie wirkte aufgesetzt. Eine erwachsene Frau, die sich benahm und sprach wie ein Teenager. Übertrieben – immer eine Spur zu viel. Sie legte Wert darauf, Malu genannt zu werden, richtig heißt sie Marieluise Niemann. Ich würde sie auf der Straße noch nicht einmal wiedererkennen, dass sie bei uns im Büro war, ist schon zu lange her.« »Und wie sieht sie aus? Wie alt ist sie?« »Sie müsste ungefähr so alt sein wie wir, also Mitte, Ende dreißig, eher Ende und schon etwas verlebt. Kleiner als du. Hat schwarze Haare, eine ziemlich große Nase und ist überhaupt nicht mein Typ. Sie war halt Sekretärin, aber davon gibt es in unserem Hause viele, und ich hatte auch kaum mit ihr zu tun. Es sei denn, ich wollte zum Chef.« Frank versuchte, ein unschuldiges Gesicht zu machen.

In das folgende Schweigen hinein klingelte sein Handy. Das Gespräch war damit vorerst beendet. Eva lauschte seinen Antworten am Telefon und versuchte herauszubekommen, mit wem er sprach. An der Art, wie er antwortete, erkannte sie, dass es sich um ein berufliches Gespräch handeln musste. Nachdem er fertig war, sah er Eva kurz an, stand auf und sagte, er müsse leider nochmal in die Firma. »Tu, was du nicht lassen kannst«, antwortete sie und zwang sich zu einem Lächeln. Felix musste sowieso gleich vom Kindergarten abgeholt werden, und weiterreden konnten sie auch abends. Zusammen verließen sie die Wohnung.

Während sie ihre Fahrräder aufschlossen, fragte Eva Frank, ob er der Frau zutrauen würde, Felix zu kidnappen. Er zuckte mit den Schultern. »Bisher hat sie immer nur gedroht.« Sie küssten sich zum Abschied und fuhren in entgegengesetzte Richtungen fort. Eva beeilte sich. Zehn Minuten später hatte sie den Kindergarten von Felix erreicht. Beim Hineingehen registrierte sie, dass die Tür wieder einmal offen stand. Eine Frau, die Eva nicht kannte, war im Vorraum damit beschäftigt, einem Kind die Schuhe anzuziehen. Eva grüßte kurz und stolperte hastig an ihnen vorbei. Alles in ihr schrie plötzlich: Felix ist in Gefahr!

Im Flur kam ihr Viola, die Kindergärtnerin von Felix, entgegen. »Hallo Viola«, stieß sie hervor. »Wo ist Felix?« »Der spielt hinten in der Gruppe«, antwortete Viola. »Gott sei Dank. Ich muß dringend mit dir reden«, fuhr Eva hastig fort, und dann hörte sie nicht mehr auf zu reden. Viola schob Eva langsam in ihr Sprechzimmer und schloss die Tür. »Das hört sich nicht gut an, aber was können wir tun, außer Felix nicht aus den Augen zu lassen?« Eva zuckte mit den Schultern. Es wäre in der Tat nicht leicht für eine fremde Frau, ein ihr unbekanntes Kind einfach abzuholen. Als ihre Mutter ein paar Tage bei ihnen war, um Felix zu hüten, hatte Eva im Kindergarten nicht nur Bescheid gesagt, sondern ihre Mutter auch noch in die »Wer-zu-Wem-Liste« eingetragen. Außerdem konnte Felix zur Not bezeugen, dass seine Oma ihn abholen durfte. Und überhaupt: Woher sollte diese Malu Niemann wissen, in welchen Kindergarten Felix ging?

Eva bat Viola gleichwohl, auf dem Spielplatz auf Felix besonders zu achten und keine telefonischen Auskünfte über ihn zu geben. Mehr fiel ihr im Moment nicht ein. Viola nickte. »Auskünfte werden sowieso nicht gegeben. Vielleicht beruhigt sich ja auch alles ganz schnell, und in einem Monat lachst du darüber.« »Hoffentlich«, seufzte Eva, »ich glaube, ich gehe mit Felix jetzt erst einmal ein Eis essen. Bitte entschuldige meine Hektik, aber das hat mich ganz schön aus dem Konzept gebracht.« Eva versuchte zu lächeln und ging Felix suchen.

Nachdem Frank Felix ins Bett gebracht hatte, setzte er sich zu Eva aufs Sofa und legte den Arm um sie. Einen Moment lang sagte keiner etwas. Schließlich hielt sie die Stille nicht mehr aus und fragte: »Und, hat sie heute bei dir angerufen?« Frank runzelte die Stirn: »Ich bin mir nicht ganz sicher, aber ich hatte zwei, drei Anrufe, ohne dass sich jemand meldete.« »Wie kommt die denn überhaupt auf dich? Jeder im Büro weiß doch, dass du verheiratet bist.« Frank zuckte mit den Schultern. »Keine Ahnung. Ich glaube, ich bin wohl nicht ganz schuldlos. Vielleicht war ich einfach zu freundlich, und sie hat den Eindruck bekommen, dass da mit ihr und mir auch mehr möglich ist. Das ist im Grunde eine arme Frau. Sie ist vermutlich einsam und hat niemand, mit dem sie reden kann.«

Ich bin wohl nicht ganz schuldlos – dieser Satz blieb in Evas Kopf hängen. »Aber warum hast du mir nie davon erzählt?« Eva sah ihn forschend an. »Stell dir doch mal vor, ich würde dir alles, was im Büro täglich so passiert, erzählen. Das würdest du doch langweilig finden. Außerdem hatte ich wirklich keine Ahnung, dass das solche Ausmaße annehmen könnte. Die rief bei mir im Büro an, und ich wusste erst einmal gar nicht, wer sie überhaupt ist. Ich habe sie auch immer gesiezt. Es gab nichts, aber auch gar nichts, was ich dir hätte erzählen können, denn die ganze Sache war völlig unbedeutend für mich.«

Natürlich sah Eva die Sache anders. Schon allein deshalb, weil Malu eine Frau war, die es anscheinend auf ihren Mann abgesehen hatte. »Aber du hast ihr doch erzählt, dass du verheiratet bist!« »Ja, vor allem, wenn es um berufliche Dinge ging, dann hab ich dich immer als leuchtendes Vorbild einer verheirateten Frau dargestellt, die Kind, Haushalt und Job super unter einen Hut kriegt. Die letzten Telefonate drehten sich aber immer nur um sie und ihre Probleme. Hättest du denn nicht so reagiert, wenn dich jemand anruft, der verzweifelt ist?«, Frank sah Eva hilfesuchend an.

Sie schwiegen eine Weile. Eva fühlte sich jämmerlich. Eigentlich wollte sie ihrem Mann glauben, dass es wirklich so und nicht anders war. Aber tief in ihrem Herzen hegte sie Misstrauen. Das unerwartete Auftauchen einer dritten Person, die sich zwischen sie und Frank zu drängen schien, ängstigte sie. Frank schien es ähnlich zu gehen. Eva beschloss, die Gedanken an diese Frau für den Rest des Abends zur Seite zu stellen, was allerdings nur für Minuten gelang.

Wie es nun weitergehen sollte, wollte sie – betont sachlich – von Frank wissen. »Vielleicht solltest du ihr mal sagen, dass ich dein Mann bin«, antwortete Frank, »dann hört sie vielleicht auf.« Klar, diese Möglichkeit gab es auch. »Redest du denn noch mit ihr?« »Nee, jetzt nicht mehr«, Frank schüttelte den Kopf, »am Anfang, als die ersten Drohungen kamen, habe ich es noch versucht. Zuerst bin ich auf sie eingegangen. Als das nichts änderte, habe ich scharf und bestimmt mit ihr geredet. Sie solle mich in Ruhe lassen, habe ich ihr gesagt. Liebe bedeute Loslassen und Freiheit, aber nicht Einengen und Belästigen. Schließlich habe ich ihr mit dem Anwalt gedroht. Von da ab rief sie seltener an, und wenn, fragte sie immer nur, ob ich ihr noch böse sei. Ich glaube, sie hat nichts von alledem verstanden.«

Eva dachte darüber nach, ob jemand aus ihrem Bekanntenkreis ihnen raten könnte, wie Frank sich weiter verhalten sollte. Er schien ihre Gedanken zu erraten. »Ich könnte mal Sandra fragen, die bei uns jobbt. Die studiert im achten Semester Psychologie und ist ziemlich tough.« Frank rückte näher an Eva heran. Sie fühlte seinen warmen Körper, aber keine Vertrautheit. Es schien, als säße plötzlich ein Fremder neben ihr.

Noch lange, nachdem sie zu Bett gegangen waren, lag Eva wach und starrte die Wand an. Natürlich wusste sie, dass es immer die Möglichkeit gab, sich trotz einer festen Beziehung in einen anderen Menschen zu verlieben. Andererseits traute sie sich inzwischen zu, auch die kleinsten Veränderungen an Frank festzustellen. Sie ließ die letzten vier Jahre ihrer Ehe Revue passieren, konnte aber beim besten Willen keine einzige Situation finden, in der sie an seiner Treue große Zweifel hätte haben müssen. Oder hatte sie diese vielleicht einfach nicht wahrhaben wollen? Hatte er ihr die ganze Zeit etwas vorgemacht?

Am nächsten Tag ereignete sich wenig. Eva hatte sich am Frühstückstisch nicht getraut, Frank auf das Problem noch einmal anzusprechen, und er schwieg beharrlich. Natürlich war sie tagsüber neugierig, ob »Malu« sich wieder gemeldet hatte. Schließlich rief sie ihn im Büro an. »Ich hätte dich längst angerufen, aber heute war Ruhe. Allerdings bin ich ja auch erst seit Mittag im Büro.« »Hast du denn mal mit Sandra gesprochen?« »Nein, bisher noch nicht, die ist heute nicht da«, Frank hielt einen Moment inne, »vielleicht ist jetzt Ruhe. Meine Drohung mit dem Rechtsanwalt ist ja auch nicht ohne. Ich ruf an, wenn es was Neues gibt.«

Im Anschluss an das Telefongespräch versuchte Eva zu arbeiten. Aber ihre Gedanken drehten sich unbarmherzig um diese Frau. Wieso ausgerechnet ihr Mann? Und warum gab diese Malu nicht auf?

Ein paar Geschichten unerwiderter Liebe in ihrem eigenen Leben fielen ihr ein. Allerdings hatte sie immer, wenn sie spürte, dass ihre Liebe unerwidert blieb, mit ihrem Werben aufgehört, um sich nicht lächerlich zu machen. Es gab allerdings auch die Geschichte mit Reiner, in den sie ziemlich lange verknallt gewesen war. Seine kühle Art und distanzierte Haltung ließen sie damals glauben, er sei schüchtern und sie müsste ihn nur wachküssen.

Sie spürte ihm nach, fand seine Stammkneipe heraus und mit wem er zusammenlebte. Sie besuchte seine Lieblings-Disko, um ihn zu treffen, war ständig versucht, zum Telefon zu greifen, um zu hören, ob er zu Hause war. Die Blöße, ihm davon zu erzählen, gab sie sich natürlich nicht. Als sie nach einem halben Jahr von ihrer Freundin erfuhr, dass diese eine Affäre mit ihm hatte, entpuppte sich ihr schüchterner, stiller Prinz als Frosch. Sie war enttäuscht, gekränkt, verletzt – und verschwand aus seinem Leben.

Das Höschen

Die Tage vergingen, ohne dass sich etwas Neues ereignete. Frank und Eva wiegten sich bereits in der Sicherheit, dass alles nur ein kurzer Alptraum gewesen sei. Langsam begann auch Evas Misstrauen zu schwinden. Da brachte Frank eines Abends aus seinem Büro ein Paket mit. Darin befindlich ein stark parfümiertes Strumpfband und ein zartes, schwarzes Seidenhöschen mit gleicher Duftnote. Mit zwei Fingern nahm Eva sichtlich belustigt das Höschen aus dem Karton. »Hu, was haben wir denn hier? Du scheinst die Phantasien der Dame ja ganz gut zu bedienen.« Sie dehnte den Slip in alle Richtungen und betrachtete die Vorderseite, die wie ein Schmetterling gestaltet war. Dann lief sie vor den Spiegel und hielt sich das Höschen vor den Bauch. »Naja, nicht ganz mein Geschmack, aber auf jeden Fall sexy.« Frank mußte lachen. »Ich weiß auch nicht, wie ich zu der Ehre komme.« Neugierig betrachtete Eva die verschnörkelte, mit Herzchen verzierte, stark nach rechts schwingende Schrift auf dem Päckchen. Frank sagte: »Erst wollte ich es sofort wegschmeißen, aber dann dachte ich mir, dass ich dir das nicht vorenthalten sollte.«

Eva raffte die Sachen zusammen, schmiss sie in den Karton und fragte Frank nach der Telefonnummer von »Malu«, denn sie war der Meinung, dass es an der Zeit war, diese Frau jetzt wirklich mal anzurufen. Malu schien unter einem fortgeschrittenen Realitätsverlust zu leiden. Das hier ging nun, so amüsiert Eva zunächst auch gewesen sein mochte, doch entschieden zu weit. Sie sah Frank an. Er zuckte mit den Schultern. »Ich habe keine Nummer, aber die lässt sich sicher über unsere Personalabteilung ermitteln.« »Vielleicht sollte ich ihr einen Brief schreiben«, überlegte Eva laut, »was ist eigentlich mit Berlin? Bis wann müssen wir uns entschieden haben?« »Ich hab schon mit Klöppmann gesprochen. Er sieht ein, dass die Entscheidung für dich nicht ganz einfach ist, und er gibt uns Zeit bis nach unserem Urlaub.« Das hörte sich vernünftig an. Zwei Wochen waren es noch, bis sie nach Südengland reisen wollten. Bei Sonne und Wind und in einem anderen Land würden sie bestimmt eine Entscheidung fällen. Da war sich Eva sicher.

Felix stürmte plötzlich ins Zimmer. »Mama, darf ich Sesamstraße gucken?« Er strahlte sie an, und für einen Moment vergaß sie alles. »Okay«, sie lief hinter ihm her, um den Fernseher einzuschalten. »Wollen wir nach

Berlin ziehen?«, fragend sah sie ihren Sohn an. »Was ist Berlin?« »Berlin ist eine große Stadt in Deutschland. Noch größer als Köln …«, versuchte sie ihm zu erklären, aber er hörte ihr schon nicht mehr zu, sondern sang laut die Vorspannmusik seiner Lieblingssendung mit. Sie ging in die Küche, wo Frank Zeitung las.

Laut redete sie vor sich hin: »Wie kommt die bloß auf dich? Ich versteh das nicht.« Fragend sah sie ihn an. »Du, ich bin halt so 'n smarter Typ, das weißt du doch«, murmelte er und las weiter in seiner Zeitung. »Und da war wirklich nie etwas zwischen euch?« Evas Herz klopfte, während sie ihn das fragte. »Was soll das denn heißen? Vertraust du mir nicht? Ich hab dir doch schon ein Dutzend Mal gesagt, ich wusste nicht mal, wer mich da anruft.« Er war sichtlich gereizt. »Ich versuche ja bloß, mich in die Frau reinzudenken. Wie kommt eine Frau darauf, Dessous zu verschicken? Ich würde das nicht mal machen, wenn ich schon intim mit einem Mann wäre.« »Sie liebt mich halt.« Frank verschwand wieder hinter seiner Zeitung. »Aber …« Er unterbrach Eva rigoros. »Können wir bitte das Thema wechseln! Diese Frau hat kein Recht, dass du dir über sie den Kopf zerbrichst. Es reicht schon, wenn sie mich ständig im Büro nervt. Ich möchte wenigstens zu Hause meine Ruhe haben.« Der Tonfall, mit dem Frank seinen Unmut vortrug, ließ kein weiteres Gespräch zu.

Wieso reagierte er so aggressiv und wollte darüber nicht reden? Ob es da doch etwas gab, was er Eva verschwieg? Sie wollte mehr über diese Frau wissen. Sie wollte wissen, wer sie war. Weshalb fuhr sie dieses Dessous-Geschütz auf? Der Gedanke, eine mögliche Gegnerin zu haben, beunruhigte Eva. Und ihr Mann? Anstatt sich mit ihr darüber auseinander zu setzen, reagierte er gereizt, wollte das Thema am liebsten abwürgen. Typisch Kerl, dachte Eva. Aber nicht mit mir! »Warum redest du nicht mit mir darüber?« Kampflustig stand sie vor ihm: »Du magst dich ja nach vier Jahren daran gewöhnt haben, ich aber möchte mehr über diese Frau wissen, schließlich hat sie uns gedroht!« »Okay, okay«, Frank legte die Zeitung auf den Tisch, »was willst du also jetzt noch wissen?«, fragte er ärgerlich. »Glaubst du, dass sie gefährlich ist?« »Nee, sie droht immer nur. Die ist viel zu feige, die scheut die Auseinandersetzung mit mir, sonst hätte sie mir doch längst aufgelauert. Ist halt eine typische Telefontäterin.« »Worüber habt ihr euch denn unterhalten?« »Das habe ich dir doch auch schon erzählt. Über den Beruf, über sie, über unsere Familie …«, Frank stockte, »ehrlich, ich kann mich an das meiste nicht mehr erinnern. Hast du noch eine Ahnung, mit wem du dich vor vier Jahren unterhalten hast und worüber, vor allem, wenn die Person keine Rolle in deinem Leben spielt?« Er sah Eva herausfordernd an.

Und er hatte Recht. Wer konnte sich schon an Telefongespräche erinnern, die vier Jahre zurücklagen? »Wo wohnt sie denn?« »Ich glaube, sie hat irgendwann mal was von Nippes erzählt, aber ich bin mir nicht ganz sicher. Sie sprach immer von Scheidung von ihrem Mann und dass sie dann mit dem Kind das Haus behalten würde.« »Die ist verheiratet?«, jetzt verstand Eva gar nichts mehr: »Nun erzähl mir bloß noch, sie lässt sich deinetwegen scheiden!« Jetzt verlor Frank die Geduld: »Ja was weiß denn ich?«, schrie er sie an. Felix hatte den Fernseher ausgemacht und kam in die Küche gelaufen. »Mama, ich will eine Apfelschorle und was essen.« »Wie heißt das Zauberwort, mein Schatz? Sonst funktioniere ich nämlich nicht?« »Bitte«, sagte er und setzte sich zu seinen Eltern an den Küchentisch.

Abends im Bett kreisten Evas Gedanken immer noch um diese ominöse Malu. »Frank, bitte, sag mir die Wahrheit. Ich werde dich auch nicht verlassen, aber mein Vertrauen …«, so oder ähnlich wollte sie das Gespräch eigentlich wieder aufnehmen, doch die Vorstellung, erneut eine Abfuhr zu bekommen, hielt sie zurück. Stattdessen versuchte sie, die liebevolle anschmiegsame Frau zu spielen. Es dauerte nicht lange, und Frank war neben ihr eingeschlafen, während Eva grübelnd die halbe Nacht im Bett wach lag. Am Ende nahm sie sich vor, diese Malu, die für Eva immer noch kein Gesicht hatte, anzurufen. Erschöpft schlief sie gegen Morgen ein, gequält von Albträumen.

Gegen Mittag des nächsten Tages klingelte das Telefon. Eva nahm den Hörer ab und meldete sich, doch am anderen Ende herrschte Schweigen. Nachdenklich legte Eva den Hörer wieder auf. Es klingelte erneut. Frank war jetzt am Apparat: »Ich hatte eben wieder einen Anruf von ihr. Habe den Hörer einfach abgenommen und gelauscht. Sie war ziemlich aufgebracht. Wollte wissen, wieso ich nicht mehr mit ihr rede und ob du schon von uns wüsstest, denn sie werde dich gleich anrufen und dir alles erzählen.« Eva antwortete: »Na, das soll sie mal machen. Hast du übrigens mittlerweile mal mit Sandra geredet?« »Ja«, antwortete Frank. »Die hat gesagt, dass ich ihr keinen Nährboden geben darf. Also keine Gespräche mehr, sondern ignorieren, dann würde sich das schon von alleine beruhigen. Und sonst«, fragte Frank, »geht's dir besser? Gestern machtest du einen ziemlich fertigen Eindruck.« »Naja, hör mal, wie würdest *du* denn reagieren, wenn *ich* so einen Fan hätte?« »Vielleicht würde ich mich einfach freuen, dass meine Frau so hoch im Kurs steht«, flüsterte er schmunzelnd in den Hörer.

Bald würden sie in Urlaub fahren, und wenn sie nach drei Wochen zurückkämen, wäre der Spuk hoffentlich vorbei. Mit diesem Bewusstsein stürzte sich Eva auf ihre vernachlässigte Arbeit, die jetzt wieder ihre ganze Aufmerksamkeit in Anspruch nahm. Nur das Telefon lenkte sie ab und zu ab. Ob sich Malu bei ihr melden würde? Aber außer ihrer Mutter, die sich wie jede Woche nach ihrem Lieblingsenkel erkundigte, waren die restlichen Anrufer allesamt unverdächtige Kunden.

Die nächsten zwei Wochen war Ruhe. Frank bekam ab und zu Anrufe von Malu, legte aber jedesmal sofort auf. Auch zu Hause klingelte manchmal das Telefon, ohne dass sich am anderen Ende jemand meldete. Die Geschichte schien doch nicht so schlimm, wie Eva gedacht hatte. Sie sprachen kaum noch über Malu und wenn, dann nannten sie sie nur »die Verstörte«. Eva kam sich hysterisch und blöd vor, weil sie so ein Aufhebens um diese Frau gemacht hatte. Wieso hatte sie Frank nicht vertraut und sich von dieser Frau ins Bockshorn jagen lassen? Letzten Endes hatte sie erreicht, was sie wollte – die Ehe hatte für geraume Zeit gekriselt. Doch auch wenn die ganze Angelegenheit erledigt schien, wartete Eva insgeheim noch immer auf den angekündigten Anruf.

Als das Telefon klingelte, begann Evas Herz zu klopfen. Ob *sie* das war? »Hallo?« Ihre Stimme klang leise und unsicher. Was würde sie sagen? Wollte Eva überhaupt mit ihr reden? »Eva?«, fragte eine vertraute weibliche Stimme. »Ach Nora, du bist es. Ich dachte schon ...«, Eva verstummte. Bis jetzt wussten nur der Kinderladen und ihre Mutter von der Geschichte. Frank, der inzwischen sehr ungehalten wurde, wenn Eva über Malu zu reden begann, hatte sie gebeten, vorerst nicht jedem von ihr zu erzählen. Er war der Meinung, dass man ihr nicht mehr Aufmerksamkeit schenken solle als unbedingt nötig. Und in seinem privaten Umfeld habe sie absolut nichts zu suchen. Eva vermutete jedoch, dass er einfach seine »weiße Büroweste« nicht beschmutzen wollte. Denn natürlich würden die Kollegen alle möglichen Liebeleien hinter den Avancen dieser Malu vermuten. Und ihre Drohung, einen Anwalt einzuschalten, weil sie Frank angeblich viel Geld geliehen habe, das er sich weigere zurückzuzahlen, drohte die ganze Angelegenheit tatsächlich zu einem peinlichen und rufschädigenden Skandal auszuweiten. Also war Stillschweigen die Devise.

»Geht es dir gut, Eva?«, fragte Nora vorsichtig. »Ja, ja, alles gut. Ich sitze auf gepackten Koffern. Wenn Frank und Felix vom Einkaufen wiederkommen, fahren wir los.« Eva versuchte sich betont lässig zu geben, aber Nora, die sie lange genug kannte und die mit ihr die Agentur gegründet hatte, ließ sich davon nicht beeindrucken. »Hast du Probleme mit Frank? Du wirkst in letzter Zeit so bedrückt und fahrig. Ist alles okay? Ich würde gerne wissen, was mit dir los ist.« »Alles in Ordnung«, antwortete Eva. Aber Nora ließ nicht locker. »Eva, du hast meine Frage nicht beantwortet: Was ist los mit dir? Es ist überhaupt kein Problem, wenn du eine kreative Pause brauchst, aber sei bitte so nett, und sag es mir.« Nora hatte den letzten Satz mit solchem Nachdruck gesagt, dass Eva diesmal nicht mit einer Ausrede davonkam.

»Du hast Recht, ich habe gerade etwas Stress mit Frank«, antwortete sie. »Wir hatten in den letzten Wochen nicht viel Zeit füreinander. Und die Entscheidung, ob Berlin oder nicht, steht auch an. Wir brauchen beide dringend Erholung.« »Und deswegen bist du so unkonzentriert?« Nora gab sich noch nicht zufrieden. Eva überlegte nicht lange und begann, ihr den eigentlichen Grund ihrer Zerfahrenheit zu erzählen. Vielleicht, so hoffte sie, hatte Nora ja eine Idee oder brachte sie zumindest auf andere Gedanken. Eva schilderte ihr, wie alles angefangen hatte mit dieser Malu Niemann, dass sie Frank Geschenke machte, Briefe schrieb, anrief, ihm mittlerweile auch drohte und dass Felix im Kindergarten unter »Sonderbewachung« stehe. Und sie erzählte über sich, ihre Angst vor einer Unbekannten und ihre kleinen Zweifel an Frank.

»Meinst du, er hatte was mit der Frau?«, fragte Nora. »Eigentlich nicht, aber hin und wieder, vor allem wenn ich ihn beim Flirten beobachte, kommen mir leichte Zweifel.« So ehrlich hatte sie noch nicht über ihre Gefühle gesprochen. »Und was wollt ihr jetzt tun?« »Nichts! In den Urlaub fahren und hoffen, dass dann alles vergessen ist. Wahrscheinlich hat sie sich schwer in Frank verliebt und kämpft mit aller Macht um ihn. Jetzt gibt es noch einen großen Showdown, sie kapiert, dass sie ihn nicht kriegen kann, und dann ist Feierabend. Ansonsten macht sie sich doch irgendwann lächerlich, und wer will das schon?« Eva seufzte: »Nur diese Zweifel an Frank zermürben mich. Schließlich fing die Geschichte vor vier Jahren an, und damals, vielleicht erinnerst du dich, hatten Frank und ich gerade etwas schwerere Zeiten. So ein Baby stellt eine Beziehung schon vom ersten Moment an ziemlich auf die Probe.« »Stimmt. Ich kann mich noch sehr gut an einen Anruf von dir erinnern. Du hast zwar nicht über Scheidung geredet, aber es hörte sich ganz so an, als ob ihr das nächste Jahr nicht gemeinsam überstehen würdet.« Nora schwieg. Dann sagte sie: »Glaubst du wirklich, dass Frank etwas mit einer Sekretärin anfangen würde? Schließlich ist doch einer seiner Leitsprüche, dass man mit Menschen, mit denen man eh schon den ganzen Tag zusammenarbeitet, nicht auch noch seine privaten Stunden verbringen muss. Ganz davon abgesehen, dass er sich damit doch auch leichter angreifbar macht. So wie ich deinen Mann kenne, hat der einfach nur ein wenig zu doll geflirtet, und das hat er nun davon. Der liebt dich und Felix doch viel zu sehr, als dass er seine Familie aufs Spiel setzen würde. Nun sieh mal zu, dass ihr einen schönen Urlaub macht und euch gut erholt. Ich schaukle hier inzwischen den Laden und vertrete dich bei den Kunden. Und wenn ihr wieder da seid, dann wissen wir, ob wir auch eine Filiale in Berlin aufmachen. Ich wünsche euch jedenfalls einen schönen Urlaub.« Eva war erleichtert: »Danke Nora, du hast Recht, es besteht überhaupt kein Grund, sich verunsichern zu lassen. Tschau Süße, ich schreib dir eine Karte. Wir sehen uns in drei Wochen wieder.«

Gut, dass sie alles erzählt hatte. Mit ihrem nüchternen Verstand hatte Nora die Dinge schnell wieder ins richtige Licht gerückt. Warum hatte sie die ganze Geschichte nur so konfus gemacht? Diese Frau hatte doch überhaupt kein Recht dazu, in die heile Welt ihrer Familie einzudringen oder ihnen den Urlaub zu verderben. Eva beschloss, sich in den nächsten drei Wochen mit sinnvolleren Dingen zu beschäftigen, und klappte den letzten offenen Koffer zu.

Im Urlaub war es wie in alten Zeiten. Sie tobten durch die frische Seeluft von Südengland – ohne Handygeklingel oder alltägliche Verpflichtungen. Sie schliefen viel und nahmen sich alle Zeit der Welt für ihren Jungen – mit anderen Worten: sie waren rundherum glücklich. Und eine Entscheidung für ihre berufliche und private Zukunft fällten sie auch: Sie würden nach Berlin ziehen. Die Chance, in der zukünftigen Hauptstadt zu wohnen und einen Hauch Geschichte mitzubekommen, würde es so schnell nicht wieder geben. Auch Eva sah vielfältige Möglichkeiten der weiteren beruflichen Entwicklung in der großen Stadt. Erholt, gut gelaunt und mit jeder Menge neuer Pläne kehrten sie schließlich nach Köln zurück.

Frank teilte gleich am Montag seinem Chef mit, dass er sich für Berlin entschieden habe. Klöppmann strahlte: »Genauso habe ich mir das von Ihnen vorgestellt«, sagte er zu Frank, »ich wusste, Sie sind mein Mann für Berlin. Zielsicher und verlässlich. Schön, schön, dann stellen Sie sich mal darauf ein, dass Sie schon in den nächsten Wochen dort sein müssen. Wir haben gerade einen Vertrag mit einem großen Konzern abgeschlossen, der ganz in der Nähe vom Potsdamer Platz bauen möchte.«

Freudig erregt kam Frank daraufhin nach Hause und stieß mit Eva auf die Berlin-Entscheidung an. Auch Eva freute sich auf Berlin. Sie liebte die Veränderung. Und da Frank guter Dinge war, wagte sie auch, nach Malu zu fragen, denn seit sie wieder in Köln waren, hatte sich die ganze Angelegenheit wieder in ihr Bewusstsein gedrängt. »Was macht eigentlich deine hartnäckige Verehrerin? Hat sie irgendetwas hinterlassen für dich? Schließlich warst du ja drei Wochen nicht da«, fragte sie ihn. Daraufhin sah Frank sie streng an, zwinkerte dann aber und raunte nur: »Sie ist still. Hab ich dir ja gesagt.« Sie stießen erneut an, ihre Zukunft erschien ihnen in einem rosigen Licht, besser hätte es eigentlich nicht sein können.

Das Telefon klingelte. Eva nahm ab, aber es meldete sich niemand. »Hat sich wohl jemand verwählt«. Eva legte den Hörer auf, ging zu Frank, setzte sich auf seinen Schoß und küsste ihn. In diesem Moment klingelte das Telefon erneut. Eva stand auf, nahm den Hörer ab und lauschte. Im Hintergrund glaubte sie, leise Musik zu hören. »Hallo?«, fragte sie. »Ist da jemand?« Aber niemand antwortete, stattdessen wurde aufgelegt. Sie wandte sich zu Frank. »Ich glaube, unser Telefon ist kaputt. Das ist nicht das erste Mal, dass sich keiner meldet. Komisch. Vielleicht kann man uns am anderen Ende nicht hören. Ob ich mal die Störungsstelle anrufen sollte?« »Ach Quatsch«, meinte Frank, »das sind bestimmt Kinder, die sich einen Scherz machen wollen. Haben wir doch damals auch gemacht.« »Ja, aber ich habe als Kind immer irgendetwas gesagt und dann erst aufgelegt.«

»Wann mußt du eigentlich nach Berlin?«, schoss es Eva plötzlich durch den Kopf und lenkte sie damit von den Anrufen ab. »In zirka drei

Wochen«, antwortete Frank. Eva reagierte ein bisschen enttäuscht: »Jetzt doch schon so bald? Ich dachte, wir hätten noch ein bisschen Zeit. Und wie siehst du die Chancen, in der Übergangszeit wenigstens ein paar Tage in Köln zu arbeiten?« »Naja«, antwortete er, »es geht um eine Großbaustelle, und das bedeutet, ich muss die meiste Zeit in Berlin sein. Ich finde es ja auch nicht schön, wo ich seit dem Urlaub grad wieder mit Felix so gut kann. Mir ist schon komisch bei der Vorstellung zumute, ihn nur am Wochenende zu sehen. Andererseits waren wir uns ja auch klar darüber, dass so ein Umzug in eine neue Stadt plus ein neuer Job zumindest in der Übergangszeit viel Trubel mit sich bringt.« Was sollte Eva dagegen sagen. Die nächsten Monate würden sie sich sowieso mit der Wohnungssuche beschäftigen müssen, da war es eigentlich ganz gut, dass Frank schon in Berlin war. »Eigentlich sollten wir morgen Abend mal richtig gut essen gehen und den Wechsel feiern. Was meinst du, soll ich einen Babysitter bestellen?« »Klar, das muss gefeiert werden«, Frank strahlte Eva an. Sie küssten sich. In Gedanken richtete Eva schon die neue Wohnung ein.

Für den nächsten Abend hatte sie einen Tisch bestellt. Nach einem anstrengenden Tag mit dem Geschäftsführer eines Autohauses, mit dem sie die Idee »Tag der offenen Tür-Spiel und Spaß für Eltern, Kind und Kegel« erörtert hatte, freute sich Eva auf ein gutes Essen bei Kerzenschein. Frank hatte tagsüber kurz angerufen und ihr gesagt, dass er es nicht mehr bis nach Hause schaffen würde und direkt ins Restaurant käme. Nachdem der Babysitter eingetroffen war, fuhr Eva los. Im Restaurant musste sie noch auf Frank warten, der mit einer halben Stunde Verspätung eintraf.

»Hallo Schatz. Gut siehst du aus. Ich habe mich schon den ganzen Tag auf das Essen gefreut.« Frank gab seiner Frau einen Kuss und setzte sich zu ihr an den Tisch. »War alles gut bei dir? Hast du dein Konzept schmackhaft machen können?«, wollte er wissen. »Kein Problem. Aber wir waren ja auch gut vorbereitet. Und bei dir, auch alles klar?« Frank runzelte die Stirn. »Wie man es nimmt. Ich hatte den ganzen Tag wieder Anrufe von Malu. Erst auf meinem Bürotelefon. Am Anfang habe ich gleich wieder aufgelegt. Schließlich habe ich dann das Telefon auf das Sekretariat umgestellt. Daraufhin bekam ich die Kurzmitteilung, dass ich dringend eine gewisse Frau Niemann zurückrufen solle. Das habe ich natürlich nicht gemacht. Dafür habe ich jetzt ihre Telefonnummer! Heute Nachmittag klingelte dann pausenlos mein Handy.« »Woher hat die denn deine Handy-Nummer?« »Ist doch ganz einfach«, erklärte Frank, »ich schalte immer einen Anrufbeantworter ein, wenn ich auf der Baustelle bin und dort wird für dringende Fälle meine Handy-Nummer genannt. Zuletzt habe ich dann auch mein Handy ausgestellt. Daraufhin wurde mir ein gewisser Lutz Koch durchgestellt. Der sagte, er sei ein Freund von Frau Niemann und es sei eine Frechheit, wie ich sie behandeln würde. Sie würde den ganzen Tag heulen und ich solle doch von meinem Machogehabe runterkommen und mich bei ihr entschuldigen und ihr das Geld wiedergeben. Schließlich sei sie doch eine allein erziehende Mutter! Ich hab ihm gesagt, dass Frau Niemann mich seit längerem belästigt und dass ich jetzt einen Anwalt einschalten würde, denn mir würde der Quatsch jetzt reichen. Ich hab dem derart die Leviten gelesen, der wurde am Ende immer stiller und meinte dann nur noch: ›Ach so ist das.‹« Frank sah Eva an. »Was war das denn für ein Typ?«, wollte sie wissen. »Auf mich machte der eher einen verzagten Eindruck. Am Anfang hatte er noch eine große Klappe, aber am Ende ist er eingeknickt. Seine Stimme hörte sich an wie von einem Teenager kurz nach dem Stimmbruch. Wer weiß, was die dem erzählt hat, damit der bei mir anruft.« Frank raufte sich die Haare. »Ich will nicht mehr! Ich dachte, es wäre vorbei, aber jetzt geht dieses Theater wieder von vorne los!« Frank sah verzweifelt aus. »Womit habe ich das verdient? Ich hab doch nichts gemacht.« »Wirklich nicht?« – die Frage war Eva einfach so herausgerutscht, und schon im gleichen Moment bereute sie es, sich nicht besser im Griff gehabt zu haben. »Herrje, jetzt fang du nicht auch schon wieder an. Bei Gott, wenn du die Frau sehen würdest, wüsstest du, dass ich niemals etwas mit ihr hatte. Und bitte verschone mich in Zukunft mit dieser Frage, oder willst du mir den Abend restlos verderben?« Sein Handy klingelte. Beide zuckten zusammen. »Scheiße, ich dachte, ich hätte es ausgestellt. Jetzt ist aber Schluss. Kein Mensch der Welt ist so wichtig, als dass er mich bei Spargel und einem guten Riesling stören könnte.« Frank stellte sein Handy aus. »Und nun lass uns anstoßen – auf Berlin und unsere Zukunft.« »Ja, mein Schatz, auf uns und die Zukunft«, antwortete Eva und erhob ihr Glas.

Auf dem Nachhauseweg schaltete Frank sein Handy wieder ein. Auf dem Display war abzulesen, dass 13 Nachrichten aufgezeichnet worden waren. »Mein Gott, was ist passiert?« Er loggte sich ein und hörte das

Band ab. Außer seiner Mutter, die ihm zu der neuen Stellung gratulierte, stammten die restlichen Anrufe allesamt von Malu Niemann. Frank begann die Mails im Schnelldurchlauf zu löschen. »Hey, wieso löscht du die alle? Ich würde gerne mal hören was die so erzählt.« Er hielt Eva den Hörer hin, aber außer dem Refrain »But I am your lady and you are my man«, aus dem Song »Power of love« von Jennifer Rush, war nichts zu hören. Eine Gänsehaut lief Eva über den Rücken. Frank löschte die restlichen Anrufe. »Die wird mich noch kennen lernen. Gleich morgen werde ich Joseph anrufen, der ist doch Anwalt, vielleicht kann der für Ruhe sorgen.« Er atmete tief durch, dann gingen sie Hand in Hand nach Hause.

Das Recht – dein Helfer?

Am nächsten Tag war Eva natürlich sehr gespannt, was Joseph sagen würde, aber sie musste sich bis zum Nachmittag gedulden. Schließlich rief Frank an und erläuterte die rechtlichen Möglichkeiten. Für eine Anzeige wegen Belästigung brauchten sie Beweise, z. B. gespeicherte Nachrichten auf einer Mailbox. Die zweite Möglichkeit bestand in einer einstweiligen Verfügung, die Malu verbot, Frank und Eva weiterhin zu belästigen, und ihr untersagte, sich ihnen zu nähern. Bei Zuwiderhandlung würde eine Verwarnung ausgesprochen, bei Wiederholung eine Geldstrafe. »Das hört sich ja nicht gerade sehr viel versprechend an. Und außerdem müssen wir bestimmt einige Beweise auffahren. Hast du denn die Briefe noch?«, fragte Eva. »Natürlich nicht, die habe ich alle weggeworfen, die waren doch schwachsinnig und unwichtig. Einmal hat sie mir sogar ein Foto von sich geschickt. Anscheinend hat sie ein Problem mit ihrer Nase, denn die war mit ungeschickten Schnitten rausgeschnitten.« »Das hört sich ja krank an. Schade, dass es das Foto nicht mehr gibt«, grübelte Eva. »Die ist auch krank. Das gab mir Joseph übrigens auch zu bedenken. Womöglich wirbeln wir mit dieser Aktion mehr Staub auf, als uns lieb ist. Wir geben ihr damit das Gefühl, dass sie wichtig ist. Wenn ich Pech habe, muß ich als Hauptbelastungszeuge vor Gericht aussagen, und dann hat sie mich da, wo sie mich haben will, nämlich lebendig vor sich.«

»Willst du mir damit sagen, dass du erwägst, *nichts* zu unternehmen?« Eva verschlug es die Sprache. »Ich weiß es nicht. Ich habe noch gar nichts entschieden. Es ist bloß so, ich möchte kein Aufsehen erregen. Es wäre für meine Firma und für meine Karriere nicht gut, einen Skandal loszutreten.« Eva verstand Frank nicht. Er hatte doch nichts zu verbergen. »Naja, sie ist allein erziehende Mutter, und wenn man sie für krank erklären würde, müsste man ihr das Sorgerecht entziehen.« Frank sah sie an. »Und was hat ihr Kind von einer kranken Mutter? Und was für einen Skandal soll es geben?« Frank schwieg eine Weile, dann sagte er leise: »Sie behauptet doch, ich hätte mir von ihr eine große Summe Geld geliehen. Nun stell dir doch bloß mal diese Schlagzeile vor: Stararchitekt von Klöppmann und Partner beklaut Exgeliebte und allein erziehende Mutter. Auch wenn es nicht stimmt, das ist doch keine Werbung für unser Architekturbüro!« »Aber sie hat doch gar nichts in der Hand, und außerdem strengen wir doch einen Prozess wegen Belästigung an. Ich verstehe dich nicht. Aber okay, du bist das Opfer, und ich füge mich deiner Entscheidung. Jedenfalls solange ich davon nicht betroffen bin. Was schlägst du also vor?« Frank antwortete: »Vielleicht wäre es das Beste, wir würden uns ganz ruhig verhalten. Das muß man aussitzen. Mal sehen, wer den längeren Atem hat. Wenn sie niemanden von uns erreicht, hört sie bestimmt auf, und bald sind wir sowieso in einer anderen Stadt.« »Dein Wort in Gottes Gehörgang«, seufzte Eva, »hattest du denn heute wieder Telefonterror?« »Nee, heute war alles ruhig. Wahrscheinlich ist ihr die Aktion von gestern peinlich. Das beruhigt sich wieder. Du wirst sehen. Und jetzt muss ich weiter arbeiten, damit ich nachher pünktlich zum Abendessen zu Hause bin.«

Es beruhigte sich nicht. Es gab zwar Tage, an denen alles ruhig war. Aber an anderen Tagen stand das Telefon nicht still. Frank schien das alles nicht mehr sonderlich zu berühren. Er machte seinen Bürojob, fuhr auf die Baustellen und kam abends meistens pünktlich nach Hause. Wenn Malu sich mal wieder in der ihr eigenen Art meldete, sprach er mit Eva kurz darüber, ging dann aber wieder zur Tagesordnung über. Zwei Wochen später bezog er sein Berliner Büro, und damit glaubte er die Angelegenheit endgültig erledigt. Glaubte er …

Für Eva sah die Sache anders aus. Sie wohnte vorerst mit Felix weiterhin in Köln und war nun selbst allein erziehende Mutter. Ihre Wohnung war nicht mehr die Fluchtburg, die sie für Eva einst gewesen war. Es begann schleichend. Morgens, wenn sie Felix zum Kindergarten brachte, schaute sie als erstes in die Autos, die in der Straße parkten. Saß dort jemand und beobachtete das Haus? Wenn sie Felix auf das Fahrrad gehoben hatte und zum Kindergarten fuhr, achtete Eva auf die Autos hinter sich. Verfolgte sie jemand? Wenn sie zurückkam, spähte sie schon von weitem Richtung Hauseingang. Eines Tages stand ein Mann davor und betrachtete die Klingelschilder. Ob der für Malu spionierte? Sie fuhr an ihm vorbei und klingelte im Nebenhaus bei Annabell, einer befreundeten Nachbarin, die aber nicht da war. Der Mann kam nun direkt auf sie zu – in seiner Hand hielt er einen Stapel Werbeprospekte. Eva atmete auf, ging an ihm vorbei, schloss die Haustür auf und betrat erleichtert ihre Wohnung. Was war bloß los mit ihr? Fing sie jetzt an zu fantasieren?

Am Wochenende kam Frank nach Hause. Er sah müde und abgearbeitet aus, um seinen Mund hatte sich ein Herpes breitgemacht. Seit zwei Wochen arbeitete er nun schon in Berlin, und auch nach einer Wohnung hatte er bereits Ausschau gehalten. Seine Bewegungen wirkten fahrig, und als sein Handy klingelte, zuckte er zusammen. »Frank, mein Gott, wie siehst du denn aus. Ist alles in Ordnung?« Eva musterte ihn. »Ach, ich bin nur etwas abgearbeitet, und die Verstörte nervt mich.« »Du hast mir am Telefon gar nichts gesagt. Was ist denn jetzt schon wieder los?«, fragte sie besorgt nach. »Was soll ich sagen. Das Handy klingelt zur Zeit fast jede Minute, und wenn ich es ausmache, quatscht sie mir die Mailbox voll …«, er sah Eva müde an. »Was erzählt sie denn so?« »Ach, eigentlich immer die gleiche Leier. Mal sagt sie 100 Mal hintereinander ›I love you‹, und dann gibt es wieder Drohungen. Neulich hatte sie dich mal auf dem Kieker. Du bist sowieso immer nur die alte Schlampe, die eigentlich nichts an meiner Seite verloren hat, denn sie ist ja meine kleine Frau.« »Sie ist was?«, Eva glaubte sich verhört zu haben. »Ja«, Frank grinste, »sie unterschreibt ihre Briefe immer mit: ›Deine kleine Frau‹.« »Das ist ja unglaublich! Die hat sie doch nicht alle! Die ist ja total durchgeknallt. Soll ich nicht doch mal mit ihr reden?« »Wenn du meinst«, Frank zuckte mit den Schultern, »vielleicht lässt sie es dann wirklich, denn ich glaube, dass sie immer noch meint, es wäre unser Geheimnis und ich hätte dir nichts gesagt.«

Die Gelegenheit, Malu die Meinung zu sagen, ergab sich eine Woche später. Es war ein schöner warmer Tag. Eva und Frank saßen mit Felix in Berlin am Winterfeld-Platz und aßen eine Kleinigkeit. Frank hatte sich nachmittags freigenommen, weil sie ihre erste Wohnungsbesichtigung verabredet hatten.

In Berlin begann Eva aufzuleben. Alles Bedrückende war hier weg. Die Stadt war groß, offen, anonym, und sie genoss es. Plötzlich klingelte Franks Handy. Er schob Eva sein Telefon zu. Eva nahm den Anruf entgegen und meldete sich. Am anderen Ende herrschte Schweigen, dann wurde aufgelegt. Es klingelte erneut, wieder meldete sich niemand. »Die hat wahrscheinlich gedacht, sie hätte sich verwählt und wollte jetzt checken, ob ich es wirklich bin«, sagte Eva. Danach war zwei Stunden Ruhe. Gegen Abend musste Frank noch mal kurz ins Büro. Eva behielt das Handy und ging mit Felix ins Hotel.

Kurze Zeit später klingelte das Handy. »Hallo«, sagte eine sehr kindlich klingende, weibliche Stimme, »kann ich bitte Frank sprechen?« »Der ist nicht da. Kann ich ihm etwas ausrichten?«, fragte Eva leicht verunsichert zurück, denn es konnte ja auch eine Kollegin von Frank sein. »Wann kommt er denn wieder?«, fragte die Stimme. »Wer spricht denn da?«, fragte Eva zurück. Doch die Stimme fuhr unbeirrt fort: »Kann ich ihn in einer Stunde erreichen?« »Das weiß ich nicht«, antwortete Eva wahrheitsgemäß, »sagen Sie mir doch bitte Ihren Namen, dann kann ich ihm etwas ausrichten.« »Sagen Sie ihm, dass er mich anrufen soll«, war die Antwort. »Und wer ist da bitte?«, fragte Eva nun zum dritten Mal. »Ich heiße Malu. Meine Nummer hat er.« Eva legte auf. Ihr Herz raste, und ihre Hände zitterten. Das Hotelzimmer hatte mit einem Mal seine Intimität verloren, so als hätte jemand die Zimmertür geöffnet. Die Sicherheit und Anonymität, die ihr die Stadt anfangs vermittelt hatte, war schlagartig verschwunden. Eva zündete sich eine Zigarette an und setzte sich. Felix blickte von seinem Kinderbuch hoch. »Mama, ist was Schlimmes passiert? Du zitterst ja.« »Alles gut, mein Schatz«, antwortete Eva. Wie gerne hätte sie jetzt Frank angerufen, aber zu diesem Zeitpunkt war er nicht mehr im Büro, und außerdem hatte sie ja sein Handy. Die Stimme der Frau klang immer noch in ihrem Ohr. Es war eine jugendliche, sexy Stimme, mit einem leichten Slang, einem Hauch amerikanisch. In ihrer Fantasie wurde Malu zu einer jungen erotischen Frau. Dass sie nicht eher geschaltet hatte, wer da am Telefon war, ärgerte Eva. Sie stand auf und ging zum Fenster. Vorsichtig spähte sie durch die Tüllgardine auf die Straße. Aber es sollte noch eine Viertelstunde vergehen, bis Frank kam.

Aufgeregt eilte Eva mit Felix auf dem Arm Frank entgegen, zusammen gingen sie die abendliche Straße entlang zum Park und setzten sich auf eine Parkbank. »Die hat aber eine sexy Stimme! Kein Wunder, dass du mir nie von ihr erzählt hast.« Eva wollte Frank provozieren, um seine Reaktion zu beobachten. Frank ließ sich aber nicht darauf ein. »Jetzt hast du mal mitgekriegt, wie hartnäckig die Gute ist«, amüsierte er sich. »Ich kann da ehrlich gesagt gar nicht drüber lachen«, gab Eva zurück. »Die hat mich überhaupt nicht ernst genommen. Im Nachhinein komme ich mir wie deine Sekretärin vor. Ich begreife auch nicht, wie sie die Frechheit haben kann zu meinen, du würdest sie zurückrufen. Du redest doch gar nicht mehr mit ihr?!« Frank zuckte mit den Schultern: »Ich sag ja, die ist bekloppt. Im Sekretariat ruft sie auch immer wieder an und verlangt, dass ich zurückrufe. Mach ich natürlich nicht.« In diesem Moment klingelte das Handy. »Geh du dran!« Frank gab Eva den Hörer.

»Lorenz«?, meldete sich Eva. »Kann ich bitte Frank sprechen«, sagte die Stimme von vorhin. Eva gab in scharfem Ton zurück: »Lassen Sie endlich meinen Mann in Ruhe. Es reicht!«, und legte auf. Das saß, so hoffte sie. Fünf Minuten später klingelte das Handy erneut. »Das ist sie garantiert wieder«, flüsterte Frank. »Felix soll das Gespräch annehmen. Vielleicht wird ihr dann endlich klar, dass ich eine Familie habe.« Frank gab Felix das Handy. Felix meldete sich mit seinem Namen, sagte nur »Ja« und gab das Handy weiter an Frank. »Lorenz?« Doch kaum hatte Frank seinen Namen ausgesprochen, unterbrach er auch schon die Leitung. »Ich schalte das Handy jetzt aus, wenn nicht mal du es schaffst, sie zu stoppen.« Eva sah ihn ernst an. »Frank, wir müssen unbedingt etwas unternehmen, die macht weiter, das gebe ich dir schriftlich!« Frank schüttelte den Kopf. »Ich will ihr aber nicht das Gefühl geben, dass sie irgendeine Wichtigkeit in unserem Leben spielt. Die soll nicht meinen, dass sie mit ihrer Nerverei zum Ziel kommt, und jetzt lass uns aufhören. Es reicht mir, dass wir uns schon wieder den ganzen Tag mit ihr beschäftigt haben.« Für den Rest des Tages war Ruhe – nur die Mailbox füllte sich langsam und beständig mit langen Monologen.

Die Realität hatte offensichtlich in Malus Traumwelt keinen Platz. Für sie gab es nur Frank, den Mann ihres Lebens, mit dem sie glaubte, eine Liebesbeziehung gehabt zu haben. Eva hörte Franks Mailbox ab und sah sich bestätigt. »Wenn du schon Schluss machst, dann sag es mir wenigstens selber und knall nicht immer sofort wieder auf oder schick deine Alte vor«, hörte sie eine wütende Stimme sagen, die im nächsten Moment zu einem wimmernden Etwas mutierte. »Frank, my love, come back to me, please come back to me, baby«, hauchte es. Dann folgten Drohungen: »Ich zerstöre deine Ehe. Nicht mit mir, Frank Lorenz! Ich bin eine ehrbare Frau, und wenn du schon meine Ehre zerstört hast, dann entschuldige dich wenigstens!«, und so weiter und so fort. In Eva reifte die Gewissheit, dass diese Malu liebes*krank* war, denn selbst wenn es eine Affäre gegeben hätte, würde dies ihr psychopathisches Verhalten nicht erklären.

»Frank, du solltest vielleicht auf dein Handy verzichten. Du kannst doch so nicht arbeiten«, bemerkte Eva am Frühstückstisch, als sie Frank das Handy zurückgab. »Schatz, das kommt überhaupt nicht in Frage. Erstens brauche ich das Handy. Viele Leute haben überhaupt nur meine Handynummer. Ich muss gerade auf dem Bau ständig erreichbar sein. Ich lasse mir mein Leben von dieser Bekloppten nicht zerstören. Wenn sie das nächste Mal anruft, lege ich das Handy einfach neben mich, und dann soll sie doch quatschen, so viel sie will. Das kostet sie auf jeden Fall gewaltige Telefongebühren. Und das hat vielleicht den Effekt, dass sie es dann für den Rest des Tages lässt.« »Aber Frank, du bist fahrig, zuckst bei jedem Telefonanruf zusammen, und vor lauter Stress ist sogar dein Herpes wieder ausgebrochen. Wenn es wirklich so viele Leute gibt, die dich nur über Handy erreichen können, dann beantrage eine neue Nummer. Gib mir eine Liste mit allen Namen, und ich rufe die Leute an und gebe ihnen deine neue Nummer durch.« Eva wollte nicht locker lassen. »Eva, nochmal, diese Frau hat kein Recht, mein Leben zu beeinflussen. Außerdem belästigt sie *mich*, also kann es dir doch egal sein, wie ich das löse.« Franks Stimme klang jetzt energisch und hart. Er wollte keine weitere Diskussion zulassen, doch Eva insistierte: »Okay, sie belästigt nur dich, aber das hat auch Auswirkungen auf Felix, auf mich, auf unser Zusammenleben.« »Ja«, knurrte Frank, »weil du ständig darüber redest. Merkst du eigentlich gar nicht, wie sehr sie dich schon gefangen hat? Gestern Abend war das letzte Thema Malu, und das erste Gespräch am Frühstückstisch dreht sich wieder um sie!« Eva sah ihn ernst an: »Ich kann im Moment keinen Abstand dazu finden. Außerdem bin ich mit betroffen, denn ich bin für sie schließlich die Nebenbuhlerin. Was ist, wenn sie mir die Schuld an dem Scheitern eurer Beziehung gibt? Was ist, wenn sie eines Tages vor unserer Haustür steht und mir ein Messer in den Bauch rammt? Woher weiß ich, dass sie nicht gefährlich ist, schließlich ist sie krank?« Frank sah Eva an, dann nahm er sie liebevoll in den Arm. »Ach Schatz, die ist völlig harmlos, glaube mir.« Er streichelte über ihr Haar. »Wir suchen jetzt in Berlin eine neue Bleibe, und dann wird das eh aufhören, denn sie wohnt ja in Köln.« Frank wollte Eva beruhigen, doch das Gegenteil war der Fall. »Apropos Köln«, erwiderte Eva, »hast du überhaupt eine Ahnung, wie es ist, in nächster Nähe zu wohnen mit einer Frau, die ich nicht einschätzen kann? Du bist in Berlin und hast dein Büro und deine Sekretärin als Bollwerk. Ich arbeite zu Hause, versorge Felix und fühle mich wie auf einem Präsentierteller.« »Eva, Eva, jetzt ist aber wirklich Schluss. Du steigerst dich da in etwas rein, was in keinem Verhältnis zur Realität steht. Wir sollten wirklich ein Abkommen schließen: Keine Gespräche mehr über die Verstörte! So, und jetzt muss ich endlich zur Arbeit. Weißt du schon, wann ihr zurückfahrt?« »Ich muss spätestens heute Abend wieder in Köln sein. Morgen habe ich einen wichtigen Termin. Außerdem hat Felix Sehnsucht nach seinem Kindergarten«, antwortete Eva.

Zurück in Köln ging sie als erstes in den Garten. Die Rosen waren inzwischen aufgeblüht, die Sonne schien – eine perfekte Idylle. Ihre Nachbarin Annabell erwartete sie schon gespannt und rief ihr über den Gartenzaun zu: »Na, wie sieht es aus mit der Traumwohnung? Verlasst ihr Köln schon bald, oder darf ich mich noch auf ein paar schöne Abende im Garten mit dir freuen?« »Klar«, antwortete Eva. »Das ist nicht so einfach mit der Wohnungssuche. Frank will zentral wohnen, und ich möchte wieder einen Garten.« »Na, da habt ihr euch ja was vorgenommen«, war Annabells Antwort, »in Berlin sind doch fast alle Hinterhöfe bebaut, wo soll es denn da noch einen Garten geben?« »Ach, wir finden schon etwas«, gab Eva zurück, »übrigens, ich muß dir eine ziemlich heftige Geschichte erzählen.« Und dann rollte sie die ganze Malu-Geschichte vor ihrer Nachbarin aus. Annabell hörte interessiert zu und sagte dann: »In der Schule damals hatten wir eine Mitschülerin, die sich in einen Lehrer verliebt hatte. Alles verstand sie als Signal. Der Lehrer war verheiratet, aber das hielt das Mädchen nicht davon ab, im Gebüsch vor seinem Haus auf ihn zu lauern. Die Situation wurde für ihn so unerträglich, dass er später die Schule wechselte und mit seiner Familie in eine neue Stadt zog. Könnt ihr nicht einen Psychologen einschalten? Ich bin leider nicht so bewandert auf dem Gebiet, aber es gibt hier doch den sozialpsychiatrischen Dienst.«

»Tja, das wäre eine Idee! Ich habe Frank allerdings jetzt erstmal versprochen, nichts zu unternehmen. Er steht auf dem Standpunkt, dass es am Schlausten ist, sie zu ignorieren. *Ich* bin ja auch nicht das Opfer ihrer Leidenschaft. Sollte sie mich allerdings bedrohen, dann werde ich aktiv.« Annabell nickte. »Na hoffentlich löst sich das von alleine. Ich wünsche euch das von ganzem Herzen.«

Die Geschichte mit der Schülerin und ihrem Lehrer war interessant. Es gab also auch noch andere Menschen, die sich in einer vergleichbaren Lage befanden. Eigentlich wollte Eva Frank sofort davon erzählen, vergaß es dann aber.

Die Wochen vergingen. Im Juli und August suchten sie angestrengt nach einer geeigneten Wohnung und fanden sie schließlich. Ende September wollten sie umziehen. Frank erhielt immer noch Anrufe von Malu. Sie ließ einfach nicht locker. Jetzt erreichten ihn auch Briefe ins Berliner Büro. Frank ließ sie, ohne sie zu beachten, in seiner Scheibtischschublade verschwinden. Eines Tages erzählte er Eva dann am Telefon, dass Malu angekündigt habe, sie wolle nun seine Mutter anrufen. Im Gegensatz zu ihm hielt Eva das durchaus für möglich und rief ihre Schwiegermutter an. Sie erläuterte ihr kurz die Zusammenhänge und beschrieb ihr, welchen Eindruck sie von der ganzen Geschichte habe. Sie wollte Franks 75-jährige Mutter nicht allzu sehr erschrecken. »Was soll ich denn machen, wenn diese Person bei mir anruft?«, fragte Ingrid Eva. »Auflegen, du darfst ihr nicht das Gefühl geben, dass du ihr die Geschichte glaubst oder dich dafür interessierst.« »Hat Frank denn alles richtig gemacht?«, fragte Ingrid. »Ach klar, dein Frank war einfach nur zu freundlich. Man kann ja auch nicht ahnen, was sich aus so einer Geschichte entwickeln kann, oder würdest du immer gleich so was annehmen?« »Nein, Eva, da hast du sicher Recht. Aber warum unternehmt ihr denn nichts? Das ist doch Belästigung.« »Tja, Schwiegermama, da musst du schon deinen Sohn fragen. Solange sie sich Felix und mir nicht nähert, werde ich mich jedenfalls erstmal ruhig verhalten.«

Drei Tage später rief Ingrid aufgeregt bei Eva an: »Eva, stell dir vor, wer eben bei mir angerufen hat«, ihre Stimme überschlug sich. »Wie raffiniert die vorgegangen ist. Als ich abnahm, hat sie zuerst nach Jochen gefragt.« Jochen war Franks älterer Bruder. »Sie wollte wissen, ob er noch als

Rechtsanwalt arbeitet und ob sie ihn unter folgender Nummer erreichen kann, und dann hat sie mir doch glatt Jochens Privatnummer genannt. Und als ich ihr sagte, dass sie ihn bei mir nicht erreichen kann, da sagt sie doch im nächsten Moment, dann müsste ich Franks Mutter sein …« Eva stockte der Atem. »Ich hab dann aufgelegt. Dreimal hat das Telefon noch geklingelt, aber ich bin nicht mehr rangegangen«, empörte sich Franks Mutter. »Wie raffiniert. Woher weiß die meine Nummer?« »Du, wahrscheinlich hat Frank mal erwähnt, dass du in Uelzen wohnst. Und dich im Telefonbuch zu finden, ist dann ziemlich einfach. Vielleicht weiß sie das alles aber auch von Frau Malecki. Die war doch auf unserer Hochzeit eingeladen und hat sich lange mit Jochen und dir unterhalten.« »Du meinst diese nette Sekretärin von Dr. Klöppmann?«, fragte ihre Schwiegermutter ungläubig. »Ja«, antwortete Eva. »Frank hat sich neulich mal mit ihr unterhalten und dabei kam raus, dass Frau Malecki am Anfang durchaus freundschaftliche Gefühle für die Niemann hegte. Dann wurde Malu aber zu anhänglich, und Frau Malecki zog sich zurück. Daraufhin bekam auch Frau Malecki eine ganze Weile zu jeder Tages- und Nachtzeit Anrufe von der Niemann, weil sie sich dringend mit ihr treffen wollte. Das ist gut zu wissen, denn wenn wir juristisch was machen, dann gibt es schon eine Zeugin.« »Mich gibt es auch noch«, Ingrid war empört, »schließlich belästigt sie mich ja jetzt auch. Ich verstehe Frank ehrlich gesagt nicht, wieso will der Junge nichts unternehmen?« »Das ist doch die typische Verdrängungstaktik der Männer«, erwiderte Eva. »Es gibt keine Probleme und schon gar nicht mit einer anderen Frau. Außerdem hört sich die Sache ja doch erstmal nach Affäre und Liebeskummer an. Du hattest doch auch am Anfang deine Zweifel. Was meinst du, wie es mir ging. Ich stehe doch für alle als die geleimte Ehefrau da. Sitzt schön zu Hause und bemerkt nicht, dass ihr Mann im Büro eine andere hat. Das ist auch nicht einfach, kannst du mir glauben.« »Meinst du denn, dass die Felix etwas tun würde?« »Ich weiß es nicht, glaub mir, ich wüsste es auch gerne. Frank sagt immer, sie sei harmlos. Allerdings macht sie ihre Ankündigungen auch wahr, sonst hätte sie bei dir nicht angerufen.« »Was es für Menschen gibt! Ich würde eher glauben, dass das ein guter Krimi aus Hollywood ist, aber dass so was meine Familie trifft. Ich mach mir ehrlich gesagt Sorgen um euch. Was tu ich denn bloß, wenn die vor meiner Haustür steht?« Die Stimme von Franks Mutter zitterte. »Gar nichts. Lass sie halt nicht rein.

Du kannst doch ganz gut von deinem Küchenfenster auf die Straße schauen. Und dann informiere die Nachbarn. Es ist wichtig, dass die alle Bescheid wissen. Die tut dir nichts. Schließlich bist du doch die alte Damen von ihrem Angebeteten.«

Es war also richtig gewesen, Franks Mutter zu informieren, auch wenn Eva mit Frank darüber eine kontroverse Diskussion gehabt hatte. Er wollte seine Mutter nicht unnötig aufregen. Was aber wäre passiert, wenn die Niemann bei ihr ohne Vorwarnung angerufen hätte! Eva ging den Flur entlang in den vorderen Teil der Wohnung, der zur Straße lag, und löschte das Licht. Draußen war es schon dunkel. Sie sah die Straße rauf und runter und zog dann die Gardinen zu. Seit neuestem fühlte sie sich in ihrem eigenen Wohnzimmer nicht mehr wohl und hielt sich nur noch im hinteren Teil der Wohnung auf. Ihre Vermutung, dass Malu Niemann krank war, tröstete sie zwar. Trotzdem blieb ein unbestimmtes Gefühl der Angst. Was wusste diese Frau? Was wusste sie über Frank und Eva? Was hatte sie in ihrem kranken Hirn alles gespeichert? Und was hatte Frank ihr erzählt? Mehr als vier Jahre verfolgte sie nun schon Evas Mann. Vielleicht war es ihr am Anfang wirklich nur um einen neuen Job gegangen, aber dann musste irgend etwas passiert sein, was ihre Wahrnehmung trübte. Nur, wie war es dazu gekommen?

Telefonterror

Am Wochenende kam Frank nach Hause. Am Samstagmorgen begann dann ein Telefonterror, der Eva noch mehrere Tage zitternde Knie verursachen sollte. Morgens um sechs ging es los. Eva wachte auf, weil das Telefon klingelte. Wer mochte morgens um diese Zeit anrufen? Das musste ein Notfall sein! Eva sprang aus dem Bett und rannte zum Telefon. Der Anrufbeantworter sprang an, doch der Teilnehmer am anderen Ende legte auf, statt etwas auf das Band zu sprechen. Es vergingen kaum zwei Minuten, da klingelte Franks Handy, das in der Küche lag. Eva versteinerte. Minuten vergingen. Das Handy verstummte, statt dessen fing das Telefon wieder an zu klingeln. Diesmal allerdings war ein Kind zu hören: »Hallo Frank«, sagte es, »das ist nicht die feine englische Art, sondern die böse deutsche.

Sie können uns mal am Arsch lecken.« Dann klingelte wieder das Handy. Eva rannte damit ins Schlafzimmer zu Frank. Schlaftrunken griff er danach, nahm den Anruf aber nicht entgegen, als er sah, dass Eva wild gestikulierend vor ihm stand: »Das ist die Verstörte. Tu mir den Gefallen und stell das Handy aus.« Das Handy verstummte. »Wie kommst du darauf?«, fragte Frank. »Sie war doch jetzt schon ein paar Tage still.« Inzwischen klingelte wieder das Telefon, und aus dem Lautsprecher des Anrufbeantworters war die bekannte Stimme zu vernehmen. Eva liefen kalte Schauer über den Rücken. »Hi Baby, hast du mich denn total vergessen? Das kann ich gar nicht glauben, dass du deine Geliebte vergessen hast. Du willst mir doch nicht erzählen, dass du jetzt zu deiner kalten Schlampe zurückgekehrt bist. Und was mach ich jetzt mit dem BMW? Du wolltest das Autochen doch immer von mir kaufen. Hast du das auch vergessen? Den Volvo wolltest du haben, aber den behalte ich selber. Der macht sich ganz gut für eine Frau wie mich. So schön weiß, wie der ist. Weiß wie der Schnee und weiß wie meine Unschuld, die ich durch dich verloren habe. Du Schuft! Du mieser Herzensbrecher! Hast du es deiner reizenden Alten schon erzählt? Unsere superbombastische Liebesbeziehung? Ich wünsche dir keine gute Ehe. Du wolltest mich heiraten. Deswegen lasse ich mich jetzt scheiden. Nun löse dein Versprechen auch ein … Wir sollten das besprechen. Wie wäre es denn, wenn wir uns nachher mit unseren Kinderlein im Museum treffen? Da gibt es gerade eine super Hexenausstellung, das wäre es doch. Kannst ja deine Trulla auch mitbringen. Melde dich, Chéri.«

Eva starrte Frank an. Wieder klingelte das Telefon. Diesmal nahm der Anrufbeantworter die Titelmusik des Films »Titanic« auf. Frank setzte sich auf und lauschte den Klängen. Die Kinderzimmertür öffnete sich und Felix lugte verschlafen hinter der Tür hervor. Dann verstummte die Melodie. »Mama, wer hat denn da Musik gemacht?«, fragte Felix. »Ach weiß du, das ist diese komische Frau, von der ich dir erzählt habe«, antwortete Eva. »Aber wieso macht die Musik, und wieso klingelt das Telefon schon wieder? Soll ich abnehmen?« »Nein, mein Schatz, wir machen jetzt einfach die Tür zu, und dann legen wir uns zu Papa ins Bett und kuscheln. Weißt du, es ist noch ganz früh, die Sonne ist gerade erst aufgestanden, und wir sind noch müde. Das hört gleich wieder auf.«

Eva schloss die Schlafzimmertür und stieg mit Felix zu Frank ins Bett. Dicht aneinander gekuschelt lagen sie da. Felix war im Nu wieder eingeschlafen, aber Frank und Eva lagen beide wach und lauschten angestrengt in die Stille der Wohnung, die ab und zu durch ein fernes Telefonklingeln gestört wurde. Nach einer halben Stunde war der Spuk plötzlich zu Ende. Eva war froh, dass Frank bei ihnen und nicht in Berlin war. Ihr Herz raste. Sie stand auf. Ihre Seele verlangte nach Bewegung. Sie lief in die Küche und fing an, den Tisch abzuwischen. Dann setzte sie Wasser für Kaffee auf und deckte den Frühstückstisch. Nach einer Weile löschte sie schließlich die zehn Nachrichten, die auf dem Anrufbeantworter gespeichert waren. Noch immer klang die Titanic-Musik von Céline Dion wie eine Endlosschleife in ihrem Kopf. Sie wollte die Stimme von Malu nicht noch einmal hören. Sie wollte sie löschen – löschen für immer. Alles, was ihr heilig war, hatte diese Stimme beschmutzt. Sie stand in ihrer Wohnung und sah, wie die Mauern einstürzten. Eva ging unter die Dusche und ließ das Wasser über ihren Körper laufen. Es war, als ob sie sich von allem säubern wollte, das klare Wasser sollte all die Finsternis und den Wahn hinwegspülen. »Wir müssen handeln!« Energisch stampfte sie mit dem Fuß auf.

Frank schob den Vorhang zur Seite und schlüpfte zu ihr unter die Dusche. Sie umarmten sich und hielten sich fest, ohne ein Wort zu sagen. Das klare und frische Wasser tat gut. »Es reicht mir jetzt«, sagte Frank. »Nachher gehe ich zur Polizei und mache eine Anzeige. Jetzt ist Schluss mit dem Zirkus!« Eva war froh, dass Frank endlich handeln wollte. Am Frühstückstisch fiel Eva die Geschichte mit dem Lehrer wieder ein: »Annabell hat mir übrigens von einer vergleichbaren Story erzählt. Allerdings war das eine Schülerin, die sich in einen Lehrer verliebt hatte.« Frank sah interessiert von seiner Zeitung auf. »Und, was hat der Lehrer gemacht?« »Er hat sich in eine andere Stadt versetzen lassen.« »Mm«, brummte Frank, »das kann aber nicht die Lösung sein. Schade, dass das schon so lange her ist, sonst hätte man sich mal mit dem Lehrer unterhalten können.« Er vertiefte sich wieder in seine Morgenlektüre. Felix schielte mit roten Wangen um die Ecke. In der einen Hand hielt er seinen kleinen Kuscheldrachen. Er krabbelte auf Evas Schoß und kuschelte sich an sie. »Vielleicht sollten wir Malu besuchen. So mit der ganzen Familie. Glücklich und vereint«, sagte Eva zu Frank. »Das hab ich auch schon überlegt«, antwortete er, »aber was ist, wenn sie alles falsch versteht und denkt, der interessiert sich ja doch für mich, und jetzt will er mir auch noch seine Familie vorstellen.« »Ja, du hast Recht. Das kann passieren. Ich denk halt bloß die ganze Zeit, wie man dem Ganzen ein Ende machen kann.« »Ach nee, was meinst du, was ich mache. In meinem Kopf habe ich schon die wildesten Szenarien entwickelt. Zum Beispiel, ein paar große Jungs aus meinem Sportverein vorbeischicken. Die sollen ihr mal ein bisschen Angst einjagen. Oder man stellt ihr einen vor ihr Haus, der so tut, als ob er sie beschattet und der ihr überall hin folgt oder ständig bei ihr klingelt. Allerdings macht man sich damit strafbar, das kann es also auch nicht sein.«

Nach dem Frühstück erledigte Eva mit Felix den Wochenendeinkauf, während Frank zum nächsten Polizeirevier fuhr. Es war ein wunderschöner Tag, aber Evas Stimmung blieb bedrückt. Sie hatten gerade den Obst- und Gemüseladen betreten, da hörten sie von draußen eine Fahrradklingel. Frank stand mit seinem Rad vor der Tür. In seinem Gesicht sah sie, dass nicht alles so gelaufen war, wie er es sich vorgestellt hatte. »Und?« Eva stellte ihren Einkaufskorb mitten im Laden ab und trat zu ihm ins Freie. »Die haben mich wieder nach Hause geschickt. Die meinten, sie hätten jetzt keine Zeit und ich soll in zwei Stunden wiederkommen. Die haben mich einfach stehen lassen.« »Mama, ich will ein Eis!« Felix versuchte seine Mutter zurück in den Laden zu ziehen. »Schatz, gleich, dein Papa erzählt mir gerade etwas«, versuchte sie ihn zu besänftigen, aber stattdessen wurde er nur noch quengeliger. »Felix, jetzt reiß dich mal zusammen. Du bekommst dein Eis noch, aber nicht, wenn du drängelst«, fuhr sie ihren Sohn an, bereute aber im gleichen Moment ihre Unbeherrschtheit. Felix verstummte auf der Stelle. Er setzte sich auf eine Obstkiste, und dicke große Tränen kullerten aus seinen Augen. »Ach Schatz, so hab ich das doch nicht gemeint.« Sie beugte sich zu ihm hinunter. »Nur wenn Papa mir gerade etwas Wichtiges erzählt, dann möchte ich nicht, dass man mich stört.« Sie streichelte ihm über den Kopf und trocknete seine Tränen mit ihrem Jackenärmel.

Hinter ihnen im Laden krachte es. Eine große dicke Frau war über die abgestellten Taschen gestolpert und lag nun der Länge nach auf dem Boden. Die Frau begann Eva wüst zu beschimpfen. Eva half ihr auf und stürzte anschließend aus dem Laden. Ihre ganze Anspannung entlud sich mit einem Mal in einem Heulkrampf.

Frank, der alles mit angesehen hatte, stellte sein Fahrrad ab, und nahm Eva in den Arm. Sie weinte mittlerweile hemmungslos, so dass einige Passanten stehen blieben. Die dicke Frau entschuldigte sich: »So hab ich das doch nicht gemeint«, versuchte sie Eva zu trösten. Frank nickte ihr zu: »Meine Frau ist zur Zeit ein wenig mit den Nerven runter. Ist schon in Ordnung. Bitte verzeihen Sie ihre Unaufmerksamkeit.« Felix sah seine Mutter besorgt an. »Warum weint Mama?« wollte er wissen. »Ach weißt du, es ist im Moment alles ein bisschen viel für deine Mama. Und da muss sie eben mal weinen.«

Arm in Arm gingen sie die Straße entlang. »Den Knüller habe ich dir ja noch gar nicht erzählt.« Frank blieb abrupt stehen und sah seine Frau an. »Die haben mir gesagt, dass ich meine Liebesaffären gefälligst selber in den Griff bekommen soll, denn für Rosenkrieg wären sie nicht zuständig. Außerdem wäre ich doch ein großer, starker Mann und es könne doch nicht im Ernst angehen, dass ich vor einer Frau Angst hätte.« »Und was jetzt? Gehst du nachher nochmal hin?« »Bin ich doof? Ich mach mich doch nicht zum Affen. Joseph muss helfen, den kann ich aber erst wieder am Montag erreichen.«

Als sie zu Hause ankamen, waren 15 neue Nachrichten auf dem Anrufbeantworter aufgezeichnet. Eva setzte sich an den Küchentisch und rauchte erste einmal eine Zigarette. Dann schaltete sie die Maschine an und lauschte den Ergüssen. Bis tief in die Nacht sollte der Terror noch weitergehen, allerdings bekamen sie nicht viel davon mit, weil sie die meiste Zeit nicht zu Hause waren. Nur der Anrufbeantworter füllte sich weiter, bis seine Aufnahmekapazität erschöpft war.

Am nächsten Tag klingelte es an der Haustür. Felix wollte zur Tür rennen, aber Eva hielt ihn fest. »Schatz, sei bitte so lieb und lass mich aufmachen. Du weißt, es gibt diese verrückte Frau, und ich möchte nicht, dass du ihr womöglich die Tür aufmachst.« Sie öffnete. Wie immer in letzter Zeit fühlte sich Eva dabei etwas unwohl und hatte Herzklopfen. Im Hausflur stand Frau Wernicke, eine Nachbarin, und fragte, ob sie ein paar Kartoffeln borgen könnte. Als Eva in die Küche ging, hatte sie plötzlich eine Idee. Wie wäre es, wenn sie so täten, als seien sie schon umgezogen. Felix und Eva hätten dann die restlichen Wochen Ruhe. Gleichzeitig sollte Frank seine Handynummer ändern. In der Firma müsste er alle Mitarbeiter über ihre Situation informieren. Niemand durfte die Telefonnummern oder gar die Adresse rausrücken. »Kein Interesse« und »nicht zu erreichen« musste die Botschaft für Malu sein.

Frank war von ihrem Vorschlag, Firma und Kollegen zu informieren, nicht sonderlich begeistert. »Schatz, wenn du noch weiter schweigst, dann wird sie unsere Telefonnummer wieder über die Firma bekommen, und dann geht der Terror in Berlin weiter. Ich will endlich Ruhe. Ich habe inzwischen einen total nervösen Magen, ich rauche zu viel und kann mich bei meiner Arbeit nicht mehr richtig konzentrieren. Du bist fahrig und kriegst einen Herpes nach dem anderen und würdest am liebsten alles unter den Teppich kehren. Felix ist nur noch irritiert, weil er das alles nicht verstehen kann. In seinem Kopf gibt es die ›böse, verrückte Frau‹, derentwegen er nicht mehr ans Telefon gehen oder die Tür öffnen darf. Im Kindergarten nennt er sich nur noch Alex, damit die Verstörte ihn auf dem Spielplatz nicht findet. So läuft das nicht! So nicht! Die Frau lebt und ist real da. Wenn man schon juristisch nicht viel ausrichten kann, dann lass uns doch wenigstens Möglichkeiten schaffen, damit sie uns nicht weiterhin stört. Deshalb muss die ganze Geschichte öffentlich gemacht werden!« Frank sah schließlich ein, dass es sinnlos war, in der Firma weiterhin zu schweigen. »Du hast ja recht«, antwortete er zerknirscht. »Sie fängt jetzt nämlich auch an, die Kollegen zu nerven. Peter fragte neulich, ob ich mich noch an Frau Niemann erinnern würde? Sie habe sich als meine Ex-Freundin ausgegeben und ihm erzählt, dass ich mir von ihr eine große Summe Geld geliehen hätte, die ich ihr nicht wiedergeben würde. Gott sei Dank verstehe ich mich mit ihm gut. Ich möchte nicht wissen, wem sie womöglich noch was geflüstert hat.« »Da siehst du es, Frank, das geht jetzt schon in Richtung Rufmord! Wenn wir Einheit demonstrieren, kann uns gar nichts passieren. Ich mag vielleicht in den Augen deiner Kollegen die betrogene Ehefrau sein. Vermeintliche Liebesaffären aus den Köpfen anderer Leute rauszubekommen ist ja nicht ganz einfach, aber das Verhalten von Malu wird den meisten zeigen, dass mit ihr irgendwas nicht stimmen kann. Wahrscheinlich hat sie ihren Freunden von dir vorgeschwärmt, und jetzt wollen die Freunde endlich wissen, wer der geheimnisvolle, verheiratete Mann ist, mit dem sie angeblich eine Affäre hatte. Also muss sie Dinge erfinden, die sie interessant machen. Als Nächstes erfindet sie noch, dass ihr Kind von dir ist oder du sie gar vergewaltigt hast.« »Wenn sie überhaupt Freunde hat«, murmelte Frank. »Aber du hast Recht. Ich werde eine Hausmitteilung schreiben und alle darüber informieren. Mit Klöppmann fange ich an. Wir haben eh einen Termin, und dann werde ich das zur

Sprache bringen. Schließlich sollte er als erster darüber informiert werden. Übrigens bekomme ich am Montag endlich eine neue Handynummer.« Eva fiel ihrem Mann um den Hals. »Das hättest du auch früher haben können.«

Nachmittags klingelte das Telefon erneut ununterbrochen, Eva hatte den Anrufbeantworter allerdings ausgeschaltet. Am Nachmittag rief sie einen alten Freund an, der nach ihrem Umzug die Wohnung übernehmen würde. Sie erzählte ihm von ihrer Idee, so zu tun, als wären sie nicht mehr in der Stadt, und er bot spontan seine Hilfe an. Als er kam, waren Frank und Felix zum Fußball gefahren, das Telefon schwieg seit einer halben Stunde. »Was ist das nur für ein Zustand«, begrüßte er Eva, »das kann doch keine Lösung sein, diese Frau passiv auszusitzen. Ich kann natürlich gerne den neuen Mieter mimen, schließlich darf ich ja bald sowieso in euren Räumen residieren, aber gibt es nicht auch noch einen anderen Weg?« »Was würdest du denn machen?«, fragte Eva. Thomas wusste darauf zunächst auch keine Antwort. Und dann kam die Frage, auf die Eva die ganze Zeit gewartet hatte. »Bist du dir denn sicher, dass Frank wirklich keine Aktien in dem ganzen Spiel hat?« »Ach, Thomas«, antwortete sie, »kann man wirklich jemals sicher sein? Ich bin überzeugt davon, dass er ihr durchaus Hoffnungen gemacht hat, weil er einfach freundlich zu ihr war. Aber ist das schon ein Grund, jemanden zu verfolgen? Ich kann es dir nicht beantworten. Ich glaube, ich muss für mich einfach die Entscheidung treffen, ob ich ihm weiterhin vertraue oder nicht. Wenn nicht, würde das bedeuten, dass wir uns wahrscheinlich irgendwann trennen werden. Die Frage, die sich mir dann allerdings aufdrängt, lautet: Ist das nicht vielleicht Sinn und Zweck der ganzen Aktion? Sie hat doch angekündigt, unsere Ehe zu zerstören. Auf jeden Fall hat sie Misstrauen gesät. Aber so leicht kann sie nicht einfach zwischen uns hauen. Ich liebe Frank, und ich glaube, das beantwortet alles.« Thomas atmete hörbar auf. »Es hätte mich auch stark gewundert, wenn du anders reagiert hättest. Wie fühlst du dich denn damit?«

Eva fühlte sich beschissen. Manchmal beschlich sie sogar der Verdacht, unter Verfolgungswahn zu leiden. Auf der Straße ertappte sie sich dabei, dass sie sich ständig umdrehte und Frauen mit schwarzen Haaren musterte. Die Frau, die dort aus dem Auto stieg, hatte sie Eva nicht eben angestarrt? Und was war mit der, die nun schon das dritte Geschäft betrat, in dem auch sie einkaufte? Ihr gesamtes Umfeld schien plötzlich unsicheres Terrain zu sein, sie fühlte sich verfolgt von einer Unsichtbaren, die wesentlich mehr über Eva wusste, als Eva über sie.

Thomas sah Eva nachdenklich an. »Was macht dir so große Angst? Du bist gar nicht mehr die starke Frau, um die ich Frank immer so beneidet habe.« Thomas hatte Recht. Eva war hochgradig nervös. Die ständige Präsenz dieser Frau, ob am Telefon oder in Briefen, und die Tatsache, dass sie so wenig über sie wusste und sie nicht einschätzen konnte, zerrte an ihren Nerven. »Gib dieser Malu oder wie sie sich schimpft doch nicht eine solche Wichtigkeit. Du hast doch eben selber gesagt, dass sie eure Familie nicht sprengen kann. Und unternehmt etwas.«

Das Gespräch zwischen Thomas und Eva wurde durch das Läuten des Telefons unterbrochen. »Wahrscheinlich funktioniert Franks alte Handynummer nicht mehr, und nun will sie herausbekommen, wie sie ihn erreichen kann.« Unwillkürlich flüsterte Eva. Thomas griff zum Hörer und meldete sich. »Wrangel?« Er gab Eva ein Zeichen, still zu sein. Anscheinend war Malu Niemann am anderen Ende. »Wer ich bin?«, fragte Thomas. »Ich bin der Nachmieter, und wer sind Sie, wenn ich fragen darf?« Eva rückte näher an Thomas heran und versuchte mit einem Ohr mitzuhören, konnte aber nur noch »Exfreundin« vernehmen. »Exfreundin?« Thomas tat erstaunt. »Ich dachte eigentlich, Herr Lorenz sei glücklich verheiratet?« Er zwinkerte Eva zu. »Nein, eine Nummer kann ich ihnen nicht geben. Ich kommuniziere mit Herrn Lorenz nur über das Büro.« Angestrengt versuchte Eva der Stimme im Hörer zu lauschen, verstand aber kein Wort. »Sie wollen wissen, ob Frau Lorenz gut aussieht? Was sind das denn für Fragen? Das kann ich Ihnen nicht beantworten. Ich achte auf so was nicht, ich stehe mehr auf Männer. Sie können mir ja Ihre Nummer geben, dann geb ich die Herrn Lorenz weiter. Und nun entschuldigen Sie mich bitte.« Thomas hatte aufgelegt. »Wie bist du denn darauf gekommen, dich als Schwuler auszugeben?« Eva flüsterte immer noch. »Ich dachte, das sei die beste Möglichkeit, um sie mir selber vom Leib zu halten. Bei der Frage nach der Nummer hat sie übrigens aufgelegt …« Es klingelte erneut. Diesmal schien ein Mann am Apparat zu sein, denn Thomas fragte: »Wie war Ihr Name noch, Holger Thomsen? Und Sie sagen, Sie seien ein guter Freund von Frank?« Eva schüttelte den Kopf. Einen Holger kannte sie nicht. Offensichtlich versuchte Malu nun alle möglichen Tricks, um an die neue Adresse und Telefonnummer zu kommen. »Der ist nicht da«, antwortete Thomas, »Frank ist vor kurzem mit seiner Familie umgezogen. Ich könnte höchstens Ihre Nummer notieren und ihm beim nächsten Mal sagen, dass Sie angerufen haben.« Thomas legte auf und schüttelte den Kopf. »So massiv hatte ich mir das nicht vorgestellt. Das war doch garantiert ein Freund von dieser Niemann, oder was denkst du?« Gerade wollte Eva antworten, da läutete es erneut. »Wrangel? Hören Sie, wollen Sie mich ärgern? Ich habe Ihnen doch schon gesagt, dass ich Ihnen nicht weiterhelfen kann. Klären Sie ihre Angelegenheit doch selber und rufen Sie Herrn Lorenz an. Als seine Exgeliebte müssten Sie doch eigentlich wissen, wie Sie ihn erreichen können, oder gibt es etwa einen Grund, warum er Ihnen nicht seine neuen Nummern gegeben hat? Wieso rufen Sie überhaupt bei ihm zu Hause an. Weiß seine Frau eigentlich davon?« Thomas strahlte. Seine neue Rolle als schwuler Nachmieter machte ihm offensichtlich Spaß, und in der Tat waren seine schauspielerischen Leistungen beachtlich. »Die ruft bestimmt nicht mehr an«, freute er sich. »Ich glaub, die hat begriffen, dass sie mir auf die Nerven geht.« Da kannte er aber Malu schlecht, Beharrlichkeit war schließlich ihre Spezialität.

Zehn Minuten später läutete das Telefon erneut. Diesmal war angeblich ein Mitarbeiter der Telekom am anderen Ende und wollte wissen, was denn mit dem Kunden sei, auf den das Telefon angemeldet war. Er hätte die Information erhalten, der sei umgezogen. Nun explodierte Thomas: Das sei ja wohl das Allerletzte, an einem Sonntag anzurufen. Gleich morgen werde er sich beschweren. Seit wann würde denn die Telekom interessieren, wer von einem Anschluss aus telefoniert, empörte er sich. Auch dieser Anruf hatte sein Ziel verfehlt. Thomas spielte seine Rolle wirklich gut. Noch einmal, das letzte Mal an diesem Abend, klingelte das Telefon. Malu wollte sich für ihre Belästigung entschuldigen und suchte Trost bei dem vermeintlich schwulen Nachmieter, von dem sie sich offensichtlich Verständnis erhoffte. Allerdings hatte sie die Rechnung ohne Thomas gemacht. Ganz deutlich gab er ihr noch einmal zu verstehen, dass ihn die Geschichte in keiner Weise interessierte und er sich weitere Anrufe dieser Art verbieten würde.

Zwei Tage Telefonterror lagen hinter ihnen. Für den Augenblick hatten sie wieder ihre Ruhe. Doch Eva war sich sicher, dass Malu Niemann es weiter unter der alten Kölner Nummer versuchen würde. »Morgen melde ich das Telefon ab«, sagte sie zu Thomas. »Das wird das Beste sein«, erwiderte er. »Kommunizieren kannst du ja weiterhin über dein Handy und das Fax.« Kurze Zeit später kamen Frank und Felix vom Fußball zurück. »Gewonnen«, riefen die beiden johlend. Den restlichen Abend verbrachten sie gemeinsam mit Thomas und genossen die Tatsache, dass das Telefon ruhig blieb. Eva beschloss, zusammen mit der Kündigung des Telefons eine Geheimnummer für Berlin zu beantragen.

Auf der Pirsch

Am nächsten Morgen traf Eva im Hausflur die Hausmeisterin Frau Wernicke, die mit ihrem Mann ein Stockwerk höher wohnte. Frau Wernicke war eine rüstige alte Dame von 70 Jahren, die so schnell nichts schrecken konnte. Freundlich fragte sie nach Felix, den sie lange nicht mehr gehört habe. »Nur noch vier Wochen, dann ziehen wir endlich um«, antwortete Eva, ohne auf ihre Frage zu reagieren. »Na, das hört sich ja so an, als ob Sie ganz dringend aus Köln weg wollen. Sind denn alle im Haus hier so schrecklich?« »Aber nein, Frau Wernicke! Wir erleben nur gerade den totalen Psychoterror. Apropos, könnten wir das Klingelschild draußen an der Tür vielleicht schon mit dem Namen unseres Nachmieters versehen?« Frau Wernicke musterte Eva erstaunt: »Das muss ich jetzt aber nicht verstehen, oder? Haben sie nicht eben gesagt, dass Sie erst in vier Wochen umziehen? Oder habe ich etwas falsch verstanden?« Eva sah ein, dass sie die Situation erklären musste, und bat Frau Wernicke in ihre Wohnung. Mit wenigen Worten versuchte sie ihr zu beschreiben, um was es ging. Ihre Nachbarin hörte sich die Geschichte schweigend an. Nach einer Weile schüttelte sie den Kopf und sagte: »Ich hatte auch mal so einen. Ein früherer Mieter im Haus. Erst machte er mir schöne Augen und wollte, dass ich meinen Mann sitzen lasse. Ganz unter uns, der war fast dreißig Jahre jünger als ich. Ich sagte ihm, er solle mich in Ruhe lassen, aber er? Er rief dauernd an, manchmal in der Nacht. Ich hab dann immer ein Kissen aufs Telefon gelegt und leise gestellt. Tagsüber ist mein Mann dann immer ran. Aber ich sag Ihnen, das ging mindestens ein Jahr so. Dann hörte es auf.

Unheimlich war das. Aber was machen wir denn jetzt mit Ihnen, das ist ja furchtbar!« Sie sah Eva fragend an. Eva erklärte ihr die Taktik mit dem Nachmieter und dass es deshalb wichtig für sie sei, auch das Türschild auszuwechseln. Außerdem bat sie Frau Wernicke, keinerlei Auskünfte an wen auch immer zu erteilen. »Jetzt wo Sie das so sagen, fällt mir ein, dass sich eine Frau nach Ihnen erkundigt hat. Da waren Sie im Urlaub. Die wollte wissen, wann Sie wiederkommen.« Eva horchte auf. »Wie sah sie denn aus?« Frau Wernicke musste einen Moment nachdenken, bevor sie antwortete. »Längere Haare, etwas kleiner als Sie, schlank.« Ob sie schwarzes Haar hatte? Eva war nun aufs Äußerste angespannt und registrierte aufmerksam jede kleinste Regung ihres Gegenübers.

»Ich kann mich leider nicht mehr erinnern«, sagte Frau Wernicke, »ich weiß nur noch, dass sie sich freundlich bedankte und ankündigte, es in zwei Wochen wieder zu probieren.« Eva durchsuchte das Bildarchiv in ihrem Kopf nach einer schlanken Frau mit langen Haaren. Schließlich fiel ihr Ulrike ein, eine gute Freundin von Frank, die viel geschäftlich im Ausland war und daher nicht immer wissen konnte, ob sie nicht gerade im Urlaub waren. Eva bat Frau Wernicke keine weiteren Auskünfte auf der Straße oder am Telefon zu geben. Die letzten verbleibenden Wochen in Köln wollte sie ihre Ruhe haben.

Eva verwarf den Gedanken, selber noch aktiv zu werden und den sozialpsychiatrischen Dienst einzuschalten. Auf ihrem Schreibtisch türmten sich unerledigte Briefe und die ersten Umzugskartons wollten gepackt werden. Sie stürzte sich in die Arbeit und war so glücklich wie seit langem nicht mehr.

Das Klingeln ihres Handys bereitete dem trügerischen Frieden ein abruptes Ende. »Hallo«, hauchte die bekannte Frauenstimme. »Ich möchte dich gerne kennen lernen und wollte fragen, ob wir uns nicht mal treffen wollen?« Eva spürte, wie ihr Puls in den Schläfen pochte. »Wer ist denn da bitte?«, begann sie das altbekannte Spiel. »Das weißt du doch ganz genau. Hier ist Malu.« »Ich möchte Sie aber nicht kennen lernen«, reagierte Eva hart und schaltete das Handy aus. Das war ja wohl der Gipfel! Jetzt hatte sie offensichtlich auch Evas Handynummer herausbekommen. Evas Empörung wich jedoch für einen Moment einer bedrückenden Unsicherheit: Hätte sie sich vielleicht doch mit ihr unterhalten sollen? Doch Eva verwarf diesen Gedanken schnell wieder. Wenn Malu Niemann wirklich so krank war, wie Eva es inzwischen annahm, dann hätte ein Treffen nur das Gegenteil bewirkt. Es hätte Malu nur das Gefühl vermittelt, wichtig zu sein.

Eva rief Frank an und schilderte ihm kurz ihr letztes Telefonat. »Wenn das so weitergeht«, empörte sie sich, »dann unternehme ich etwas. Es ist mir egal, ob du das gut oder schlecht findest. Ich fühle mich bedroht. Jetzt ruft sie mich sogar schon auf meinem Handy an. Das ist nicht mehr mein Leben. Unser Klingelschild ist inzwischen ausgewechselt und ich schleiche wie ein illegaler Einwanderer durch meine eigene Wohnung und tue so, als seien wir schon umgezogen. Bei jedem Telefongeklingel schrecke ich inzwischen zusammen. Deine Mutter hat sie jetzt ständig am Telefon. In der Kanzlei deines Bruders hat sie gestern eine halbe Stunde die Rechtsanwaltsgehilfin zugequatscht mit ihrem Blödsinn und …« »Und«, fuhr Frank fort, »Tietze aus der Personalabteilung hat mir heute gesagt, dass sie auch ihn belästigt. Er bittet mich deshalb die Situation zu klären.«

»Frank«, kreischte Eva hysterisch, »das ist doch Rufmord!« Wie lange sollte dieser Wahnsinn noch weitergehen? War die Aushungerungstaktik wirklich geeignet oder forderte sie Malu nicht geradezu heraus? Wurde sie dadurch nicht erst recht manisch, geleitet nur noch von dem einen Gedanken, ihre Opfer zu finden und ihr angebliches Recht einzufordern?

»Ach, übrigens Frank, ich hab heute mit der Postbotin besprochen, dass wir keinen Nachsendeantrag stellen werden. Thomas wird uns die Post hinterherschicken. Und beim Einwohnermeldeamt können wir eine Auskunftssperre einrichten lassen. Dazu braucht man aber Beweise, die belegen, dass man verfolgt wird, denn eine Anzeige gibt es ja leider nicht. Und was hast du Neues?« »Briefe«, antwortete Frank, »Briefe, Briefe, Briefe.« Was denn drin stehe, wollte Eva wissen. »Keine Ahnung. Ich lese sie nicht. Die wandern alle in die Schublade. Joseph hat gesagt, dass ich sie auf keinen Fall wegschmeißen soll, denn das waren alles Beweise. Morgen ist schon Donnerstag, mein Schatz, und ab Freitag bin ich wieder bei euch. Dann packen wir ein paar Kisten, bringen den Sperrmüll weg und machen uns ein schönes Wochenende. Und, schwuppdiwupp, sind wir alle zusammen weit weg in Berlin.«

Gegen Abend schaltete Eva ihr Handy wieder ein. Sechs »Anrufe in Abwesenheit« zeigte das Display an. »Wieso hast du aufgelegt?«, säuselte Malus Stimme, »ich möchte dich gerne kennen lernen, denn ich will wissen, ob du eine gute Frau bist. Und ich möchte dir zeigen, dass ich auch eine gute Frau bin. Weißt du, vier lange Jahre hatte ich mit deinem Mann eine phänomenale, eine wahnsinnige Liebesbeziehung. Es hat nur so geknistert vor Erotik. Wir haben uns geliebt, geliebt, geliebt. Aber ich habe ihn verloren. Ich habe ihn verloren an dich. Hey, du hast ihn doch gewonnen, du bist die Siegerin. Jetzt will ich nur wissen, an wen ich ihn verloren habe. Bitte ruf mich an und knall nicht einfach auf.« Und dann nannte sie ihre Telefonnummer. Die fünf folgenden Nachrichten waren alle ähnlich.

Felix und Eva hatten verschlafen. Doch statt zu hetzen, ließen sie sich für ein ausführliches Frühstück Zeit. »Was soll ich denn für dein Abschiedsfest im Kindergarten kaufen?«, fragte Eva ihren Sohn. »Negerküsse und Gummibärchen und Erdnüsse«, antwortete er. »Und soll ich auch einen Kuchen backen?« Er umarmte sie. »Ja, ja, so einen leckeren wie zu Papas Geburtstag.« Eva lächelte: »Schatzi, das war eine Torte, die bekommst du zum Geburtstag, aber nicht für ein Abschiedsfest mit vierzig Kindern.«

Schließlich machten sie sich auf den Weg zum Kindergarten. Auf der Straße schloss Eva ihr Fahrrad auf, während Felix munter weiterplapperte. Zehn Meter weiter bremste plötzlich quietschend ein Auto. Eva hob Felix in den Kindersitz und schnallte ihn an. Aus den Augenwinkeln sah sie, wie eine Frau ausstieg. Das Auto, ein BMW, war nachlässig geparkt und stand mit dem Heck noch halb auf der Straße. Klack, klack, klack machten die Pfennigabsätze auf dem Kopfsteinpflaster. Einen Moment war Eva wie gelähmt. Keine zehn Meter vor ihr stand Malu und betrachtete interessiert die Klingelschilder. Ihre schwarzen Haare hatte sie zu einem Knoten gebunden. Zu einem schwarzen, engen Oberteil trug sie eine halblange schwarze Hose. Dann hob sie ihren Kopf, betrachtete das Haus und schaute für einen Moment in Evas Richtung.

Evas Instinkt riet ihr, sich schnell und unauffällig zu entfernen. Felix, der nichts ahnte, redete immer noch. »Pscht«, zischte Eva, »halt den Mund und setz dir die Kapuze auf.« Erstaunt, aber ohne Widerworte, tat ihr Sohn, was sie verlangte. Äußerlich scheinbar völlig gleichmütig bestieg sie das Fahrrad. Hoffentlich spricht sie mich nicht an, dachte sie nur. »Ist das hier nicht die Stenzelbergstraße?«, hörte Eva noch, doch als sie sich umdrehte, sah sie, wie eine alte Dame, die wie von Gott geschickt plötzlich vor Evas Haus stand, von Malu angesprochen wurde. Eva trat in die Pedale, ohne die Antwort abzuwarten. Malu hatte Eva und Felix nur kurz gemustert. Sie kannte sie also nicht. Trotzdem fuhr Eva einige Umwege zum

Kindergarten. Felix, der sich über das Verhalten seiner Mutter wunderte, flüsterte leise: »Mama, wann darf ich denn wieder reden?« »Jetzt«, antwortete sie. »Tut mir leid, Süßer. Die verrückte Frau stand gerade vor unserem Haus.« Felix überlegte kurz. »Will die mich noch immer klauen?«

Im Kindergarten machte Eva die Kindergärtnerin noch einmal auf die Situation aufmerksam und bat sie, ein Auge auf Felix zu haben. Anschließend machte sie sich auf den Weg zurück nach Hause. Nachdem Eva sich beim Einbiegen durch einen Blick in die Straße vergewissert hatte, dass der BMW nicht mehr vor dem Haus stand, fuhr sie langsam bis zu ihrem Haus vor. Sie schloss ihr Fahrrad an und schlich ins Haus. So weit war es mit ihr gekommen. Nun stahl sie sich schon am helllichten Tag wie ein Dieb in ihre eigene Wohnung. Sie schloss leise die Wohnungstür hinter sich und trat an das Fenster im Wohnzimmer. Auf der Straße war alles ruhig. Sie zog die Vorhänge zu und ging an ihren Schreibtisch. Zehn Minuten später klingelte es an der Tür. Eva lauschte und vernahm deutliche Geräusche von jemandem, der an der Wohnungstür im Hausflur stand. Auf Socken schlich sie zur Tür und versuchte durch den Türspion zu schauen, aber die betreffende Person hatte anscheinend ihr Vorhaben aufgegeben, denn es war deutlich zu hören, wie unten die schwere Haustür ins Schloss fiel. Nach einer Ewigkeit wagte sie schließlich die Wohnungstür zu öffnen und einen Blick in den Hausflur zu werfen. Im Haus war alles still. Eva ging hinauf zu Wernickes, um von deren Balkon auf die Straße blicken zu können – hier konnte man wegen der Bepflanzung von unten nicht gesehen werden.

Herr Wernicke öffnete Eva die Tür. Sie erklärte ihm ihr Vorhaben und erwähnte, dass es eben an ihrer Tür geschellt habe. Herr Wernicke machte daraufhin eine wegwerfende Handbewegung: »Das war meine Frau. Die wollte Ihnen von unserer Begegnung erzählen. Mann, Mann, Mann, die Dame möchte ich aber nicht zur Feindin haben! Nur gut, dass Sie nächste Woche umziehen. Ich hab mich die ganze Zeit doof gestellt. Das kann ich ja ganz gut.« Gespannt hörte Eva ihm zu. »Wir wollten gerade zum Einkaufen gehen. Vor dem Haus stand diese Frau. Anfangs fragte die ganz freundlich, ob denn Familie Lorenz noch hier wohnt. Ich sagte, dass ich das nicht weiß, weil man mir eh nichts erzählt. Als sie merkte, dass sie mich nicht aushorchen kann, fragte sie meine Frau. Die sind weggezogen, sagte Hilde. Darauf sie: Ob Familie Lorenz denn nach Berlin gezogen sei.

Meine Frau: Keine Ahnung. Das wollte die natürlich nicht glauben. Ziemlich frech fragte sie, ob wir eine Adresse oder Telefonnummer hätten. Nee, hat meine Frau nur gesagt. Wenn Hilde stur ist, ist sie stur. In welcher Wohnung die Lorenz denn gewohnt haben, wollte die noch wissen, weil sie sich beim Nachmieter erkundigen wollte. Hilde hat nur den Kopf geschüttelt und gemeint, hier ziehen so viele Leute ein und aus, das wüsste sie auch nicht. Dass das gelogen war, hat die, glaub ich, gemerkt und fast hatte ich ein bisschen Angst, dass die gleich auf uns losgeht. Aber da hat es auf einmal fürchterlich gehupt. Die hatte ihr Auto so blöd geparkt, dass die anderen Autos nicht durchkamen. Tja, und da musste sie wohl oder übel abziehen. Aber eins sag ich Ihnen: Die kommt wieder! Die machte nicht den Eindruck, als ob unsere Show irgendeinen Eindruck auf sie gemacht hätte.«

Eva war begierig zu wissen, was diese Niemann aus der Sicht von Herrn Wernicke für ein Frauentyp sei. Der runzelte die Stirn und sagte: »Zumindest möchte ich mit ihr nicht verfeindet sein. Die war hysterisch und aggressiv. Da schlummern Abgründe, nee, nee, nee. Da haben Sie sich was angelacht!« Eva bekam eine Gänsehaut. »Angelacht ist gut«, erwiderte sie. »Die hat uns heimgesucht!«

Malu an Frank

3. Oktober 1998

Good morning, darling,
Ich war schon einkaufen u habe Kakao und superknusprige, frische Brötchen mitgebracht. Was für ein verheultes Jahr. Malulein hat seit April nur geweint. Geweint um ihre verlorene Liebe. Was für ein verheultes Jahr! Wenn du nicht so lieb wärst, dann wäre ich dir nur böse!
Ich bin nicht perfekt genug für Dich, stimmt's? Kein Silikon in der Brust und auch keines in den

Lippen. Außerdem bin ich dir zu dick, stimmt's?
Und meine Nase ist auch zu dick! Du haßt meine Nase und deshalb haßt du mich, stimmt's? Aber ich bin gar nicht dick! Wie wenig muß ich denn wiegen, um dir zu gefallen?
Ich heule kaum noch. Hass habe ich auch nicht mehr für dich und auch keine Liebe, nur noch das Gefühl, dich ganz lieb zu haben.
Bleib du nur am leben u ich werde nie allein sein.
Warum hast du mich verlassen? Wann genau hast du mich verlassen? Ich bin so von Dummheit geschlagen, daß ich das nicht geschnallt habe! Nietzsche sagte: Der Mann liebe wahrlich erst dann eine Frau, wenn er ihre Dummheit erkannt habe u aus Großmut seiner Intelligenz ihr für diese Dummheit verzeihe. Ich mag Nietzsche nicht, obwohl ich sein Gesicht liebe u seine klugen Augen u seinen Riesen-Schnäuzer. Ich verstehe ihn nicht. Und du? Power hast du mir unendlich gegeben! Noch nie war ich so unverschämt kratzbürstig in meinem Leben. Und meine Stimme, die lange von meinen Tränen erstickt wurde, habe ich jetzt auch endlich wieder. Ich lasse alles raus und befreie mich!
Ich bin zur Zeit völlig pickellos! Warum willst du mich nicht mehr haben?
Warum, Frank? Why?
Wegen Deiner ollen Schrulle? Scheiß drauf. Diese Frau hat nichts, außer deinem Sohn, was dich noch bei ihr hält. Fick Sie doch wie mich, los! Tu es doch! Das kannst du gar nicht, das weiß ich! Sie turnt dich ab!
Warum haben wir bloß Krieg, Frank? Oder haben wir Frieden? Ich will wieder dein Freund sein! Du kannst ruhig Frieden mit mir haben, denn ich zeig dich nicht an u erzähle es auch nicht Herr Klöppmann oder schick

meine Sexy-Wäsche deiner Angetrauten. Okay!!! Ich will mich öffnen und meinen Liebesschmerz outen! Hast du keinen Schmerz um mich, Frank?
Wo bist du, du Verführer, du Herzensbrecher, du Gigolo! Wo?
I miss you. I love you. I adore you.

Deine kleine Frau

3. Februar ó 3. Oktober = 8 Monate

Hase,
warum quälst du mich so?
warum hast du mich verlassen?
Nach 4 Jahren!
Bevor ich dich tief und hart in mich ließ, sagtest du da nicht voller Passion:
Wie lange soll ich noch warten? Ich warte schon 4 Jahre und das ist die Hälfte von 10!

Du Schwein!

Von unseren 4 Jahren waren 1994 und 1998 die Gewaltigsten. 1994 lernte ich dich kennen, Mitte 1998 türmtest du nach Berlin! Ene, mene muh und raus bist du! Und wiederkommen willst du auch nicht mehr. Weißt du warum ich nicht loslassen kann? Ich bin ein Scheidungskind u deshalb kann ich es nicht ertragen, einen Menschen, den ich einmal geliebt habe, nicht mehr zu lieben. Ich kann mich nicht mehr trennen. Ich armes Ich!
Frank, ich möchte dich so gerne wiedersehen. Ich komme nach Berlin. Sehen wir uns dann? Oder ist es wirklich aus? Sei (m)ein Edelmann – auch wenn

du mich gehalten hast, wie ein Zuhälter seine Hure hält. Du hast erst mein Herz genommen, dann meinen Verstand dominiert und mein Geld hast du auch verzockt.

Du Schwein!

Angebrüllt hast du mich IMMER!
Du schwörtest mich zu heiraten.
Du wolltest doch nur mein Geld!
Vielleicht habe ich dieses Jahr verschwendet - verschwendet

Malu

4.10.1998

Warum habt ihr euch noch nicht abgemeldet, Frank! Das muß man binnen 7 Tagen tun, weißt du das nicht? Bzgl. Deiner Adresse u aller Telefon-No bräuchte ich bloß eine Detektei in B zu kontaktieren u schon wäre ich wieder in deinem Ohr u in deinem Auge!

Du wirst dich noch bei mir in aller Form entschuldigen. Ich habe endlos Geduld u endlos Zeit, in aller Ewigkeit, um darauf zu warten. Wer sich so schäbig verhält, der soll das Fürchten lernen. Dein Fehler war es, dich in mich zu verlieben. Von meinem Schlangenbiß kommst du nicht mehr los. Ich werde, ganz wie eine Amazone, dich bis ans Ende unserer beiden Tage jagen, bis du dich erklärst, dich entschuldigst, mich an dein Herz drückst - ich schwöre es dir!

Rache! Ich werde es dir heimzahlen. Es gibt kein Gesetz, das Rache verbietet

Los, knie nieder and let me whip you! We are the craziest people I know. And you are the sweetest guy for me, your only wife.

Malu

Eva & Frank Lorenz,
Nikolsburger Platz 6,
10717 Berlin

Meldestelle 26
Kurfürstendamm 142
10709 Berlin

Betr.: Befristete Auskunftssperre
Berlin, den 8.10.1998

Sehr geehrte Damen und Herren,
hiermit beantragen wir eine befristete Auskunftssperre. Der Grund: An unserem bisherigen Wohnort Köln wurden wir über mehrere Monate hinweg Opfer fortgesetzten Telefonterrors, der mit Beleidigungen, Entführungs- und Morddrohungen einherging, so daß eine Strafanzeige und eine einstweilige Verfügung erwogen wurden (wovon uns verschiedene Rechtsanwälte allerdings abrieten, um die Vorgänge nicht weiter eskalieren zu lassen).
Die belästigende Person drohte, sowohl Telefonnummern als auch Adresse in Berlin, notfalls mit Hilfe eines Privatdetektives, herauszufinden. Daher wünschen wir eine Auskunftssperre vorerst für die Dauer eines Jahres.

Eine Zeugenaussage über die Präsenz der Person vor unserem Haus legen wir diesem Schreiben bei.

Mit freundlichen Grüßen
Eva und Frank Lorenz

Hildegard und Heinz Wernicke
Stenzelbergstraße 9
50939 Köln

Erklärung

Ende September 1998, wenige Tage bevor die Familie Lorenz von Köln nach Berlin gezogen war, tauchte plötzlich eine sehr aufgebrachte und aggressive Frau vor dem Haus Stenzelbergstraße 9 auf und forderte alle erdenklichen Informationen über die Familie. Da Frau Lorenz uns bereits im Sommer über die Frau und ihre Umtriebe informiert hatte, verweigerten wir jegliche Auskunft. Die Dame erschien uns sehr aggressiv und entschlossen und kündigte an, über den Nachmieter an die von ihr gewünschten Informationen zu kommen.

Köln, den 06.10.1998

Hildegard Wernicke, Heinz Wernicke

Neues Jagdrevier Berlin

Berlin, Oktober 1998

Frank kam müde ins Büro geschlichen. Die letzten beiden Umzugstage waren anstrengend gewesen. Frau Kellermeier, seine neue Sekretärin erwartete ihn schon. »Sie möchten bitte den Chef anrufen. Es geht um die neue Baustelle. Mein Gott, Sie sehen aber müde aus. Soll ich Ihnen einen Kaffee machen?« Besorgt musterte sie ihn. »Oh ja, das wäre nett«, antwortete Frank. Auf seinem Schreibtisch türmte sich die Post. Ein paar handbeschriebene Briefe fielen ihm sofort ins Auge. Oh nein, nicht schon wieder Malu!, dachte er, während er sich hinsetzte. Es klopfte, seine Sekretärin kam mit dem Kaffee. Freundlich nickte er ihr zu und griff zum Telefonhörer und rief seinen Chef an. Das Gespräch war harmloser, als er gedacht hatte. Sein Chef wollte nur wissen, wie weit der Bau am Potsdamer Platz fortgeschritten war. Sie unterhielten sich eine Weile, dann legte Frank auf. Ein paar Minuten später rief Eva an und fragte nach dem Liefertermin der neuen Waschmaschine. »Gehts dir gut, Eva?«, erkundigte er sich. »Klar«, antwortete sie, »eine neue Wohnung einzurichten ist doch herrlich«.

Die vergangenen Monate waren als Wochenendbeziehung eine starke Belastungsprobe für ihre Ehe gewesen. Frank arbeitete in der ersten Zeit in Berlin, als er noch keine Familienpflichten hatte, häufig bis spät in die Nacht und war am Wochenende dementsprechend müde nach Köln zurückgefahren. Felix, der ihn in der Woche als Bolz- und Raufkumpan vermisste, verlangte dann seine ganze Aufmerksamkeit, worunter Franks Beziehung zu Eva litt. Insgeheim hatte Frank sich mehrfach überlegt, wie er Malu aus ihrem Leben löschen könnte, und so manches Mal erschrak er über das Ausmaß seiner eigenen Aggression. Eva war sehr still geworden. Sie schien sich nur noch mit Malu zu beschäftigen. Manchmal unternahm sie vorsichtige Versuche, an weitere Information über die Verstörte zu kommen. Natürlich durchschaute er ihre Absichten. Oft unterbrach er sie dann. Er wollte nicht, dass Eva an ihm zweifelte. Sicherlich, er hatte sich anfangs von den Avancen Malus geschmeichelt gefühlt. Welcher Mann war das nicht, wenn eine Frau sich um ihn bemühte. Frank besah sich die Briefe genauer. Fünf von ihnen waren am 5.10. abgestempelt. Gedankenverloren öffnete er einen: Lieber Frank, wo bist du nur? Und wieso hast du mich verlassen? Ich bin die unglücklichste kleine Frau von ganz Köln … Irrtum, dachte er, du bist die größte Nervensäge von ganz Köln. Er blätterte die zehn dicht beschriebenen Seiten durch. Ein Foto fiel ihm entgegen, darauf Malu auf dem Rücken liegend, den Blick zur Seite gewendet, die Augen schwarz umrandet. Ob sie ernsthaft glaubte, dass ihn dieses Foto anmachen würde? Er betrachtete die Rückseite. »Sommer 1995« stand dort und »ich träume nur von dir.« Ihn gruselte. Angewidert warf er die anderen Briefe in seine Schreibtischschublade. Wieso war ausgerechnet er auf ihre Masche hereingefallen? Warum hatte er sich überhaupt auf lange Gespräche am Telefon eingelassen? Hätte er nicht viel früher die kommende Katastrophe ahnen müssen? Er schloss die Schublade, in der sich die Briefe mittlerweile stapelten. Während er die restliche Post bearbeitete, kam Frau Kellermeier herein. »Herr Lorenz, ich habe völlig vergessen, dass eine Frau Niemann ein paar Mal für Sie angerufen hat. Sie bittet um Rückruf.« Frank rollte mit den Augen, dann sagte er: »Liebe Frau Kellermeier, Sie können das nicht wissen, weil Sie noch neu sind. Frau Niemann ist eine Verrückte, die mich seit längerem verfolgt. Sollte die Dame wieder anrufen, dann nehmen Sie meinetwegen das Gespräch entgegen, aber stellen Sie es bitte nicht durch. Ich habe überhaupt kein Interesse daran, mit der Dame zu sprechen.« Seine Sekretärin blickte ihn neugierig an, wagte aber nicht weitere Fragen zu stellen, sondern nickte nur mit dem Kopf. Frank folgte ihr zur Tür. »Ich fahr jetzt zur Baustelle und bin über Handy zu erreichen.« In der Eingangstür drehte er sich noch einmal um. »Und bitte, meine Handynummer wird auch nicht rausgegeben. Fragen Sie nach der Telefonnummer, ich rufe dann umgehend zurück.« Sie nickte.

Seit Malu Niemann ihn terrorisierte, war er misstrauisch geworden. Bevor Frau Kellermeier eingestellt worden war, hatte er lange darüber nachgedacht, ob er nicht lieber einen Mann einstellen sollte. Allerdings hatte sich kein einziger Sekretär auf die Annonce gemeldet. Frank hatte daraufhin bei seinen Einstellungsgesprächen immer auch nach dem Familienstand gefragt. Frau Kellermeier war 20 Jahre älter als er, verheiratet und hatte zwei erwachsene Kinder. Sie konnte ihm also aller Wahrscheinlichkeit nach nicht gefährlich werden. Eva brauchte sich wirklich keine Sorgen mehr um ihn zu machen. Außerdem war er nun wirklich der treueste Ehemann, den man sich vorstellen konnte. Als er den Hof verließ, schaute er sich noch einmal in alle Richtungen um. In letzter Zeit hatte er öfter das Gefühl gehabt, beobachtet zu werden. Aber es schien auch heute alles ruhig und unverdächtig.

Am nächsten Tag stand ein dickes Paket auf seinem Schreibtisch. Auf seine Frage, wo das Paket herkomme, zuckte Frau Kellermeier nur mit den Schultern. »Der Bote hat das heute bei der Post abgeholt. Ich dachte, Sie wären informiert.« Frank suchte nach einem möglichen Absender, konnte aber keinen Hinweis finden. Vorsichtig öffnete er den Karton und starrte hinein. Zwischen dem zerknüllten Papier fand er schließlich eine Flasche Rasierwasser von Davidoff, einen Locklederrock und ein Buch mit dem Titel »Dominanz und Demut – Die dunklen Seiten der Erotik«. Neugierig fing er an darin zu blättern. Als erstes fiel ihm ein Foto von Malu entgegen. Ihr kreisrund ausgeschnittener Kopf sah ihn devot grinsend an. Er blätterte weiter und blieb in dem Kapitel »Wenn Phantasie und Wirklichkeit nicht zusammenpassen« hängen. Er las: »Ein weiteres verbreitetes Problem in Dominanz und Unterwerfungsbeziehungen betrifft den Mann, der über Jahre hinweg bestimmte Phantasien entwickelt hat und dann eine Frau sucht, die sie ihm erfüllt. Mit diesem sehr speziellen Bild einer dominanten Frau im Kopf hat er große Schwierigkeiten, die Richtige zu finden. Weil dieses Bild in allen Einzelheiten ausgemalt ist, hindert es ihn daran, eine wirklich feste Beziehung zu genießen.« An den Rand hatte Malu mit ihrer schwingenden Schrift geschrieben: »Du liebst mich doch und kannst das alles nur bei mir finden. Warum ziehst du dann deine langweilige Alte vor?« Weiter hinten stieß er auf einen Zettel, auf dem stand: »Mach bitte keinen Spaß mit mir!« Frau Kellermeier stand noch immer in seinem Büro und musterte ihn. Hastig warf er das Buch zurück in den Karton und stellte ihn auf den Boden. »Haben Sie nichts zu tun?«, zischte er sie scharf an. Sie errötete und verließ das Büro.

Frank legte die Füße auf den Tisch und starrte aus seinem Bürofenster auf die Straße. Gesprächsfetzen eines Telefonats mit Malu drängten sich in sein Bewusstsein. Er erinnerte sich, dass sie ihn eines Tages angerufen hatte. »Rate mal, was ich gerade anhabe«, hatte sie gehaucht. Und weil er gerade nicht viel zu tun gehabt hatte, war er auf dieses Spielchen eingegangen. Allerdings war es nur von kurzer Dauer gewesen, denn Malu hatte sofort unter großem Gekicher einen Rückzieher gemacht. Was war er doch für ein Idiot gewesen! Anstatt auf seine inneren Alarmsirenen zu hören, hatte er aus reiner Neugier ihre Grenzen testen wollen. Wie weit würde diese Frau sich unterwerfen? Was war alles möglich? Ich bin ein Schwachkopf! Selber schuld! Jetzt habe ich die Quittung dafür: Eine Verrückte, die meine Ehe sprengen will. Zorn stieg in ihm auf. Die wird sich noch die Zähne ausbeißen, dachte er. Die kriegt mich nicht! Er rief Frau Kellermeier in sein Büro und sagte: »Bitte schicken Sie den Quatsch zurück.« Drei Minuten später kam sie erneut in sein Zimmer und fragte nach der Adresse von Malu. Frank öffnete seine Schreibtischschublade und fing an die Briefe nach einem Absender zu durchsuchen. Aus dem Augenwinkel registrierte er, wie Frau Kellermeier sich ein wenig mehr nach vorne beugte, um einen Blick in die Schublade werfen zu können. Auf keinem der Briefe stand ein Absender, auf einigen hieß es »Dein Goldstück« oder »deine kleine Frau«. »Rufen Sie doch bitte in der Personalabteilung in Köln an. Die müssten eigentlich eine Adresse haben. Frau Niemann hat für kurze Zeit als Aushilfssekretärin für unsere Firma gearbeitet.«

Nachdem Frau Kellermeier sein Büro verlassen hatte, war Frank verärgert. Was mochte seine Sekretärin nur für einen Eindruck von ihm haben? Wahrscheinlich dachte sie jetzt, dass er ein Verhältnis mit der Niemann hatte. Das Telefon klingelte. Wütend griff er nach dem Hörer. »Lorenz«, sagte er scharf. »Bitte, leg nicht sofort wieder auf«, sagte eine vertraute weibliche Stimme am anderen Ende der Leitung. Frank knallte den Hörer auf. Kurze Zeit später klingelte es erneut. Diesmal nahm er ab, ohne sich zu melden. »Hallo?«, hörte er jemanden fragen. Ohne zu antworten legte er sofort wieder auf. Dann stellte er das Telefon ins Sekretariat um. Es vergingen ein paar Minuten, bis sich Frau Kellermeier meldete. »Ihre Frau ist am Apparat. Soll ich sie durchstellen?« »Natürlich«, sagte er ungehalten.

»Warum legst du gleich auf?« fragte Eva. »Ich wollte dir doch nur erzählen, dass heute der Schrieb vom Einwohnermeldeamt gekommen ist. Sie richten uns eine Auskunftssperre für ein Jahr ein. Ich glaube, entscheidend für das Amt war, dass wir ein Kind haben. In Köln habe ich diese Sperre übrigens auch einrichten lassen, aber von dort liegt noch kein Feedback vor.« »Hervorragend, sagte Frank. »Kommst du denn mit dem Auspacken voran?« »Geht so. Kommst du heute pünktlich nach Haus?« »Ich seh mal zu. Wenn mich jetzt keiner mehr stört, müsste ich es eigentlich schaffen.«

Den ganzen Vormittag rief Malu ununterbrochen im Büro an, wurde jedoch jedesmal von Frau Kellermeier abgewimmelt. Bis zum Mittag hatte Frank nur ein Bruchteil von dem geschafft, was er eigentlich hätte erledigen müssen. Er war gedanklich viel zu sehr mit dem neuerlichen Terror von Malu Niemann beschäftigt.

20.10.1998

Frank,
ich hasse dich! Ich hasse dich, Frank!!
Ich hasse dich! Ich hasse dich! Ich hasse dich!
Du hast mir alles genommen. Meine Unschuld, meinen Glauben, Glauben an Gott u die Menschheit. Glauben an mich als Frau, als tolle Frau, klug u schön u intuitiv an die Liebe zu dir - diese oft beschriebene u besungene Liebe wo ist das alles geblieben?
Wie schade, daß ich an einen hochgradig Perversen wie dich, Frankie, geraten bin. Du kotzt mich an.
Und paß auf, daß ich nicht deiner beschissenen Alten mein Sexy-Leder-Dress schicke. Ich hasse dich!
Ey, wart nur Alter, ich mach das öffentlich! Du Schwein. Entschuldige dich, sonst zeige ich dich an. Und gib mir endlich mein Gold u Geld wieder.

Deine kleine Ex-Frau

Nachts 20.10.

Lieber Frank,
Was machst du so die ganze Zeit? Denkst du noch an mich? Vermißt du mich und meine Wärme für dich? Oder bist du froh, daß du nur noch eine Frau hast, die du lieben mußt? Kannst du sie überhaupt so lieben wie mich? Ich sehne mich nach dir und wünschte, wir wären nicht getrennt.
Ich möchte diese Liebe nicht nochmal erfahren. Es war schmerzlich, Frankie, und fast nicht auszuhalten. Ich habe dich zu sehr geliebt und das bringt einen um. Diese Sehnsucht nach dir, körperlich, wie eine Sucht und eine animalische Gier. Ist das Liebe? Das ist das, was ich unter Liebe bis dahin - bis zu Dir - verstanden habe.
Von allen Männern, die ich je traf, warst Du nur der, den ich immer bewunderte und zu ihm hochschaute. Einfach nur wegen deiner Ausstrahlung. Solange, wie ich Dich kenne, will ich meinen Kopf an deine Brust lehnen und meinen Körper an dich pressen - um einfach leicht zu sein - und nicht mehr selbständig. Ich wollte immer nur von dir beschützt werden. Ich will nie wieder in einer kindlichen Tonlage und Stimme zu einem Mann sprechen.
Und dann dieses Klammern. Ich könnte keinen Mann ertragen, der an mir klammert. Warum klammerte ich so an dir? Damit ließ ich dich nicht mehr atmen.
Du hast Angst bekommen, stimmt's, vor soviel Gefühl hast du Angst bekommen.
Ich liebte das Schmutzigsein mit dir. Genau das richtige für mein Gehirn. Ich fühle mich so, als ob ich nur für dich da sein will. Aber das hat dich erdrückt. Weder deine Mutter - noch deine Frau - keine von den beiden jemals haben dich mit ihrer Liebe und Sehn-

sucht so gequält wie ich. Es tut mir Leid, Frank.
Aber was dich angeht, bin ich wirklich süchtig.
Dass du eine Alte hast - daß war mir nie wirklich
klar - Du redetest nur von deinem Sohn Felix
oder eben von mir, mir, mir. Ich bin die Frau Deiner
Träume. Ich liebe meine Macht über Dich. Niemand gab
sie mir - nur Du. Vergiß das nicht. Hast du mich ver-
gessen? Ich will nicht, daß du mich vergißt. Ich will
immer noch mit dir schlafen und dich küssen. Ich bin
nicht mehr heiß auf dich, ich hab dich schon
vergessen.
Ich habe Bauchweh. Ich will kein Bauchweh mehr haben.

Malu

»Frau Kellermeier, kommen Sie doch bitte mal in mein Büro«, rief Frank. »Sie haben doch die Adresse von Frau Niemann?« Frau Kellermeier nickte. »Gut, dann machen Sie bitte von diesem Stapel hier Kopien«, er zeigte auf einen großen Haufen Briefe, »und schicken Sie die Orginale bitte an Frau Marieluise Niemann mit folgendem Schreiben:

Sehr geehrte Frau Niemann, unser Haus ist an einer
Kommunikation mit Ihnen nicht interessiert. Wir haben
uns aber erlaubt, für mögliche rechtliche Schritte
Kopien Ihrer Schreiben zu machen.
Hochachtungsvoll
Sekretariat Klöppmann und Partner.

Frank legte die Briefe auf den Schreibtisch von Frau Kellermeier. »Vielleicht kann unser neuer Praktikant Ihnen helfen.« Anschließend ging er wieder in sein Büro und schloss die Tür.

Wenig später klopfte es. Andreas, der neue Praktikant, stand in der Tür. »Sie wollten mich sprechen?« »Ja«, antwortete Frank. »Komm rein und schließ die Tür. Ich habe gehört, dass du ein begnadeter Computerfreak sein sollst.« »Naja«, druckste Andreas verlegen herum, »kommt drauf an, was für ein System es ist und was sie wollen.« Frank nickte: »Ich habe hier einen PC, auf dem der Internetzugang nicht funktioniert. Langsam wird es schon peinlich, denn Leute rufen an und wollen wissen, ob ich ihre Mail nicht bekommen habe. Ob du mir das eventuell einstellen kannst?« »Ich denke schon«, antwortete Andreas. »In ein oder zwei Stunden sollte das eigentlich zu machen sein.« »Dann nichts wie los. Ich muss jetzt eh auf eine Besprechung und bin nicht vor Nachmittag wieder zurück. Vielleicht können wir dann zusammen den Stapellauf ins Internet machen.« Frank zog sein Jackett an und ging zur Tür. Frau Kellermeier war gerade dabei, den großen Stapel an Briefen zu verpacken. »Ich werde das als Einschreiben schicken, dann sind wir sicher, dass sie auch ankommen.« Sie grinste und zwinkerte ihm zu. Frank fragte sich, ob sie die Briefe wohl gelesen hatte, dann grinste auch er.

Den Weg zur Baustelle legte Frank gerne mit dem Fahrrad zurück, und er hatte sich gerade in den Verkehr eingeordnet, als das Handy an seinem Gürtel klingelte. Frank fuhr rechts ran und stieg ab, um das Gespräch entgegenzunehmen. Sein Chef Dr. Klöppmann wollte wissen, wieso es auf der Baustelle zu Verzögerungen käme. Frank konnte ihn beruhigen. Am Ende des Gespräches wurde sein Chef persönlicher. Er erkundigte sich nach Eva und Felix, und dann fragte er: »Was ist eigentlich mit Frau Niemann. Stellt die Ihnen immer noch nach?« Frank erzählte von der Briefflut der letzten Monate. »Wissen Sie eigentlich«, fragte Franks Chef, »dass die Dame hier in Köln einzelne Leute im Haus anruft?« »Ja«, antwortete Frank, »Peter hat mal so etwas erwähnt, und in der Personalabteilung ruft sie wohl auch öfter an. Wieso fragen Sie?« »Naja«, erwiderte sein Chef, »inzwischen wird im Haus überall getuschelt. Frau Malecki hat mir davon neulich berichtet. Frau Niemann erzähle jedem, dass sie Ihre Exfreundin sei, dass Sie sich Geld geliehen hätten und sie vergewaltigt hätten.« Frank war wie vom Schlag getroffen: »Ich hätte sie vergewaltigt? Das ist ja ungeheuerlich.« Frank lief unruhig die Straße auf und ab. »Sie scheinen es der Dame ja ziemlich angetan zu haben, Sie alter Schwerenöter«, sagte Franks Chef trocken. »Soll ich vielleicht mal mit ihr reden?«, schlug er vor. »Schließlich war sie die Vertretung meiner Sekretärin und hatte immer viel Respekt vor mir.« Frank stimmte zu: »Wenn Sie das machen würden, wäre es sehr nett. Ich bin langsam mit meinem Latein am Ende.« Frank hielt einen Moment inne. »Lorenz«, die Stimme seines Chefs klang jetzt ernst, »ich verstehe Sie da aber auch nicht. Wieso gehen Sie da nicht juristisch vor. Ich würde mir das nicht gefallen lassen. Es kann doch nicht sein, dass Sie sich so tyrannisieren lassen.« Frank erklärte ihm kurz seine Taktik des passiven Widerstands, also keine Reaktion zu zeigen. »Naja Lorenz«, murmelte sein Chef, »wenn Sie sich da mal nicht irren. Aber ich bin kein Psychiater. Mein gesunder Menschenverstand sagt mir nur, dass diese Frau in eine Klinik gehört, auch im Interesse Ihres Kindes. Machen Sie, was sie wollen. Solange Ihre Arbeit nicht darunter leidet, ist es mir egal, ob Sie sich verstecken oder aktiv werden.«

Während Frank weiter Richtung Baustelle fuhr, stieg wieder diese unbändige Wut in ihm auf. Wieso war er auf die plumpe Tour dieser Malu nur reingefallen! Mein Gott, war das peinlich. Der große Frank Lorenz, er, der eine Traumkarriere hingelegt hatte, war auf die Träume einer pubertierenden 40-Jährigen reingefallen.

Ein paar Stunden später stand er hinter dem Praktikanten und starrte auf seinen Computermonitor. Andreas klickte mit der Maus die Internetverbindung an und schon erschien ein Symbol, dass die Freischaltung auf die firmeneigene Standleitung anzeigte. »So, Herr Lorenz«, Andreas blickte ihn stolz an, »wissen Sie jetzt, wie Sie an Ihren Briefkasten kommen?« Frank nickte und klickte das entsprechende Symbol an. Es dauerte einen Moment, dann erschien ein Fenster, das ihm meldete, dass 93 neue Nachrichten auf ihn warteten. Frank ahnte Übles. »Mann«, entfuhr es Andreas, »das wurde aber höchste Zeit, dass Sie Ihr Mailfach wieder benutzen können.« Er erhob sich aus Franks Sessel und bot Frank im Hinausgehen noch an, dass er sich jederzeit an ihn wenden könne, wenn er Probleme mit dem Computer hätte. Frank hatte sich inzwischen hingesetzt und betrachtete die Ladevorgänge auf seinem Computer. Er schaute zwar zu Andreas auf, aber sein Blick verriet, dass er weit weg war. »Danke erst mal«, murmelte er. Dann sah er, wie die 45ste Mail auf seinem Computer geladen wurde.

VON: Internet:MaluAngel@aol.com
AN: Lorenz@Kloeppmann.de
DATUM: Fr, 3. Okt 1998 11:00:29
BETR.: Highly personal – h=F6chst pers=F6nlich – Mister Frank Lorenz

Lieber Frank,
jetzt bin ich ganz virtuell! Mein wunderbarer Computer ist heute Online gegangen. Jetzt kann ich dir nah sein und zu jeder Zeit schreiben, ohne zum blöden Briefkasten zu laufen. Ich will dich virtuell um Vergebung bitten.
Ich liebte dieses "Glück" zwischen uns beiden
Ich konnte es nicht ertragen
nicht aushalten
mein wahnsinniges Herzrasen
sobald du in meiner Nähe warst
vor mir
oder in meinem Ohr
oder in meinem Kopf
in mir
in meiner Seele
ich liebte dich mehr als mich selber
dieses Feuer
dieses Zittern
– was ist das, Frank? –
ist das Liebe?
Weißt du meine Fragen noch
und unsere Stimmen
zitternd
gepreßt
mit klappernden Zähnen
Mann
Mann
ich hasse dieses Ding zwischen Mann und
Frau
Frau

Lust
wahnsinnige Lust
mich nur in deinen Armen aufzulösen
nicht mehr da zu sein

in dir zu sein
und du in mir

Ich glaubte zu fliegen
Frank

Weißt du noch:
Big-Boss hinter mir im Chef-Büro
und du
und ich

Du – langbeinig – auf dem Weg zu mir – in mein Büro
und ich
lebte nur von Weintrauben
und
intuitiv
tauschte ich mein weißes Spitzenblüschen gegen ein
schwarzes Lackmieder
aus
und und und
schwebte dir entgegen
schwebte
FrankieundMalu
entgegen

Weißt du noch?
es regnete draußen und
ich schwebte
dir in die Arme sinken wollend
nicht mehr selbst stehen könnend
fragend:
Gehen Sie mit mir spazieren?

und
Frank

Frank
Drei Schritte zurück
Arme nach oben erhoben

Du starrtest mich an

Als ob ich völlig verrückt geworden wäre –
Weintrauben machen Frauen verrückt!
und dann
dein unverschämtes Lächeln
deine Beute hattest du im Netz
betäubt.

Dieses Herzrasen für dich hätte zu einem Infarkt geführt.

Ich bin froh, daß wir das alles überlebt haben.

In liebevoller Empfindung für dich
Deine kleine Frau

Frank griff zum Telefon und wählte Evas Handynummer. »Lorenz?«, meldete sie sich. »Hallo Schatz«, antwortete er. »Stell dir mal vor, was ich eben entdeckt habe!« Kurzes Schweigen. »Keine Ahnung«, antwortete Eva. »Haben wir vielleicht Hochzeitstag?« »Nee, ganz, ganz kalt.« Wieder schwiegen sie für einen Moment. »Wirklich, Frank, ich habe keine Idee«, sagte Eva schließlich. Frank fuhr fort: »Andreas, der neue Praktikant, hat eben meinen E-Mail-Anschluss im Büro installiert, und nun rate mal, wer sich da wieder meldet!« »Malu, oder?«, sagte Eva. »Das gibt es doch gar nicht. Woher kennt die deine E-Mail-Adresse? Darf ich ihre Post lesen?« »Mach das«, Frank atmete tief durch, »du würdest es sowieso tun. Ich leite die Mails an dich weiter, es dauert allerdings einen Moment, bis du sie dir runtergeladen hast. Klöppmann will übrigens mal mit ihr reden. Das hat er mir heute angeboten.« Eva schien sich darüber zu freuen: »Das ist ja nett von Herrn Klöppmann! Aber ob das was nützt?«

Frank erzählte ihr von seinem Telefonat mit Dr. Klöppmann und Malus Behauptung, dass Frank sie vergewaltigt hätte. Eva reagierte sarkastisch: »Oh, lebe ich vielleicht mit einem stadtbekannten Vergewaltigter zusammen und weiß davon gar nichts? Wie weit geht diese Frau eigentlich noch? Was könnte sie sich als nächstes ausdenken? Dass du der Vater ihres Sohnes bist? Ausgeschlossen, dazu kennt ihr euch nicht lange genug. Oder hast du mir etwas verheimlicht und ihr kennt euch doch aus einem früheren Leben?« »Eva«, unterbrach Frank seine Frau, »das ist nicht lustig!« »Aber Frank«, gab Eva zurück, »nun wundere dich doch nicht, dass sie immer härtere Geschütze auffährt, um an ihr Ziel zu kommen. Die ist manisch. Sie muss so lange weitermachen, bis sie dich hat, bis du dich ihrem Terror beugst und reagierst. Das ist vergleichbar mit einem Spieler, der erst dann zur Ruhe kommt, wenn er all sein Vermögen verspielt hat und trotzdem immer noch hofft, dass er mit der letzten Kugel im Roulette alles wiedergewinnt.«

Eva hatte Recht. Es war illusorisch zu glauben, dass Malu Niemann aufhören würde. Die letzten Wochen hatten darüber hinaus gezeigt, dass es ihr völlig egal war, ob er in Berlin war oder in Timbuktu. Sie lebte in einer völlig anderen Welt, einer Welt, in der er und sie ein Liebespaar waren. In seinem inneren Ohr vernahm er, wie Malu damals mit säuselnder Kinderstimme versuchte hatte, ihn zu umgarnen. »Du machst einen tollen Job! Das neue Büro-Gebäude ist ja so beautyful. Und wie gut du aussahst auf dem Foto in der Zeitung. Ich habe mir jetzt Lack-Leder-Teile gekauft, weil Männer ja auf so etwas stehen. Übrigens habe ich die gerade an und stehe, während wir telefonieren, auf meinen Mörderabsätzen vor dem Spiegel und drehe mich nach allen Seiten.« Damals hatte er losgeprustet, denn die Art, wie sie das sagte, hatte ihn an eine 8-Jährige erinnert, die aus Muttis Klamottenschrank ein paar Kleidungsstücke geklaut hatte und sich nun im Spiegel betrachtete.

Mit dem neuen Vorwurf, er habe sie vergewaltigt, hatte Malu allerdings ein neues Niveau ihres Terrors erreicht. Es stellte sich jetzt ernsthaft die Frage, ob man nun nicht doch juristisch gegen sie vorgehen musste.

```
VON: Internet: FucUFrank@aol.com
TO: Lorenz@Kloeppmann.de
Datum: Mon, 03. Nov. 1998 5:46:23
BETR.: Love on First Sight / War now

Frank,
Du bist feiger als der feigeste Hund auf Gottes Erden!
Du hast meine Briefe von deinem Sekretariat öffnen lassen
und sie an mich retournieren lassen. Danke. Der Rest wird
```

dir nochmals zugesandt und zwar öffentlich und nicht mehr nur persönlich.
Ich werde dafür kämpfen, Frank, daß du dich nicht an mir bereichert aus dem Staub machst – niemals – gib mir sofort alles Geld wieder.
Ist das klar? Es ist Geld, was ich brauche.
Ich denke, am sinnvollsten wäre nach wie vor eine ordentliche Unterredung mit deiner Frau – Deiner Frau Schlampe – wie Du sie zu nennen wußtest.
In tiefer Trauer – Deine, dich verachtende,
kleine Frau

VON: INTERNET: MaluAngel@aol.com
AN: Lorenz@Kloeppmann.de
DATUM: Mon, 03. Nov 1998 12:02:24
BETR.: Frank Lorenz streng vertraulich

Lieber Frank,
ich bin sooooooo traurig – ich weiß jetzt, daß ich dich anzeigen muß.
Du glaubtest nicht an das Karma – Du glaubtest nicht an die Dinge
an die ich glaubte – ich glaube auch nicht mehr daran. Was ist Karma
schon? Was ist schon Frank und was ist Malu? Was hat das alles für
eine Bedeutung?

Frankie, ich zeige dich an. Ich zeige dich an. Ich werde civilrechtlich
Gegen dich vorgehen – Du verdammter Heiratsschwindler und Frauenschänder
Du
Heuchler – Du Lump – Du nichts – Du nichts …

Ich gehe zum Anwalt, Frank, ich zeige dich an. Und nimm mir die Hilfe
meiner
Freunde und die der Kollegen. Ich gehe vor Gericht und werde Zeugen
ohne Ende

benennen. Du Lump – Du miesester aller Männer – Du Frauenherzensbrecher. Ich weiß, du haßt mich. Du haßt mich, weil meine Nase dick ist. Meine Nase ist dir zu dick. Deshalb habe ich sie ausgeschnitten – Malu ohne Nase, wie Frank ohne Liebe!

Schaffst du den Frieden mit mir nicht? Warum nicht,
du großer Mann,
warum?
Hattest du für dich das Recht gepachtet, mich fertigzumachen?
Hey, kurz vor dem Jahr 2000 – da sind die Rechte gleich – wir Frauen haben
alle die gleichen Rechte – und ich mach dich fertig, so wie du mich fix
und fertig gemacht hast. Ich bin fast ausgeloschen – heule nur noch – ich
kann
es nicht glauben, vom Herzen nicht, dass du ein Schwein bist!

Wenn ich dich nicht anzeigen soll – dann bitte um Verzeihung und erkläre
dich.
Vergiss nicht – zurück geht es
nicht mehr – du wirst mich nie mehr in deinen Armen halten und ich
werde
nie mehr für dich brennen. Jetzt will ich nur meine Ehre wieder. Und zwar
absolut.
Ich zeige dich an.

Ich lebe wie in einem Schock. Und dennoch freue ich mich für mein
Kind – freue mich, daß es so eine süße Mami hat und dich nie als
Stiefpapi bekommt.

Du hast das kleinste Herz der Welt – und ich das größte. Aber wenn's um
dich

geht – habe ich gar kein Herz mehr – nur noch Verstand –
Verstand, der
sich
von dir nie mehr manipulieren lassen wird.

Bye – Bye – my love – I loved you more than I loved god –
much more
than I loved Jesus or Buddha – and more than any other
human-being on
earth

I am not bluffing you – I will take external help –
mentalen Beistand!
Ich zeige dich an
Deine Ex-Geliebte – Dein Goldstück –
Dein Miststück
Deine Beste & Schlampe

Malu hatte das Briefeschreiben inzwischen völlig eingestellt. E-Mails hingegen verschickte sie in gewohntem Umfang und mit dem gewohnten Inhalt. Manchmal rief sie auch noch an, im Büro, bei Franks Mutter, bei der Frau seines Bruders, die sich leider allzu gern Malus Geschichten anhörte. Inzwischen hatte auch Dr. Klöppmann mit Malu Niemann geredet. Als sie wieder einmal seine Sekretärin angerufen hatte, ließ er sie zu sich durchstellen. Malu wollte ihn von ihrer großen, romantischen Liebe zu Frank Lorenz überzeugen, aber Klöppmann hatte darauf nur erwidert, ihn interessiere das alles nicht, und legte ihr dringend ans Herz, mit den Telefonaten ins Büro aufzuhören, sonst würde er die Polizei einschalten. Und sie wüsste ja, dass er nicht zu scherzen pflege.

Beim Abendbrot fragte Frank Eva, ob es nicht möglich sei, im Computer einen Filter vor die eingehenden Mails zu schalten, damit alle Nachrichten von Malu abgefangen würden. Eva bejahte und Frank fuhr fort: »Ich habe auch schon überlegt, eins von ihren schaurigen Fotos auf einer Homepage zu veröffentlichen, auf der Prostituierte ihre Dienste anbieten. Mit einem Text:

›Heiße, exotische Lustsklavin in Lack und Leder sucht harten Mann, der es ihr mal richtig zeigt.‹

Darunter ihre E-Mail-Adresse. Dann kann sie sich vor lauter Männerbekanntschaften nicht mehr retten und verliert das Interesse an *mir.*« Frank schien zu grinsen, als er das sagte. Aber natürlich blieb es bei einer Idee. Sie wollten nicht Gleiches mit Gleichem vergelten. Schließlich einigten sie sich, an Malus Provider zu schreiben. Kein Netzanbieter kann es sich wirklich leisten, Menschen ein Forum zu geben, um andere nach Lust und Laune zu belästigen. Und das Verschicken unerwünschter E-Mails ist eine Belästigung.

```
VON: FucUFrank@aol.com
AN: Lorenz@Kloeppmann.de
DATUM: Sam, 5. Dez 1998 8:52:26
BETR.: Frank privat

Hotline:
FucUFrank@aol.com
Franks per. Pri.
H.
steht
wieder bereit.
Nur
für
den einen
bereit.
Für den besten
aller Männer
und
für
den
größten
und
stärksten
auf
diesem
Planeten.
Frank@Malu
```

Ein Hoffnungsschimmer?

Zu Weihnachten erhielt Franks Mutter einen Anruf von einem Kind, das wissen wollte, ob Frank bei ihr zu Hause sei. Ein paar Tage später meldete sich ein angeblicher Schulfreund von ihm. Die gewünschte Handynummer teilte sie ihm natürlich nicht mit. Der angebliche Schulfreund, der seinen Nachnamen nicht nennen wollte, gab ihr erst beim dritten Mal eine Nummer, unter der Frank zurückrufen sollte. Natürlich war es die Telefonnummer von Marieluise Niemann. Und natürlich wurde Frank mit E-Mails weiterhin überhäuft.

```
VON: FucUFrank@aol.com
AN: Lorenz@Kloeppmann.de
DATUM: Die, 22. Dez 1998
BETR.: Frank – privat – Berlin

Good morning, darling!
1998
ist nun bald zu ende
und
1999
wird es keine Liebe mehr geben
zwischen
Frank und Malu
Eigentlich bad luck für Dich
Du kleiner Schreibtischonanierer und Hirnficker!
Du Nichts, Du kleiner müder Mann
und
das Du scharf auf mein Geld bist
meinst Du das schnallte ich nicht schon viel früher?
Du billige Kopie des
Präsidenten der Vereinigten Staaten von America
-
wenn andere um Dich und das "verkehrte"
Deines männlichen Gliedes
wüßten,
sie würden Dich für ein
Monster
halten.
Wie Schade, daß ich um deine
```

Sexualität besser Bescheid weiß, als deine Alte,
denn von deinen 5 Ehejahren
blockierte ich dich – dein Herz – deinen Stab und
deinen Sinn
über 4 Jahre
Was ist das bloß für eine armselige Ehe?
Und was bist du für ein Betrüger und Schwindler
Man darf andere nicht zur Scheidung drängeln
unter dem Vorwand des Geheiratetwerdenwollens
du Schwein
Bleib doch weiter bei deiner Eva
wenn ich ihren biblischen Namen höre, muß ich kotzen,
und leide weiter unter deiner
erektilen Dysfunktion
Hey, nur bei mir stand er doch!
Ich war dein Aphrodisiaka, ob ich für dich Spitze oder
Leder
anzog.
Und seit Felix drei Monate alt ist – seit dem bist
du mit mir zusammen
Ich will, daß du lebst und glücklich bist
Nicht mit deiner Scheiß-Frau
nicht mit ihr
nicht mit dieser Frau, die das 4 Jahre nicht schnallt,
dass ihr Macker
eine andere für seine Hose hatte.
Schwupps Frank, aus deiner Hose rutschte ich in
dein Herz
und
von da aus in dein Gehirn
Ich werde dich nie verlassen
und wenn ich tot und verstorben bin
than - I swear you - I swear to heaven
I'll come back and haunt you
I'll never stop haunting you
Bis du dein Versprechen eingelöst hast
Ich will dich immer noch heiraten

Ein wunderschönes Weihnachtsfest
mit deinem Sohn und seiner Mutter
und
grüße deine Mutter ebenfalls herzlich.

```
Ich werde das Gefühl nicht los, das ihre heile Welt
zusammengestürzt ist
als sie von der Geliebten ihres Sohnes im Sommer
angerufen wurde.
Aber - jetzt vergeht die Zeit -
und ich habe Angst davor, daß ich dir
geschadet habe.
Geschadet zuhause
bei deiner Alten
und geschadet in Uelzen,
denn deine Mutter hatte mich weinend
am Telefon.

Du schaffst den Frieden mit mir nicht,
also hast du Krieg.
Demnächst habe ich einen Termin beim Rechtsanwalt.
Ich habe vor, dein Eheversprechen per Gerichtsbefehl
einzuklagen.
Also, Frank:
Marry me - or go to prison
I love you deeply
Your wife to be
Malu
```

Im Februar fuhr Eva mit Felix nach Köln und besuchte Thomas in ihrer ehemaligen Wohnung. Sie saßen gerade bei Kaffee und Kuchen, da klingelte das Telefon. Thomas sprang auf und nahm den Hörer ab. Ein mulmiges Gefühl beschlich Eva, als sie Thomas Antworten auf die Fragen des Anrufers hörte. »Nein, die sind nicht hier«, hörte sie ihn sagen und »Ich kann Herrn Lorenz gerne eine Nachricht übermitteln, wenn Sie mir Ihre Telefonnummer geben.« Aber statt zu Stift und Papier zu greifen, legte er plötzlich auf und sah Eva verwundert an. »Kennst du eine Anja hier in Köln?«, fragte er sie. Eva schüttelte den Kopf. »Wie merkwürdig, sie hat behauptet, eine gute Freundin von dir zu sein«, murmelte Thomas. »Seit Monaten war nichts. Und ausgerechnet heute, wo du mit dem Auto aus Berlin da bist, bekomme ich diesen merkwürdigen Anruf.« Eva sah ihn an. »Was wollte diese Anja denn?«, fragte sie ihn. »Sie wollte wissen, ob ihr hier seid. Als ich sie nach ihrer Nummer fragte, kam sie ins Stottern und behauptete, sie wäre gerade umgezogen und könne ihre neue Telefonnummer noch nicht auswendig.« Eva stand auf und lief unruhig in der Küche umher.

»War es wieder unsere Verstörte?«, fragte sie Thomas, aber der antwortete ihr nicht, weil in diesem Moment das Telefon erneut klingelte. Eva erstarrte und beide lauschten der sonoren Stimme des eingeschalteten Anrufbeantworters. »Hier ist Anja nochmal«, war eine jugendliche Mädchenstimme zu hören. »Ich habe da noch ein paar Fragen hinsichtlich der Familie Lorenz. Ob Sie mich bitte zurückrufen würden«, und dann folgte die Telefonnummer. »Malu«, flüsterte Eva, so als ob der Anrufbeantworter *ihre* Stimme aufnehmen könnte. »Das war zwar nicht ihre Stimme, aber ihre Nummer.« Thomas sah sie verwirrt an. »Die ganze Zeit war *nichts*. Wieso ruft die ausgerechnet jetzt an? Wie kommt die überhaupt darauf, dass ihr in Köln sein könntet?« Eva zuckte mit den Schultern. »Wer kann schon in den Kopf einer Person gucken, die sich wie besessen in etwas hineingesteigert hat. Vielleicht hat sie unser Auto gesehen, oder jemand hat es ihr erzählt. Unsere alte Nachbarin Frau Wernicke hatte übrigens vor ein paar Tagen auch einen Anruf. Die Anruferin wollte wissen, ob Frank und ich noch glücklich verheiratet wären …« »Hat sie eigentlich eure neue Adresse in Berlin schon?«, fragte Thomas. »Nee«, antwortete Eva, »noch nicht.«

Eva und Felix fuhren einige Tage später wieder nach Berlin zurück. Die Tage vergingen ohne weitere Belästigungen, als sich eines Morgens das Faxgerät in Franks Büro einschaltete und folgende Mitteilung aus dem Papierschacht lief:

Köln, 23. Februar 1999
Fax an: Herrn Frank Lorenz

Lieber Herr Lorenz,
entschuldigen Sie mein ungebürliches Verhalten, wenn ich sozusagen mit der Tür in ihr Büro falle: Seit einiger Zeit werde ich häufiger über Sie betreffende Geschichten informiert und dazu um freundschaftlichen Rat gefragt. Seit neuestem nehmen diese Informationen allerdings Dimensionen an, über die Sie informiert sein sollten.

Ich überlasse es ganz Ihnen, mich dazu anzurufen und verbleibe vorerst

mit freundlichen Grüßen

Irene Ziegler
– Diplom Journalistin –

Frank rief Eva an und las ihr das Fax vor. »Was willst du machen? Wirst du die Journalistin anrufen?«, fragte Eva ihren Mann, doch der verneinte. »Ich begebe mich doch nicht in die Höhle des Löwen«, antwortete er. »Wozu gibt es denn Juristen. Joseph soll die Dame mal anrufen. Übrigens habe ich mich über sie informiert. Die schreibt viel als Freie für die Bunte.« Eva überlegte kurz, dann sagte sie: »Sollen wir das als Drohung verstehen? Oder wie ist das Fax gemeint?« Frank wusste darauf auch keine Antwort. »Ich bin froh, dass endlich etwas passiert. Vielleicht ist diese Journalistin ja der Schlüssel zu allem. Wenn man sie auf unsere Seite bringt, dann könnte das vielleicht auch Malu helfen. Die Verstörte kann ja nicht ewig so weitermachen. Irgendwann werden ihre Lügengebäude einstürzen, die muss doch mittlerweile immer mehr erfinden, um zu recht fertigen, dass du ein Schwein bist. Die wird doch mit jeder Lüge einsamer, wer soll ihr denn noch glauben?«, sagte Eva.

Frank wurde in jüngster Zeit von allerlei Firmen angeschrieben, die sich für sein Interesse an ihren Produkten bedankten. Die Schreiben reichten von einer Firma, die Doktortitel vergab, bis zu einer Organisation, die Kindern in Not half. Frau Kellermeier rollte inzwischen nur noch mit den Augen, wenn er ihr wieder einen Brief auf den Schreibtisch legte und sie bat, der betreffenden Firma kurz mitzuteilen, dass er keinen Kontakt mit ihnen gesucht hätte und es sich um ein Missverständnis handeln müsse. Malu leistete ganze Arbeit. Wenn sie ihn schon nicht kriegen konnte, so hielt sie ihn doch zumindest auf Trab und von seiner Arbeit ab.

Es dauerte nicht lange und Joseph rief zurück. »Frank«, sagte er ernst, »ich glaube, jetzt müssen wir etwas unternehmen. Zum Glück ist Frau Ziegler nur flüchtig bekannt mit Frau Niemann und wird nicht darüber schreiben, aber sie wollte dir mitteilen, dass du dich binnen einer Woche bei Frau Niemann entschuldigen sollst, sonst würde Malu die Staatsanwaltschaft mit dem Vorwurf der Vergewaltigung und Veruntreuung von Geldern einschalten. Dagegen sollten wir schleunigst gewisse Dinge in Bewegung setzen, denn das ist auf jeden Fall Rufmord. Ich schlage vor, dass wir ein Schreiben inklusive der Zeugenaussagen, Drohbriefe und E-Mails bei der Staatsanwaltschaft Köln hinterlegen, in dem wir den Sachverhalt darlegen. Im Falle einer Anzeige haben wir dann zumindest vorgebaut. Du hast doch hoffentlich noch Briefe von ihr?« Frank bejahte. Ein paar der schlimmsten Exemplare hatte er Eva eines Tages mit nach Hause gebracht. Und sie hatte sie alle, nachdem sie jeden einzelnen gelesen hatte, in einem Ordner abgeheftet. Er wollte wissen, was dann weiter geschehen würde. »So wie ich die Geschichte einschätze, nichts«, antwortete Joseph. »Frau Ziegler deutete am Telefon an, dass sie seit längerer Zeit von Frau Niemann täglich angerufen wird. Das Fax an dich diente einzig und allein dem Zweck, endlich dem Verlangen von Frau Niemann nachzukommen und Kontakt mit dir aufzunehmen. Wenn ich sie recht verstanden habe, wäre sie sogar bereit, gegen Frau Niemann auszusagen. Denn diese Art der Bessenheit steht auch in ihren Augen in keinem Verhältnis zu einer ehemals möglichen Affäre mit Frau Niemann. Hast du nicht erzählt, dass sie die Personalabteilung immer noch anruft? Von denen solltest du dir auf jeden Fall auch eine Bestätigung über die Art ihrer Anschuldigungen geben lassen. Ich hoffe, ehrlich gesagt, dass es gar nicht so weit kommt, denn wenn sowas erst einmal öffentlich wird, bleibt immer etwas kleben. Selbst wenn du deine Unschuld bewiesen hast, wirst du weiter mit der Vergewaltigung in Verbindung gebracht werden. Aber wir sollten lieber keine Horrorszenarien an die Wand malen. Schick mir die Sachen, und dann sehen wir weiter.« Frank legte auf und stütze seinen Kopf in seine Hände: Nicht auszumalen, was Malu alles anrichten könnte. Dann rief er Eva an, um ihr von dem Gespräch mit Joseph zu erzählen und sie zu bitten, die Briefe herauszusuchen.

Wie lange noch bis zum Halali?

Fax an: Rechtsanwalt Dr. Joseph Tannemann
Berlin, 27.02.1999

Lieber Joseph,
wie schon telefonisch besprochen faxe ich dir diesen Brief der Personalabteilung von Klöppmann und Partner, der mich eben erreichte. Den Originalbrief stecke ich heute noch in die Post.
Ich hoffe, die von Eva ausgewählten Briefe und E-Mails sind schon bei dir gelandet. Nun bin ich doch sehr gespannt, wie alles weitergeht, und hoffe natürlich weiterhin, daß sich alles in Luft auflösen möchte.

Einen lieben Gruß
Frank

Persönliche Notiz

Herrn Frank Lorenz
Berliner Büro   Köln, den 26.02.1999

Lieber Herr Lorenz,
wie mit Ihnen telefonisch besprochen, schicke ich Ihnen nun eine kurze Auflistung, welche Vorwürfe Frau Niemann gegen Sie geäußert hat. Ich möchte Sie vorab wissen lassen, daß ich Frau Niemann lediglich durch ein Vorstellungsgespräch (ohne anschließende Einstellung) kennengelernt habe und sie mich seit diesem Zeitpunkt (aus für mich nicht nachvollziehbaren Gründen) regelmäßig anruft.
Doch nun zu den Äußerungen: Frau Niemann hat mir gegenüber behauptet,
- daß sie Ihnen wertvollen Schmuck überlassen hätte, um Ihnen aus einem finanziellen Engpaß zu helfen. Sie beansprucht den Gegenwert zurück.

- daß Sie ihr ein Heiratsversprechen gegeben hätten und sie sich aus diesem Grund von ihrem Mann getrennt hat.
- daß Sie sie während ihrer aktiven Zeit als Sekretärin bei Klöppmann und Partner in den Büroräumen vergewaltigt hätten.
- daß Sie sich dafür eingesetzt haben, daß Frau Niemann keine Anstellung mehr bei Klöppmann bekommt.
Weiterhin hat Frau Niemann mir darüber berichtet, daß sie vergeblich versucht hat, Sie telefonisch zu erreichen und sie aus diesem Grund bereits Mitglieder Ihrer Familie angesprochen hat. Sie bat mich darum, ihre Anschuldigungen der Geschäftsleitung zu übermitteln. Dieses lehnte ich ab. Sie drohte mir daraufhin damit, einen Rechtsanwalt einzuschalten und ihre Forderungen bzw. Anschuldigungen gerichtlich klären zu lassen. Sie gab an, für alle Behauptungen glaubwürdige Zeugen nennen zu können.
Über den Wahrheitsgehalt der Anschuldigungen möchte ich mir kein Urteil erlauben. Persönlich denke ich jedoch, daß Frau Niemann sicherlich einige psychische Probleme hat und dadurch ihr Urteilsvermögen (evt. in erheblichem Maß) eingeschränkt ist.
Da meine Aussagen, ihr nicht behilflich sein zu können, von Frau Niemann offensichtlich ignoriert werden und sie mich nach wie vor mit ihren Anrufen behelligt, möchte ich Sie dringend bitten, schnellstmöglich eine Klärung dieser unangenehmen Situation herbeizuführen.

Vielen Dank

Matthias Tietze
Klöppmann & Partner, Personalabteilung

Rechtsanwalt
Dr. Joseph Tannemann
Giselastraße 13
80802 München

Staatsanwaltschaft Köln
Am Justiz Zentrum 13
50935 Köln

Donnerstag, 1. März 1999
01-99/99//29116/ab

Zu erwartende Strafanzeige
gegen
Frank Lorenz, geb. 27.01.1964

Zu erwartende Anzeigeerstatterin
Marieluise Niemann, Köln, Am Zuckerberg 3

Sehr geehrte Damen und Herren,
Herr Frank Lorenz wird von mir anwaltlich vertreten. Vollmacht anbei.
In einer etwas ungewöhnlichen Angelegenheit wende ich mich an Sie und teile Folgendes mit:
Frau Niemann hat meinem Mandanten androhen lassen, sie wolle am 4.3.1999 gegen ihn Strafanzeige wegen Vergewaltigung, Diebstahl, Betrug u.a. erstatten. Diesem Vorwurf, der, um es gleich zu sagen, völlig an den Haaren herbeigezogen ist, liegt Folgendes zugrunde:
Herr Lorenz ist Architekt und arbeitet fest angestellt seit fünf Jahren bei dem renommierten Architekturbüro Klöppmann und Partner. Mit seiner Familie, Frau und Sohn Felix, lebte er zunächst in Köln, inzwischen in Berlin.

Frau Niemann war von Ende Juli bis Ende August 1994 als Aushilfe ebenfalls bei Klöppmann und Partner angestellt. Seit Frühjahr 1998 verfolgt Frau Niemann Herrn Lorenz und seine Familie auf psychopathische Art und Weise. Es begann mit schlichtem Telefonterror bei Herrn Lorenz im Büro und bei ihm zu Hause sowie auf seinem Mobiltelefon, setzte sich fort durch Anrufe bei Herrn Lorenz' Bruder, der Rechtsanwalt ist, seiner Mutter, seinen Arbeitskollegen, seiner Frau. Und steigerte sich in Besuchen bei seiner Familie, einhergehend mit einer Flut von unflätigen E-Mails sowie Briefen. Zuletzt rief sie mehrfach die Personalabteilung von Klöppmann und Partner an und behauptete, sie habe Herrn Lorenz wertvollen Schmuck überlassen, um ihn aus einem finanziellen Engpass zu helfen, Herr Lorenz habe ihr ein Heiratsversprechen gegeben und sie habe sich aus diesem Grund von ihrem Mann getrennt, Herr Lorenz habe sie während der Zeit als Sekretärin bei Klöppmann und Partner in den Büroräumen vergewaltigt und letztlich würde er ihr 1 Million DM schulden, die sie ihm geliehen hätte.
Bei einem Telefonat mit einer ebenfalls in Köln lebenden Journalistin, Frau Irene Ziegler, teilte sie mit, daß sie spätestens am 4.3.1999 Strafanzeige gegen Herrn Lorenz stellen würde, wenn er sich nicht bei ihr entschuldigen würde und nicht ein letztes Gespräch mit ihr führen würde.
Da zu vermuten ist, daß Frau Niemann tatsächlich Strafanzeige erstattet, übersende ich anliegend eine kleine Auswahl der von Herrn Lorenz erhaltenen Briefe, E-Mails sowie Bestätigungsschreiben von Betroffenen. Aus der Gesamtschau dieses Ausschnittes ist ersichtlich, daß Frau Niemann offensichtlich meint, sie habe sich in Herrn Lorenz verliebt. Die

Folgen hieraus sind nur noch als psychopathisch zu bezeichnende Anwürfe und Äußerungen, die im Wesentlichen geeignet sind, Herrn Lorenz in schwerster Form zu belästigen.
Herr Lorenz hat weder Schmuck, geschweige denn 1 Million DM von Frau Niemann erhalten, noch hat er sie jemals angefasst und erst recht nicht vergewaltigt.
Für den Fall, daß Frau Niemann gegen Herrn Lorenz tatsächlich Strafanzeige erhebt, bitte ich, mich als Verteidiger einzutragen. Natürlich sind Herr Lorenz und ich auch bereit, die Angelegenheit in einem mündlichen Gespräch bei der zuständigen Sachbearbeiterin/Sachbearbeiter bei der Staatsanwaltschaft in Köln zu klären.

Mit freundlichen Grüßen
Joseph Tannemann
Rechtsanwalt
- Anlagen -

Zwei Monate vergingen, aber nichts passierte. Malu schwieg, als ob es sie nie gegeben hätte. Selbst Tietze aus der Personalabteilung wunderte sich über die plötzliche Stille. Und Frank witzelte schon, dass er sich vernachlässigt fühle.

Es war an einem Montag. Eva stand in der Küche und trank einen Kaffee. Während sie eine Blume von ihren verwelkten Bluten befreite, dachte sie über das letzte Jahr nach. Wie viele Stunden hatte Malu sie gekostet? Was wäre gewesen, wenn beide, Frank und Eva, nicht so eine vertraute und stabile Ehe geführt hätten? Und jetzt war endlich Ruhe! Eigentlich konnte Eva ihr dankbar sein. Ihre Beziehung zu Frank war durch das Auftauchen Malus noch enger und intensiver geworden.

Eva schaute gedankenverloren auf die Straße und sah die Postbotin, die ihr mit einem Stapel Briefe fröhlich zuwinkte. Dann klingelte es an der Tür. »Ich habe hier ein Einschreiben für Sie.« Freundlich überreichte sie

Eva den Brief. Er war rosa und hatte keinen Absender. Eva wurde unruhig. Sie drehte den Brief um und erstarrte. Die stark nach rechts schwingende Handschrift war ihr nur zu bekannt …

4. Von Fans und Verfolgern

Die gängigsten Stalker-Typen

»Ich werde dich bis ans Ende deiner Tage verfolgen.«
Aus einem Stalker-Brief

Stalking-Täter werden nach verschiedenen Kriterien kategorisiert. Neben den verschiedenen psychologischen Ansätzen lässt sich jedes Stalking typologisieren nach dem Motiv, nach der Beziehung von Opfer und Täter, nach der Art und Weise des Stalkings (indirekt oder persönlich) oder den Kommunikationswegen (Brief, Telefon, Internet).

Dieses Buch widmet sich jedoch allein Stalkern im Liebeswahn. Andere Typen wurden ausgespart, zum Beispiel religiös oder politisch motivierte Stalker, auch wenn es vermutlich viele Parallelen gibt. Doch auch der Typus »Rache-Stalker« wurde berücksichtigt, denn er gibt Ausblick auf ein anderes Motiv beim Stalking: Der Täter hält sich selber für das Opfer einer Belästigung.

Stalker im Liebeswahn lassen sich wiederum in die folgenden, besonders häufig auftretenden Typen unterteilen:

- Der »anonyme Fan«, der sich unsterblich in einen Star, meist aus Film oder Fernsehen, verliebt hat.
- Der »flüchtige Bekannte«, zum Beispiel ein Nachbar oder Kollege, der sich plötzlich eine Liebesbeziehung einbildet.
- Der »Expartner«, der die Trennung nicht verwindet und seinen ehemaligen Partner nicht loslassen kann.
- Der »Internet-Stalker«, eine neue, wegen der Möglichkeiten der elektronischen Datenkommunikation gleichwohl rasant zunehmende Spielart von unheimlicher anonymer Bedrohung.
- Der »Rache-Stalker«, ein Sonderfall, wenn Stalker sich selber für das Opfer einer Verfolgung halten.

Der »anonyme Fan« scheint auf den ersten Blick der häufigste Stalking-Typ zu sein, weil die Medien besonders gern von dieser Spezies der Prominentenjäger berichten. Doch der Eindruck täuscht: Einer Umfrage des US-Justizministeriums und des Centers for Disease Control and Prevention sind in den meisten Fällen normale Menschen betroffen, werden Frauen eher als Männer gestalked, und knapp 60 Prozent der weiblichen Opfer kannten den Täter vorher.

Der anonyme Fan

»Ich hatte Angst um mein Leben.«
Eiskunstlauf-Olympiasiegerin Katharina Witt während des Prozesses gegen den Amerikaner Henry Veltmann, der ihr jahrelang Nacktfotos und Briefe schickte und ihr rund um die Welt folgte.

Hamburg, 30. April 1993, gegen 18:50 Uhr im Tennisstadion am Rothenbaum, Citizen Cup 93. Pause im Match des Tages, dem Viertelfinale zwischen Monica Seles und der Bulgarin Magdalena Maleeva. Seles, Nummer 1 der Weltrangliste, setzt sich auf einen Stuhl am Spielfeldrand und trocknet sich das Gesicht ab. In diesem Moment schleicht sich der arbeitslose und ledige Dreher Günter Parche hinterrücks an die schärfste Konkurrentin von Steffi Graf heran. Seles steht auf und will aufs Spielfeld zurückkehren, da stößt Parche ein lautes »Aaaah« aus und sticht die 13 Zentimeter lange Klinge eines Ausbein-Messers in den Rücken der Tennisspielerin. Die Amerikanerin taumelt und stürzt neben der Auslinie zu Boden.

Nach seinem Motiv gefragt, antwortet der bis dahin völlig unauffällige Mann, der bei seiner Tante in Thüringen lebt: »Ich verehre Steffi Graf. Sie ist für mich der Inbegriff einer perfekten Tennisspielerin. Alle sollten sie verehren.« Er habe nicht ertragen können, dass Monika Seles seinem Idol den Rang der weltbesten Tennisspielerin abgenommen hatte. »Deshalb wollte ich sie für einige Zeit lahm legen«, gibt er zu Protokoll, bestreitet aber eine Tötungsabsicht. »Parche betet Frau Graf an wie eine Göttin«, sagt ein Kripo-Beamter. In einer Erklärung von Parche, die sein Anwalt während des zweiten Prozesses 1995 in Hamburg vorliest, heißt es: Seine Liebe zu Frau Graf sei »grenzenlos«.

Der Fan, das unheimliche Wesen. Verliebt, besessen, berauscht im Liebeswahn – der Alptraum vieler Prominenter. Jugendlichen dienen Idole, um sich von den Eltern abzunabeln. Im Erwachsenenalter kann die an sich harmlose Schwärmerei jedoch in blinde Besessenheit umschlagen. Gleich mehrere solcher Fans haben Steffi Graf schon verfolgt. Der amerikanische Millionär Jim Levee aus Florida zum Beispiel umwirbt die damals 17-Jährige mit Schmuck, Pelzjacken, lässt ihr gar einen Porsche 928 vor die Haustür stellen. Anfangs pflegt die Familie vorsichtige Kontakte zu dem reichen Gönner. Als er immer aufdringlicher wird, bricht Vater Graf die Beziehung ab, prügelt sich sogar mit Leeve. Der wendet sich Monika Seles zu. Leeve beobachtet aber weiterhin jedes Match von Steffi Graf und schreit seinen verzweifelten Liebeshass in den Center Court.

Oder der deutsche Diplom-Physiker Kay Kurt zum Felde aus Frankfurt am Main, der 1991 mehrere Tage und Nächte vor Steffis Haus in Brühl verbringt, 336 Stunden insgesamt. Anfang 1993 klettert er, nachdem er sein Idol mit unzähligen Telefonaten erfolglos traktiert hat, über die Mauer des Graf'schen Anwesens. Erst verprügelt Vater Graf den Eindringling, dann wirft er ihn hinaus. Peter Graf sagt später: »Ich habe ihm ein paar Schläge versetzt. Aber eigentlich tat er mir Leid.« Insgesamt zwölfmal wird zum Felde von der Polizei aufgegriffen.

Doch er lässt nicht locker, reist der Tennisspielerin erst nach Paris, dann nach Wimbledon hinterher. Er schläft eine Nacht im Freien, um eine Karte für ein Graf-Match zu bekommen. Er hat Glück: erste Reihe, Center Court. Was dann passiert, erleben Millionen Fernsehzuschauer mit. Nach mehreren Zwischenrufen wie »Du bist eine Lügnerin!«, »Du bist schuldig, du Hexe!« oder »Steffi, wenn du hier spielst, wird dein Fuß auch nicht besser!« wird der Verwirrte von der Polizei abgeführt.

Später gibt er zu Protokoll: »Ich liebe Steffi, wollte nicht, dass sie mit Verletzung spielt.« Wenig später sagt er jedoch: »Man soll mich keinen Steffi-Graf-Fan nennen! Sie ist eine Betrügerin!« Worte eines Besessenen, der über sich sagt, er habe Stimmen im Kopf, die ihm befehlen, zu Steffi Graf zu fahren. Die Tennisspielerin schweigt zu diesem Thema beharrlich. Zu groß ist die Angst, durch ein Statement einen Anreiz für Nachahmer zu geben (Quellenangabe siehe Seite 234).

Es hat sie zu allen Zeiten gegeben, die blindwütigen und rücksichtslosen Fanatiker, die Eiferer, die sich in eine Sache oder Idee verbeißen. »Fan«

stammt von dem englischen Wort »fanatic«. Idol dagegen leitet sich vom griechischen Wort »eidolon« her und bedeutet etwa: ein Bild, eine Idee im Kopf haben. Der Fan vergöttert demnach ein Abziehbild des Stars, eine vermutete Persönlichkeit, nicht die tatsächliche. Der Liebesjunkie bewegt sich in einer Traumwelt, die er sich selber erschaffen hat – und er hält mit großer Beharrlichkeit an seiner Überzeugung fest, weil alles andere ihn in ein schwarzes Loch fallen ließe.

Der Medienmanager Michael Schöbel, der unter anderem für die Sängerin Nina Hagen, das Top-Model Nadja Auermann und die Berliner Rapper »Die dritte Generation« arbeitet, hat festgestellt, dass vor allem weibliche Fans zu den ungewöhnlichsten Methoden greifen, um an ihre Idole heranzukommen. »Inzwischen habe ich ein Gespür dafür, ob eine Frau, die sich als Journalistin ausgibt, auch wirklich eine ist«, sagte er. »Meistens sind liebeskranke weibliche Fans in einer bestimmten Art aufgeregt und hysterisch. Eine frisch gebackene Journalistin mag beim ersten Interview noch aufgeregt sein, hat aber doch eine gewisse Zurückhaltung.« Schöbel zufolge ist der Typus meist ähnlich: »Das sind Frauen, die meistens keine Ausbildung oder keinen Beruf haben. Die brauchen den Star, um ihr eigenes, nicht erreichtes Ich-Ideal zu ersetzen.«

Soziologen sehen darin aber auch einen Hilfeschrei: Seht her, so wie ich mein Idol liebe, so möchte ich selber gerne geliebt werden. Ein Zeichen, das auf ein getrübtes Ich-Bewusstsein und damit auf ein wenig ausgeprägtes Selbstbewusstsein schließen läßt. Der Star wird geliebt wegen seiner vermuteten Vollkommenheit, die der Fan für sich selbst anstrebt. So dient der Prominente auf diesem Umweg der Befriedigung des eigenen Narzissmus.

Die erfolgreichen Berliner Rapper »Die dritte Generation«, bekommen jeden Tag mindestens 150 Fan-Briefe, die oftmals die große Nähe der Fans zu ihrem Star dokumentieren. Als das Lied »Vater«, in dem es um häusliche Gewalt geht, herauskam, wagten viele Fans in ihren Briefen, erstmals über ihre eigenen Erfahrungen zu sprechen. »Wir haben mit Hilfe von Psychologen versucht auf die Briefe zu antworten«, so Manager Schöbel. »Einer stammte von einem Mädchen, die von sexuellem Missbrauch schrieb.«

Die Briefe erschienen so echt, dass Hilfsorganisationen wie »Wildwasser«, die sich gegen den sexuellen Missbrauch an Mädchen und Frauen einsetzen, eingeschaltet und eine Anzeige gegen den Vater des Mädchens erwirkt wurden. Die staatlichen Stellen, die mit der Untersuchung des Falles beauftragt waren, kamen aber sehr schnell zu dem Schluss, dass die ganze Geschichte nur in der Fantasie des Mädchens stattgefunden hatte. »Es tut mir leid«, schrieb das Mädchen später den Berliner Rappern. »Ich habe nur Angst, dass ihr mich jetzt nicht mehr liebt.«

Die Liste derer, die in den letzten Jahren von liebestollen Verehrern verfolgt, belästigt oder sogar angegriffen wurden, reicht von Popstar Madonna bis zum TV-Talker Harald Schmidt, von Regisseur Steven Spielberg bis zum Model Claudia Schiffer. Ob Veronica Ferres, Esther Schweins, Thomas Gottschalk, Nina Ruge, Susan Stahnke, Jan Fromm, Eva Herman, Anke Huber, Martina Hingis, André Eisermann, Petra Schürmann, Jens Riewa, Roger Willemsen, Babette Einstmann, Dagmar Berghoff oder der Fußballer Jürgen Kohler – so ziemlich jeder, der regelmäßig im Fernsehen auftritt, kennt sie, die hartnäckigen Fans, die einem das Leben zur Hölle machen können.

Doch einen Schutz gegen Stalker gibt es in Deutschland bislang nicht. Jeder öffentliche Mensch ist in Gefahr, Stalking-Opfer zu werden – so wie Harald Schmidt. Eine 52-jährige Frau aus Bayern, die überzeugt war, dass sie Schmidt heiraten müsse, schickte ihm bis zu zehn Faxe pro Tag. Sie tauchte mehrmals in den Produktionsräumen seiner Kölner Firma auf und störte die Aufzeichnungen der Sendung. Sie erhielt Hausverbot und zwei Strafanzeigen wegen Hausfriedensbruch. Dreimal wurde sie von der Polizei ins Gefängnis gesperrt, beim vierten Mal landete sie für drei Wochen in der Psychiatrie der Rheinischen Kliniken. Dort diagnostizierte man eine krankhafte psychische Abhängigkeit. Nach nur dreiwöchiger psychiatrischer Behandlung wurde die Frau zur ambulanten Behandlung aus der Klinik entlassen. Ein paar Monate zügelte sie sich – dann ging die Belästigung erneut los (Quellenangabe siehe Seite 234).

Einen ähnlichen Fall erlebte die Moderatorin Birgit Schrowange. Drei Jahre lang wurde sie von einem Düsseldorfer verfolgt. »Sie sendet mir Signale«, sagte der damals 26-jährige gelernte Stukkateur. »Bild am Sonntag« hatte herausgefunden, dass der Mann den ganzen Tag im Bett lag und auf Sendungen mit Frau Schrowange warte. Schließlich schraubte sein Vater die Sicherung heraus und baute einen Defekt in den Fernsehapparat ein. Es half nichts. Der wütende Liebestolle ging in die TV-Abteilung eines Kaufhauses und starrte dort auf die Bildschirme. Schließlich klemmte er sich einen Fernseher unter den Arm und wollte das Kaufhaus verlassen. Er wurde vom Hausdetektiv erwischt und landete vor Gericht.

Später gab der Mann sich nicht mehr mit dem Anblick auf der Mattscheibe zufrieden, sondern versuchte insgesamt 23 Mal, seine Angebetete in Mainz beim ZDF zu besuchen. Einmal gelang es ihm, bis in ihr Büro vorzudringen. Sie redete auf ihn ein und erklärte: »Ich hab schon einen Freund. Such dir doch ein nettes Mädchen in deinem Alter.« Ohne Erfolg. Der junge Mann war fixiert auf sie. Als ein Sicherheitsbeamter ihn aufhalten wollte, prügelte er mit einem schweren Aschenbecher auf den Mann ein. Mal stahl er einen BMW, um ihr zu imponieren, dann übernachtete er in einem Mainzer Nobelhotel. Weil er nicht bezahlen konnte, wurde er erneut verurteilt. Auf den Richterspruch reagierte er verständnislos: »Birgit und ich lieben uns. Warum lasst ihr mich nicht zu ihr?« Der liebeswahnsinnige Mann landete in der Psychiatrie (Quellenangabe siehe Seite 234).

Ausdauernd war auch ein Stalker von Brigitte Bastgen. Die ehemalige »heute«-Moderatorin wurde von einem Mediziner aus dem Rheinland verfolgt, der es auf mehr als 100 Anrufe beim ZDF brachte und sich jedesmal als ihr Mann ausgab. An der Pforte hinterlegte er einen Ehering mit Gravur und schickte ihr bezahlte Flugtickets. Täglich nach der Sendung faxte er Briefe, in denen er ihr mitteilte, dass er mit ihr leben wolle. Wenn sie so weit sei, solle sie als Zeichen ein goldenes Halstuch während der Sendung tragen. Ein Ankleidezimmer mit 130 Modellkleidern und Schuhen habe er in seinem Haus schon eingerichtet.

Ein anderer Verehrer stand eines Morgens in ihrem Mainzer Büro hinter ihr und packte sie. Brigitte Bastgen schaffte es, sich loszureißen, und flüchtete in das Zimmer eines Kollegen. Der 45-Jährige war eigens aus Hamburg angereist (Quellenangabe siehe Seite 234).

Dagmar Berghoff, ehemalige Chef-Sprecherin der Tagesschau, kennt das Problem hartnäckiger Fans schon lange. Mindestens zehn solcher liebeskranker Verehrer haben sie während ihrer Laufbahn beim Fernsehen begleitet. »Einer«, erzählt sie, »hat immer Blumen geschickt. Für den ersten Strauß habe ich mich mit einer Autogrammkarte bedankt, für den zweiten auch noch, denn schließlich freut man sich ja.« Als dann aber immer wieder Blumen geschickt wurden, reagierte sie nicht mehr. Daraufhin kamen bösartige Briefe mit der Frage, wieso sie sich nicht bedanken würde. Am Ende schickte der Mann einen Strauß schwarzer Blumen.

Ein anderer »Verehrer« schickte ihr Briefe, die mit der Zeit immer verrückter wurden. Er wollte sich mit ihr treffen. »Wenn Du nicht kommst, dann bringe ich dich wie das Judenmädchen im Zweiten Weltkrieg um«, schrieb er ihr. Schließlich bekam sie sogar Post vom Bürgermeister einer Kleinstadt. Empört wollte der Ortsvorsteher wissen, was ihr einfalle, eine Familie zu zerstören und das Dorf in Aufruhr zu bringen. Frau Berghoff, die auf keinen der Briefe ihres liebeskranken Fans geantwortet hatte, besuchte den Bürgermeister, um eine Klärung in dieser Angelegenheit herbeizuführen. Es stellte sich heraus, dass ihr Verfolger ein verheirateter Familienvater war, der zu Hause behauptet hatte, sie sei seine heimliche Geliebte.

Der besagte »Verehrer« verbrachte anschließend vier Jahre in einer psychiatrischen Klinik. Kaum entlassen, entschuldigte er sich bei Frau Berghoff schriftlich für sein Verhalten von damals, schickte danach aber weiterhin wirre Briefe.

»Am schlimmsten ist es auf der Funkausstellung in Berlin«, erzählt ein Insider. »Da tauchen jedes Jahr die gleichen Gesichter auf, weil sie ihren Idolen dort sehr nah sein können. Meistens haben sie sogar dieselben Klamotten an wie in den Jahren zuvor. Solche Fans kannst du fast körperlich spüren. Die sind mit ihren Blicken und Gesten sehr präsent. Und sie tun alles, um ihre Stars zu berühren oder ihnen körperlich nah zu sein.«

Eine merkwürdige Geschichte erlebte auch eine andere bekannte Moderatorin. »Da hatte jemand sein Wohnzimmer und seinen Fernseher fotografiert, auf dem lauter Fotos standen«, erzählt sie. »Allerdings sah man auf den Bildern nicht etwa Familienangehörige, wie man meinen möchte, sondern ich sah mich.« Ein anderer Prominenter erzählt, dass Sendungen mitunter auf Video mitgeschnitten würden. »Da werden dann bestimmte Sequenzen immer wieder ins Wohnzimmer geholt. Solche Menschen bilden sich ein, dass man in einer Beziehung mit ihnen steht. Das leiten sie von den Gesten ab. Um die Inhalte der Sendung geht es nie.«

Für den Umgang mit Liebesjunkies gibt es kein sicheres Rezept. In Deutschland pflegen Moderatoren die Existenz ihrer Plagegeister zu verschweigen, um keine Nachahmer zu motivieren. In den USA dagegen ist man geteilter Meinung. Während die einen sofortiges Eingreifen befürworten, empfehlen andere totale Zurückhaltung bei aufmerksamer Beobachtung, um gegebenenfalls reagieren zu können (siehe Seite 201 ff.).

Wie makaber das Stalking enden kann, zeigt der Fall des Münchner Schauspielers Helmut Fischer. Der als »Monaco-Franze« zu Fernsehruhm gekommene Bayer wurde von einer drallen Österreicherin terrorisiert, die zuvor seinen Kollegen Wolfgang Fierek vier Jahre lang verfolgt hatte. Über 400 Briefe und Nacktfotos, teilweise außen auf die Briefe geklebt, schickte sie dem beliebten TV-Star. Nach seinem Tod behelligte sie die Witwe mit ständigen Telefonanrufen. Schließlich erschien sie auf seiner Beerdigung mit dem Fotografen eines österreichischen Boulevardblattes. Sie gab sich als langjährige Geliebte aus. Notfalls wolle sie ihn wieder aus der Erde holen, erklärte die liebeskranke Frau. Ein Jahr zuvor hatte sie ein Fernsehinterview über ihre angebliche Liaison mit Fischer gegeben. Der Versuch, juristisch gegen sie vorzugehen, scheiterte, da die von deutschen Gerichten erlassenen einstweiligen Verfügungen im Nachbarland nicht vollstreckbar sind.

Es fällt auf, dass in Deutschland vorwiegend jene Stars zu Stalking-Opfern werden, die in positiv besetzten Rollen auftreten. So weist Fernsehtalker Roger Willemsen darauf hin, dass viele seiner Talkmasterkollegen betroffen seien. »Sie sind so vertrauensvoll und schöngeistig«, laute ein Schlüsselsatz solcher Fans. Über seine eigenen Erlebnisse mag Willemsen nicht berichten.

Tagesschau-Sprecher Jens Riewa sagt: »Wir sind die Retter der Einsamen, kommen direkt ins Wohnzimmer und sollen psychologische Lebenshilfe geben.« Riewa besitzt mittlerweile eine ganze Sammlung von Wohnungsschlüsseln, die ihm einsame Damen mit dem Hinweis zuschickten, er möge doch mal zu Besuch kommen.

Zu den weltweit gesuchtesten Stalking-Opfern gehören wohl die britischen Royals. So verschanzte sich Prinzessin Diana vor einem deutschen Arzt, der ihr auf Schritt und Tritt zu folgen versuchte, um sie vor »teuflischen Einflüssen« zu schützen. Um den Mann, der Queen Elisabeth II. für den Teufel hielt, kümmerte sich schließlich die Polizei. Ein Gericht verbot ihm, sich der königlichen Familie auf weniger als fünf Meilen, also acht Kilometer, zu nähern. Zuvor hatte er bereits 28 Tage in der Psychiatrie verbracht. Diana, als Paparazzi-Opfer leidgeprüft, klagte: »Man wird zur Gefangenen im eigenen Haus.« (Quellenangabe siehe Seite 235).

Für königlichen Wirbel sorgte auch ein 55-jähriger Familienvater, der Prinzessin Anne mit 600 Liebesbriefen überschüttete. Für sie hatte er sich sogar scheiden lassen. Während einer Wohltätigkeitsveranstaltung wurde er schließlich verhaftet. Die Prinzessin ließ verlauten: »Ich werde meine Öffentlichkeitsarbeit fortsetzen.« Ob »mit Schatten« oder ohne. Vorerst offenbar mit Schatten, denn im November 1999 durchbrach der ehemalige Rolls-Royce-Ingenieur eine Polizeisperre vor dem Landhaus der Prinzessin in Gloucestershire. Fast eine halbe Stunde jagte ihn die Polizei auf dem Gelände, bevor sie ihn stellen konnte. Zuvor war er auf der Autobahn verunglückt, weil er beim Fahren die Augen geschlossen hatte. Er gab an: »Ich stellte mir vor, Sex mit Anne zu haben.« (Quellenangabe siehe Seite 235).

Auch Schwedens Prinzessin Victoria wird verfolgt. Ein 35-jähriger Mann aus Dänemark hatte, im Glauben verlobt mit ihr zu sein, unzählige Briefe an die 22-Jährige geschrieben. Zu ihrem Geburtstag entwischte er aus der psychiatrischen Einrichtung, in der er lebt. Beim Versuch, ihr Blumen und ein Geburtstagsgeschenk zu überreichen, wurde er von der schwedischen Polizei festgenommen und zurück nach Dänemark gebracht (Quellenangabe siehe Seite 235).

Wie können sich Prominente gegen ihre Verfolger schützen? Die von amerikanischen Sicherheitsexperten empfohlenen Bodyguards jedenfalls sind nur bedingt hilfreich, ebenso Alarmanlagen oder Stacheldraht. Obgleich vor allem US-Stars inzwischen oft wie im Hochsicherheitstrakt leben, schaffen es manche Fans immer wieder, auch die höchsten Mauern zu überwinden. So wie Robert Roland Hoskins, der 1995 über den Zaun auf Madonnas Anwesen gelangte. Er wurde erst durch einen Sicherheitsbeamten gestoppt, der den Eindringling, nachdem er trotz Warnung nicht stehen blieb, mit drei Kugeln niederstreckte. Hoskins hatte Madonna zufällig beim Fahrradfahren gesehen und ihr, nachdem sie ihn nicht beachtete, gedroht, die Kehle mit einem Messer von einem bis zum anderen Ohr aufzuschneiden. 1996 wurde er in Los Angeles zu zehn Jahren Haft verurteilt (Quellenangabe siehe Seite 235).

Auch mancher deutsche Prominente flüchtet sich in Wohnparks, die von Zäunen geschützt und mit Kameras überwacht sind. Und am Arbeitsplatz wird ebenfalls langsam aufgerüstet, etwa bei der »Tagesschau«. Seit ein Paket an den Moderator Riewa für Bombenalarm sorgte und das Haus evakuiert werden musste, wird die Post durchleuchtet wie auf dem Flughafen. Der Inhalt des Päckchens, das von einer hartnäckigen Verehrerin Riewas stammte: Kondome.

Nachrichtensprecher, die Vertrauen wecken sollen, stellen wie Sportler für labile oder depressive Personen Autoritäten dar. Sie besitzen, wonach sich viele Fans sehnen: Ruhm. Viele Liebeskranke sind sicher, dass der Kontakt zum Star sie aus ihrer vermeintlichen Bedeutungslosigkeit herauskatapultieren kann. Der Glanz soll den Stalker zu etwas Besonderem machen.

»Vor hundert Jahren«, sagt der amerikanische Psychiater Dr. Park Dietz, der auch John Hinckley untersuchte, den Stalker von Jodie Foster, »waren die Irrenhäuser voll mit Menschen, die sich einbildeten, sie seien Christus oder der Ehemann von Maria. Heutzutage glauben die Menschen, sie seien berühmt oder die Ehefrau einer Persönlichkeit. Berühmt zu sein ist die Religion von heute. Das Problem ist nur, dass die Berühmten eigentlich ganz normale Menschen sind.« Genau das aber nimmt ein Liebeswahnsinniger nicht mehr wahr.

Esquire 1982

Why me?

Liebe. Welch ein Wort. Mir tun Leute leid, die Liebe und Besessenheit verwechseln. Und mir tun Leute weh, die diese Verwechslung an mir auslassen. Liebe hat etwas mit sanftem Atem an nebligen Morgenden an einem geheimen Ort zu tun. Liebe existiert nicht ohne Erwiderung, ohne Umarmen, ohne das Gefühl, daß sich zwei Seelen treffen, zwei Herzen, zwei Hirne, zwei Körper. Besessenheit ist Schmerz und das Streben nach etwas, was es gar nicht gibt. Das größte Verbrechen von John Hinckley war es, daß er Liebe und Bessenheit verwechselt hat. Diese Trivialisierung der Liebe werde ich ihm nie vergessen. Wegen seiner Ignoranz hat er eine Menge verpasst. Eine Lektion jedenfalls habe ich gelernt: Ich werde immer skeptisch sein, wenn sich Menschen zu ihrer Liebe zu mir bekennen. Ich weiß, was Liebe ist. Aber wissen sie es auch?

Auszug aus einem Artikel von Jodie Foster über ihren Stalker John Hinckley

John Hinckley jr., Millionärssohn, verübte 1981 ein Attentat auf den damaligen US-Präsidenten Ronald Reagan, um die Aufmerksamkeit Jodie Fosters zu erregen. Auch Popstar Björk entging 1996 nur knapp einem unheimlichen Attentäter, der an ihre Londoner Adresse ein Paket mit

Schwefelsäure geschickt hatte. Der 21-Jährige Amerikaner Ricardo Lopez, der angab, seit 1993 in Björk verliebt zu sein, konnte es nicht ertragen, in den Zeitungen lesen zu müssen, dass seine große Liebe einen anderen heiraten wollte. Er dokumentierte seine Besessenheit und seine psychopathische Neigung zu der isländischen Sängerin neun Monate lang auf mehreren Videobändern. Das letzte endete am 12. September 1996 damit, dass sich Lopez eine Kugel in den Kopf schoss.

Dieses Band zeigte auch die Konstruktion der Säurebombe. Polizisten, die den Toten in seiner Wohnung fanden, nahmen die Videokassetten mit. Beim Anschauen der Bänder auf dem Revier erkannten die Beamten die Gefahr und alarmierten ihre Kollegen von Scottland Yard. Das totbringende Paket wurde schließlich auf einem Postamt sichergestellt. In seinem Video-Tagebuch schilderte Lopez seine Obsession: »Björk ist seit 1993 ein unglaublich wichtiger Bestandteil meines Lebens. Erst war ich verliebt. Jetzt bin ich besessen.« Und ein wenig später heißt es: »Ich werde sie töten müssen.« Die Zeitungsmeldung über die angebliche Heirat erwies sich später als Ente (Quellenangabe siehe Seite 235).

Fälle mit tödlichem Ausgang sind selten. Die meisten Stalker würden das Objekt ihrer Begierde niemals töten. Eher bringen sie sich selber um wie die Frau, die den amerikanischen TV-Moderator David Letterman über acht Jahre verfolgte. Margaret Mary Ray, 46, saß mehrere Male im Gefängnis, weil sie Letterman am Telefon belästigt, ihm aufgelauert hatte und schließlich in sein Haus eingebrochen war. 1988 war sie erstmals verhaftet worden, weil sie mit Lettermans gestohlenem Porsche durch den Lincoln-Tunnel gefahren war. Als sie die Tunnelgebühr nicht bezahlen konnte, wurde sie festgehalten und gab sich als Frau Letterman und ihren Sohn als Letterman Jr. aus. Der TV-Star alarmierte häufig die Polizei und machte Witze über sie in seiner Fernsehsendung. In einem Interview sagte er 1992 allerdings: »Das Problem ist, dass sie geisteskrank ist. Deshalb unternehme ich (juristisch) nichts, denn das würde die Sache nur schlimmer machen.« Die Stalkerin warf sich schließlich vor einen Zug (Quellenangabe siehe Seite 235).

Der Fall der Stalkerin Ray weist noch eine Besonderheit auf: Offenbar konzentriert sich die Besessenheit nicht zwangsläufig nur auf eine Person. Vier Jahre vor ihrem Tod begann Mrs. Ray, den ehemaligen Astronauten Story Musgrave zu verfolgen. Sie schickte ihm Pakete, drang in sein Haus ein und drehte die Wasserhähne auf. Dem Reporter einer lokalen Zeitung sagte sie im Gefängnis: »Ich liebe ihn und möchte den Rest meines Lebens mit ihm verbringen.«

Der amerikanische Sicherheits- und Stalkingexperte Gavin de Becker, der viele prominente Schauspieler in Los Angeles berät, hat verschiedene Typen von anonymen Fans ausgemacht. Für ihn gibt es den »Kontaktsucher«, der schon glücklich damit wäre, wenn er mit dem Star in Verbindung stünde. Dann gibt es den »Identitätssucher«, der hofft, über den Star selber bekannt zu werden, und schließlich ist da der »Wahngetriebene«, der sich auf einer göttlichen Mission wähnt. Gutes Zureden allein helfe bei all diesen Kandidaten kaum, bemerkt der Fan-Kenner de Becker.

Aus einem Brief an einen Prominenten:

... Du magst mich doch ein bisschen, oder? Vor 20 Jahren hätte ich dich dringender gebraucht. Meine Kindheit war ein reiner Horror. Vielleicht ist mir ein seelischer Schaden zurückgeblieben. Oft habe ich Tage, da weine ich furchtbar um dich. Ich sehne mich so nach deiner Liebe und besonders nach dir, dass du mich lieb hast. Ich weiß auch nicht warum, aber es ist nun mal so. Spürst du nicht, wie sehr ich dich brauche? Ich mach dir nichts vor, es ist die reine Realität, die Wahrheit. Mit zehn und vierzehn Jahren hätte ich mir oft gewünscht, dass du mich holen würdest. Oder zumindest einen telefonischen Schutz gehabt hätte, von dir. Leider hatte ich keine Telefonnummer von dir, sonst hätte ich jedesmal angerufen! Du hättest mich doch geholt, oder? Das weiß ich ganz genau, du hättest mich nie im Stich gelassen, für das bist du ein zu guter Mensch. Elternliebe kenne ich keine. Dabei bin ich ein totaler Gefühlsmensch. Den einzigen Menschen den ich nun habe, bist du, ehrlich. Mit meiner Verwandtschaft kann ich nicht darüber reden. Die haben einen großen Neid. Da passe

```
ich einfach nicht dazu. Gott sei Dank, dass niemand
was weiß, daß ich mit Dir einen Kontakt habe, sonst
würden meine Verwandten total ausflippen ...
Rufst du mich sobald wie möglich wieder an? Ich warte
SEHNSÜCHTIG DRAUF, auf deinen Anruf. Denn ich freue
mich jedesmal, wenn du ein kleines Lebenszeichen von
dir gibst ...
```

Der flüchtige Bekannte

»Ich traute mich nicht mehr in meine Wohnung.«
Junge Frau, die jahrelang
von einem Kommilitonen verfolgt wurde.

Der flüchtige Bekannte kann ein Arbeitskollege sein, aber auch ein Nachbar oder jemand aus dem weiteren Freundeskreis. Die Bekanntschaft ist sporadisch, nie kam es zu einem näheren Kennenlernen oder gar zu einem freundschaftlichen Verhältnis. In dieser und in der Gruppe der Expartner findet man die meisten Fälle von Stalking. Der flüchtige Bekannte ist meistens ein Mann, der sich in eine Frau verliebt hat und nun glaubt, mit Beharrlichkeit an sein Ziel zu gelangen.

Gavin de Becker unterscheidet hierbei den »Naiven Verehrer« vom »Stalker«. Der naive Verehrer ist ein Mensch, dem einfach nicht klar ist, wie unangemessen sein Verhalten ist. Er denkt: Ich bin verliebt. Also verhalte ich mich auch so, denn wir haben schließlich eine Liebesbeziehung. Dieser Typ ist im allgemeinen vernünftig, auch wenn es ein wenig dauert, bis man ihn davon überzeugt hat, dass man sich belästigt fühlt. Er wird bei Zurückweisung nie mit Wut reagieren. Er ist eher ein etwas weltabgewandter Mensch, der zwar lästig, im Grunde aber friedlich und freundlich ist.

Der Stalker dagegen verhält sich wie ein gewalttätiger Ehemann, der die Kontrolle über seine Ehefrau sucht, wenn auch das Risiko der Gewaltbereitschaft sehr viel geringer als beim Expartner-Stalker ist, sagt de Becker. Meistens versucht dieser Typ die Anteilnahme seines Opfers über das

Erregen von Mitleid zu wecken. So beruft er sich zum Beispiel auf angebliche Verabredungen und Zusagen, die sein Opfer immer wieder dazu bringen sollen, sich mit ihm zu treffen. Er kann auch die Neigung entwickeln, zu drohen oder Eigentum des Opfers zu beschädigen, um weiterhin auf sich aufmerksam zu machen. Der Fall der Studentin Anna, der im Kapitel 9 (Seite 189) auch juristisch analysiert wird, gehört in diese Kategorie:

Die 23-jährige Studentin Anna wurde 1992 während eines Bridge-Abends von einem jungen Mann angesprochen, der wie sie einen Spielpartner suchte. Daraus entwickelten sich regelmäßige Treffen, man spielte zusammen Karten oder auch Squash. »Aber eigentlich«, so die Bauingenieurstudentin, »zählte ich ihn immer zu meinem weiteren Bekanntenkreis.« Der 31-jährige, der eine Banklehre abgeschlossen hatte und Informatik studierte, sah die Beziehung offenbar anders: Er verliebte sich in seine Bridgepartnerin, ohne ihr etwas von seiner Zuneigung zu erzählen. Anna bemerkte allerdings, dass er plötzlich Eifersucht zeigte, sobald sie andere männliche Freunde traf. Bisweilen bedrängte er sie derart, dass sie zunehmend die Lust verlor, ihn zu treffen.

Das Verhängnis nahm seinen Lauf, als er sich eines Tages mit ihr zum Squash treffen wollte, sie aber mangels Zeit und Lust nicht erschien. »Ich bin mir absolut sicher«, sagt sie heute, »dass ich ihm nie zugesagt habe. Im Gegenteil, ich habe sogar noch, zugegeben etwas halbherzig, versucht, ihn anzurufen, um ihm definitiv abzusagen. Leider konnte ich ihn nicht erreichen.«

Der aufgebrachte Verehrer klingelte daraufhin nachts an ihrer Tür Sturm. Als sie ihm schlaftrunken öffnete, weil sie annahm, dass es sich um einen Notfall handelte, stürmte er in ihre Wohnung, beschimpfte sie und gab ihr eine Ohrfeige. Sie sagt: »Er wollte, dass ich mich bei ihm entschuldige für mein schäbiges Verhalten. Aber ich war mir keiner Schuld bewusst. Als er mir dann die Ohrfeige gab, sagte ich ihm, dass dies keine Grundlage mehr für eine Freundschaft sei und wir uns besser nicht mehr treffen sollten.« Daraufhin stürmte der Liebeskranke davon und ließ vorerst nichts mehr von sich hören.

Allerdings hielt die Ruhe nur vier Wochen. So lange wartete der introvertierte Mann, der im Hause seiner Mutter lebte und inzwischen sein Studium unterbrochen hatte, auf die nach seinem Empfinden zu Recht eingeforderte Entschuldigung. Als Rache für seine schlaflosen Nächte zerstach der Gedemütigte dreimal hintereinander alle vier Reifen ihres Kleinwagens und schickte schließlich ein Bekennerzeichen wortlos, aber symbolträchtig in Form eines Spielzeugreifens und eines zerschnittenen Marzipanherzens. Als Antwort erhielt er eine Vorladung der Polizei, die er aber ignorierte. Stattdessen besuchte er die Angebetete in ihrer Wohnung, versprach, die 16 zerstochenen Reifen zu bezahlen, und bat um ein Foto von ihr. Sie aber wollte nichts mehr mit ihm zu tun haben und schickte statt des gewünschten Fotos nur die Rechnung für die Reifen.

Nun begann für Anna ein Martyrium. Der Mann beschattete sie regelrecht, zeitweise rund um die Uhr. »Er muß den halben Winter vor meiner Tür gestanden haben«, erzählt sie. »Ein paar Mal sah ich ihn in seinem Wagen, eine Decke über dem Schoß und die Thermoskanne in der Hand.« Auch telefonisch terrorisierte er sie, so dass sie sich eine Geheimnummer geben ließ. Er verfolgte sie mit dem Auto und brachte sie mit halsbrecherischen Manövern in Gefahr. Zweimal versuchte er, einen ihrer Freunde, der sie regelmäßig begleitete, wenn sie vor die Tür ging, mit seinem Auto anzufahren. Zuerst erlitt der Bewacher eine Knieverletzung. Beim zweiten Mal, als das Auto des Liebeskranken rückwärts auf ihn zufuhr, konnte er sich nur mit einem Sprung zur Seite retten.

Am Ende brachte es der Stalker auf über 30 zerstochene Reifen und drei zerstörte Türschlösser, die er mit Streichhölzern verstopft hatte. Manchmal stellte er auch nur die Scheibenwischer ihres Autos auf, um ihr auf diese Weise mitzuteilen, dass er dagewesen war. Die junge Frau, die ihr Auto täglich brauchte, weil sie in einer anderen Stadt studierte, litt zunehmend an Schlafstörungen, Angstzuständen und Konzentrationsschwäche. Ihr Studium konnte sie wegen des fortgesetzten Psychoterrors kaum noch wie geplant fortsetzen. Der von diesen Vorgängen informierte Hochschulleiter, sorgte dafür, dass die Prüfungstermine nicht mehr öffentlich ausgehängt wurden. Denn der hartnäckige Verfolger lauerte der Studentin vor jeder Prüfung auch am Eingang der Hochschule auf. Alle Gespräche, die ihre Freunde, ihr Bruder und ihr Vater mit dem Verfolger führten, verliefen ergebnislos.

Schließlich nahm sich Anna einen Rechtsanwalt. Aber auch zwei Prozesse, die zur Folge hatten, dass der Angeklagte seinen Führerschein verlor und sich ihr nicht mehr nähern durfte, konnten den Liebeskranken nicht stoppen. Schließlich sei das einzig und allein eine Sache zwischen ihr und ihm. Und es sei ihm egal, ob sein Rechtsanwalt da irgendwas verhandelt hätte, gab er während einer Gerichtsverhandlung zu Protokoll. Ihrer Freundin, die ebenfalls versuchte, ihn zur Vernunft zu bringen, antwortete er auf die Frage, wie lange die Jagd noch weitergehen solle: »Es kann nur einer von uns beiden überleben.«

Und er schien es ernst zu meinen. Zweimal lauerte er ihr auf, versuchte, sie zu würgen, oder trat ihr, während sie sich nach ihrer Tasche bückte, ins Kreuz. Der Besessene unternahm sogar einen Suizidversuch im Auto auf dem Parkplatz vor ihrem Haus. »Ich wollte, dass sie mich findet.« Schließlich wurde der Mann für mehrere Monate in die Psychiatrie eingewiesen, was seiner Hartnäckigkeit zumindest eine andere Richtung gab: »Mein einziges Ziel ist, die Leute zur Rechenschaft zu ziehen, denen ich das hier zu verdanken habe«, sagte er dem vorsitzenden Richter in der letzten Verhandlung 1997. Auf die Frage, ob er sich gar keine Gedanken über die Ängste seines Opfers gemacht habe, antwortete er: »Weil sie das behauptet, muss das doch nicht stimmen.«

Die verfolgte Studentin litt nicht nur unter der Zähigkeit ihres Peinigers, sondern auch unter der Ignoranz der Behörden, von denen sie sich im Stich gelassen fühlte. »Der konnte drei Jahre lang machen, was er wollte. Ich fühlte mich sehr, sehr hilflos«, sagt Anna. So gaben ihr die nach einer wilden Verfolgungsjagd zu Hilfe gerufenen Polizeibeamten lediglich zu verstehen, dass »sie doch nicht jeden von der Straße holen« könnten. Ihre Verzweiflung habe man als Hysterie interpretiert. Erschwerend kam hinzu, dass sie erst acht Wochen nach der Verfügung des Amtsgerichts, dass sich der Angeklagte ihr höchstens bis auf 50 Meter nähern dürfe, eine schriftliche Bestätigung als Beleg erhielt. »Das Aberwitzigste aber war, als der Staatsanwalt das Verfahren wegen Nichtigkeit einstellen wollte. Da habe ich kurz überlegt, ob ich die Hells Angels anrufen soll.«

Der Terror endete erst, als der ehemalige Informatikstudent in einer psychiatrischen Klinik einsaß und gewahr wurde, dass sein fortgesetztes kriminelles Verhalten immer längere stationäre Aufenthalte nach sich ziehen würde.

Für Gavin de Becker beginnen viele Stalking-Fälle bereits mit einem Missverständnis in der Kommunikation zwischen den Geschlechtern. »Die meisten Opfer«, so schreibt de Becker in seinem Buch »Mut zur

Angst«, »geben zu, dass sie, obwohl sie es wollten, am Anfang eher zögerten, eine eindeutige Zurückweisung auszusprechen.« Sehr oft werde dieser freundliche und sensible Ton des scheinbaren Zögerns vom Stalker als Zuneigung verstanden. »Wir waren nett zu ihm, nicht übermäßig, doch es war offensichtlich, dass ihm das viel bedeutete. Er sah es als Liebe. Wahrscheinlich sieht ein Krümel, wenn man verhungert, wie ein Festmahl aus«, zitiert er die Frau eines US-Senators, die einen ungebetenen Verehrer nicht mehr loswurde.

»Ich habe mich – erfolgreich – für bessere Gesetze gegen Stalking in mehreren Bundesländern der USA eingesetzt«, schreibt de Becker, »doch ich würde gerne alle Gesetze eintauschen gegen einen einzigen Lehrgang auf weiterführenden Schulen, in dem jungen Männern beigebracht wird, ein Nein zu hören, und jungen Frauen, dass es vollkommen in Ordnung ist, dieses eindeutige Nein auch auszusprechen.«

Männer, die von liebeswahnsinnigen Frauen verfolgt werden, stoßen oft auf noch weniger Verständnis für ihre Situation. »Sie sind doch ein großer, starker Mann«, heißt es dann. »Wieso lassen Sie sich denn von einer kleinen Frau einschüchtern?« Oder: »Haben Sie nicht ein paar starke Kumpels, die Sie mal bei der Dame vorbeischicken könnten?« Dass die Verfolgerinnen unter schweren psychischen Defekten leiden und in ihrem Wahn zu allerlei kriminellen Handlungen imstande sind, mögen selbst erfahrene Polizisten kaum glauben.

Welch kriminelle Energie die Liebeskranken entwickeln, zeigt der Fall einer 34-jährigen Bonnerin, die seit der Schulzeit ihren Exlehrer verfolgte. Anfangs wurde sie von ihrer Mutter unterstützt, mit der sie gemeinsam alles darangesetzt hatte, die Ehe des Pädagogen zu zerstören. So hatte sie sein Haus Tag und Nacht bewacht, ihn mit dem Auto verfolgt, teure Geschenke geschickt und versucht, die Ehefrau des Lehrers in Briefen an Dritte zu diskreditieren. Ein Gericht verurteilte Mutter und Tochter schließlich wegen Körperverletzung, Beleidigung und versuchter Nötigung zu sechs Monaten auf Bewährung.

Das erteilte Kontaktverbot hielt die Liebeskranke jedoch nicht ein. Stattdessen belästigte sie erneut den Geliebten, der inzwischen mit seiner Familie in eine neue Wohnung gezogen war und sich eine Geheimnummer zugelegt hatte. Zu jeder Tages- und Nachtzeit klingelte das Telefon, ohne dass sich jemand meldete. Auch Blumensträuße lagen immer wieder vor der Tür. Körperlich und nervlich am Ende zeigte der Oberstudienrat seine Peinigerin erneut an.

Als Polizeibeamte daraufhin die Wohnung der Frau durchsuchten, erlebten sie eine Überraschung. Die liebeskranke Frau besaß zwei Telefonanschlüsse. Einer davon war unter falschem Namen angemeldet. Aus Aufzeichnungen ging hervor, dass die Exschülerin, die selber inzwischen examinierte Lehrerin war, ihren Beruf aber nie ausgeübt hatte, die geheime Telefonnummer des Lehrers durch Abertausende von Wählversuchen herausgefunden hatte.

Im Aufspüren ihres Opfers entwickeln Stalker oftmals ungeahnte Energien. Ein Musiker, der von einem weiblichen Stalker zehn Jahre lang verfolgt wurde, wusste sich schließlich nicht mehr anders zu helfen als aufs Land zu ziehen – in der Hoffnung, den Belästigungen damit aus dem Weg gehen zu können. Als er jedoch einen Tag nach dem Umzug das Fenster öffnete, schaute er der Stalkerin direkt in die Augen. Die 200 Kilometer Entfernung hatte sie mit dem Fahrrad zurückgelegt. Neben ihr stand ein Mann, ihr Freund, wie sich später herausstellte. »Irgendwann habe ich das alles ignoriert«, sagt der Verfolgte. »Inzwischen ist Ruhe. Allerdings erhielt ich vor einigen Monaten auf meinem Handy die Nachricht, dass sie Mutter geworden sei. Keine Ahnung, wie sie die Handynummer herausbekommen hat.«

Nicht immer konzentriert sich die Wut des abgewiesenen Stalkers nur auf sein angebetetes Liebesobjekt, im Gegenteil. Häufig sieht der Stalker gerade in den Angehörigen, Arbeitskollegen oder Freunden die vermeintlichen Gegner, die ihn von einer Vereinigung mit dem Liebesobjekt abhalten wollen. Im Fall der Studentin Anna versuchte ihr Verfolger, einen ihrer Freunde zu überfahren. In einem anderen Fall übergoss ein liebeskranker Mann das Auto eines Angehörigen mit Benzin und zündete es an. Und auch im folgenden Fall reagierte der Stalker aggressiv auf den Ehemann der Frau, die er wegen einer einzigen Nacht unerbittlich verfolgte:

Hannoversche Neue Presse vom 24.07.1999

Haftstrafe für monatelangen Terror

Es war nur ein Techtelmechtel, eine gemeinsame Nacht – doch für Susanne D. wurde sie im Nachhinein zum Albtraum. Ihr Zufallsbekannter entpuppte sich als Psychopath. Monatelang terrorisierte Mirko H. (32) Susanne und ihre Familie. Eine verhängnisvolle Affäre …

Auch für den Verfolger. Der muss für drei Jahre und zehn Monate hinter Gitter. Die Strafe fiel so hoch aus, weil er Wiederholungstäter ist. Mirko H. sei jedoch nicht so krank, dass eine Einweisung in die Psychiatrie gerechtfertigt sei, erklärte ein Gutachter.

Susanne D. hatte Mirko H. Mitte Februar 1998 kennengelernt – ein gut aussehender dunkelhaariger Mann. Sie traf ihn ein weiteres Mal, dann rief er bei ihr zu Hause an. Und eines Abends, Ende Februar, stand er vor ihrer Tür. Sie habe sich überreden lassen, ihn hereinzubitten, sagte die Frau vor Gericht. Sie hätten etwas getrunken, dann sei es zum Sex gekommen. Sie habe das sogleich bereut und Mirko H. erklärt, dass sie den Kontakt sofort abbrechen wolle, um ihre Ehe nicht zu gefährden.

Da begann der Terror: H. rief Tag und Nacht an, lauerte vor der Haustür, klingelte. Schließlich beichtete Susanne D. ihrem Ehemann den Seitensprung. Er stellte sich auf ihre Seite, wurde seitdem ebenfalls von H. drangsaliert. „Ich wollte, dass sie sich bei mir entschuldigt", erklärte der Angeklagte im Prozess. Schließlich habe sie ihn sexuell benutzt. Schuldgefühle zeigte er nicht. Susanne D. litt so sehr unter H.s Terror, dass sie zeitweise nicht arbeitsfähig war. Ihr Anwalt erwirkte eine einstweilige Verfügung: Der Peiniger durfte sich ihrem Haus nicht weiter als auf 50 Meter nähern. Das stachelte den Mann offenbar erst richtig an. Das Telefon stand nicht mehr still – bis zu 131 Anrufe pro Tag – und Nacht. H. drohte der Frau mehrfach, er werde sie mit einer Axt erschlagen. Er drang in ihre Wohnung ein, schlug den Ehemann.

Erst eine vorläufige Einweisung in eine Klinik, die D.s Anwalt durchsetzte, beendete den Nervenkrieg. Da erfuhr die Frau auch, dass Mirko H. bis vor kurzem seine Exfreundin ein Jahr lang drangsaliert hatte. Weil er ihr mit einem Elektroschocker und der Entführung ihres Kindes gedroht hatte, war er zu 15 Monaten Haft verurteilt worden.

Diesmal forderte die Staatsanwältin dreieinhalb Jahre. Die Richter gingen noch vier Monate darüber hinaus. Außerdem verurteilten sie H. zur Zahlung von 10.000 Mark Schmerzensgeld.

Annette Rose

Der Expartner

»Du wirst nicht zur Ruhe kommen, wenn du gehst.«
Ein 43-jähriger Mann, der nach 14 Jahren Ehe
von seiner Ehefrau verlassen wurde.

Offensichtliche Fälle von Psychoterror sind für die Gerichte relativ einfach zu bewerten. Viel schwieriger ist es, wenn der Expartner zum Verfolger wird. Amerikanischen Untersuchungen zufolge findet man in der Gruppe der Expartner die gravierendsten Stalking-Fälle, die psychologisch besonders komplex sind, da Täter und Opfer teilweise Jahrzehnte gemeinsam verbrachten und ihre gegenseitigen Schwächen, Gewohnheiten und Empfindsamkeiten besonders gut kennen. Oft sind auch gemeinsame Kinder im Spiel, durch die der Expartner auf sein Opfer extremen Druck ausüben kann.

Die wenigsten dieser Fälle dringen an die Öffentlichkeit. Zu groß ist die Angst der Betroffenen, dass ihr Expartner gewalttätig wird. Natürlich spielt materielle Abhängigkeit ebenso eine Rolle wie die Furcht vor dem Gerede von Freunden, Arbeitskollegen und Bekannten. Manche Opfer bringen trotz fortgesetzter massiver Bedrohung sogar immer noch Verständnis auf: »Naja, der flippt halt schnell mal aus«, heißt es dann. Andere kommen sich aus falsch verstandener Rücksicht auf den Ehemaligen als Denunzianten vor und ziehen es vor, zu schweigen, anstatt sich zur Wehr zu setzen. »Er ist einerseits ein Monster, andererseits ein Ehemann und der Vater deiner Kinder«, beschreibt eine 49-jährige Frau den Zwiespalt, in dem sie sich nach der Trennung von ihrem Ehemann befand.

Nur selten können Stalking-Fälle innerhalb der Familie geregelt werden. Die Hoffnung, dass ein vermittelndes Gespräch den Täter von seinem Fehlverhalten überzeugt, ist vielfach naiv. Zuweilen mündet solche Gutmütigkeit in Gewalt oder sogar Mord. In der Gruppe der stalkenden Expartner, die die Trennung nicht akzeptieren, sind die meisten kriminellen Taten zu verzeichnen.

So wie im Fall einer 41-jährigen Berlinerin, über deren Martyrium das Berliner Boulevardblatt »B. Z.« berichtet:

B.Z. vom 5.07.1997

Wedding – Er prügelte sie krankenhausreif. Zerstörte ihre Wohnung. Quält sie mit Telefonterror, Morddrohungen. Weil er will, dass sie zu ihm zurückkehrt.

Wenn Liebe zum Alptraum wird: Der Fall der Sylvia H.(41)

Die zierliche Hauswartin hat Todesangst. Vor ihrem Noch-Ehemann, dem Bosnier Hidajet H. (31). Der früher mal zärtlich war. Gegen den sie inzwischen über 30 Strafanzeigen gestellt hat. Wegen Körperverletzung, Nötigung, Bedrohung, Sachbeschädigung, versuchter Brandstiftung. Genützt hat's ihr nichts. Die Frau ist verzweifelt: „Mein Ex will mich umbringen, warum hilft mir keiner?" Sylvia H. hat den Glauben an Gerechtigkeit verloren. Denn durch eine Bewährungsstrafe ist ihr Peiniger immer noch auf freiem Fuß.

Rückblick Juni '95. Sylvia lernt Hidajet in einer Kneipe kennen, verliebt sich in den charmanten Moslem. Liebesheirat im August '96: die Eintrittskarte zur Hölle. „Drei Wochen nach der Hochzeit fing es an", erinnert sie sich, „Hidajet trank, drehte durch. Er schlug mich, randalierte." Die Gewaltausbrüche des Gelegenheitsarbeiters wiederholten sich. Immer wieder ist Sylvia mit blauen Flecken übersät. Am 2. Juni flieht sie mit Sohn Marcus (17) zu ihrer Mutter Anneliese (75), reicht die Scheidung ein.

Der Bosnier Hidajet – schon einmal quälte er eine Frau. Im Herbst 1993 verliert er sein Herz an die Raumpflegerin Manuela A. (25). Seine Liebe bleibt unerwidert. Fanatisch verfolgt er sie. Prügelt, droht, bricht in ihre Wohnung ein: 40 Strafanzeigen. Der Eklat: Bei einem Streit geht Manuelas herzkranker Vater dazwischen, stirbt an Herzschlag. Am 19.2.97 urteilt das Amtsgericht: fahrlässige Tötung. Hidajet bekommt 18 Monate auf Bewährung. Manuela ist auf der Flucht vor Hidajets Liebe untergetaucht, hat eine Geheimnummer. Doch für Sylvia geht der Terror weiter. „Ständig lungert Hidajet vor der Haustür herum. Komme ich heraus, bedroht oder verprügelt er mich", so Sylvia.

„Letzte Woche hat er eine Zange durchs Wohnzimmerfenster geschmissen. Und vor ein paar Tagen übergoß er die Wohnungstür mit Spiritus, wollte sie anzünden." Dabei schnappt ihn die Kripo, läßt ihn aber wieder laufen: Hidajet behauptet, er hätte die Tür nie angezündet. Der Amtsanwaltschaft liegt ein Sammelvorgang von elf Anzeigen vor. Justizsprecherin Michaela Blume: „Wir sind dran. In den nächsten Wochen wird Anklage erhoben." Doch bis dahin kann Hidajet weiter sein Unwesen treiben. Sylvia H. ist verzweifelt: „Ich lebe wie im Gefängnis."

Katrin Nürnberger

In den meisten Fällen sind es Männer, die die Trennung von ihrer ehemaligen Lebensgefährtin nicht akzeptieren wollen. »Oftmals«, so die Kieler Rechtsanwältin Kirsten Luxenburg, die sich auf Gewaltopfer spezialisiert hat, »kann man in der früheren Liebesbeziehung schon ein hierachisches Beziehungsmuster erkennen, das nach der Trennung in Stalking umschlägt und häufig leider mit Gewalt endet.«

Ihrer Erfahrung nach mögen die meisten Männer nicht hinnehmen, dass die bis dahin untergeordnete Frau plötzlich eigene Stärken entwickelt und sich trennt. »Bei Gewaltdelikten geht es fast immer um Macht«, sagt Anwältin Luxenburg. »Der Mann, der seinen Machtanspruch durch die Trennung gefährdet sieht, reagiert mit Druck. Stalking ist immer auch der Versuch, Macht zu erhalten.«

Von »Aufmerksamkeitsmacht« spricht der Hamburger Soziologe Heinz Bude. »Ich finde wirklich statt, denn du musst dich mit mir beschäftigen, wenn ich es will«, beschreibt er die Haltung des Täters. Untersuchungen ergaben, dass Stalker oftmals ein Hochgefühl erfahren, wenn sie Details aus dem Leben des anderen recherchiert haben und beim Opfer damit aufwarten.

Auch bei homosexuellen Männern findet man den Stalker-Typ des Expartners, was sicherlich an der geringeren Auswahl an möglichen Beziehungspartnern liegt und der damit verbundenen Einsamkeit nach einer Trennung. Ein Mann, der sich nach einer zweijährigen Beziehung von seinem Freund getrennt hatte, wurde anschließend mit Telefonterror und der ständigen Präsenz des Expartners vor der Haustür belästigt. Die Eltern, die bis dahin nichts von den Neigungen ihres Sohnes wussten, erfuhren erst über diese Affäre von der Homosexualität ihres Sohnes. Die Situation eskalierte, nachdem der Stalker auf das Nachbarhaus geklettert war, um die Wohnung seines Expartners besser einzusehen. Jahre später danach befragt sagte er: »Ich war superverliebt und wollte meinem Exfreund zeigen, wie wichtig er mir ist.«

Manchmal sind die Konstellationen auf den ersten Blick nur schwer durchschaubar, wie der Fall eines hohen Richters in New York beweist: Joy Silverman, eine Dame der New Yorker Society und als Spendenbeschafferin der Republikanischen Partei mit besten Kontakten zur Politik ausgestattet, wurde geraume Zeit belästigt – durch vulgäre Anrufe und ordinäre bis obszöne Briefe. Auch ihre 14-jährige Tochter wurde behelligt, etwa durch einen Brief, dem ein Kondom beigefügt war. Schließlich forderte der Stalker 20.000 Dollar, verbunden mit der Drohung, er würde andernfalls kompromittierende Fotos von Frau Silverman und ihrem derzeitigen Lover veröffentlichen.

Silverman wandte sich an ihren alten Bekannten William S. Sessions, Chef des FBI. Dieser setzte seine Agenten auf den Fall an, zuletzt waren es 80 Beamte. Die Telefonüberwachung ergab, dass die Anrufe von ein und demselben Handy entweder aus einem Kasino in Reno, Nevada, einem Privatclub in New York oder aus Louisville und schließlich aus einer Telefonzelle in Roslyn, New York, kamen.

Auf Anweisung des FBI willigte Silverman ein, die Summe zu zahlen. Sie folgte dem Vorschlag des Erpressers: Treffpunkt für die Geldübergabe sollte die Wäscherei Shanley mitten in Manhattan sein. Das FBI überwachte die Gegend. Plötzlich näherte sich eine schwarze Dienstlimousine, die einige Male um den Block rollte, dann aber mit hoher Geschwindigkeit davonfuhr. Den FBI-Leuten gelang es, den Wagen zu stoppen.

Der Fahrer war Sol Wachtler, Chief Justice of the New York State Court of Appeals, der Chefrichter des Appellationsgerichts, höchstes Gericht des Bundesstaates New York. In seinem Auto fanden die Agenten eine elektronische Vorrichtung, um die Telefonstimme zu verzerren. Das FBI hatte bereits in verdeckten Ermittlungen festgestellt, dass sich Wachtler zur Zeit der Telefonüberwachung an den genannten Orten aufgehalten hatte. Wachtler und Silverman hatten acht Jahre zuvor eine Affäre miteinander gehabt, die Silverman beendet hatte. Wachtler hoffte, dass Joy Silverman aus Angst vor dem anonymen Erpresser bei ihm Hilfe und Schutz suchen würde und er sie so zurückgewinnen könnte. Wachtler verlor seinen hoch dotierten Job und wurde zu 15 Monaten Gefängnis verurteilt.

Dass der Wahn sogar bis zum Mord führen kann, zeigt ein tragisches Familiendrama aus dem Bergischen Land. »Es ging um Geld – aber auch um eine enttäuschte Liebe«, titelte »Bild am Sonntag« am 1.3.1998. Der liebeskranke Physik- und Chemielehrer Rainer H., 44, kam trotz einer neuen Beziehung mit einer 21-jährigen Thailänderin nie darüber hinweg, dass seine Exfrau, ebenfalls Lehrerin, sich vor sechs Jahren von ihm hatte scheiden lassen. »Seit Jahren«, so ein Polizeisprecher, »gab es finanzielle Streitigkeiten zwischen den geschiedenen Eheleuten.« Rainer H. hatte seine Exfrau immer wieder bedroht, wurde zum Schluss sogar handgreiflich.

»Ich habe Angst, dass Rainer mich umbringt«, schrieb Irmgard H. ihrem Bruder, nachdem sie ihn bei der Polizei angezeigt hatte. Nachdem er zunächst das Scheidungsverfahren hinausgezögert hatte, versuchte er, seine Exfrau bei jeder Gelegenheit zu denunzieren. In einem Brief an den Regierungspräsidenten behauptete er zum Beispiel, dass nicht sie, sondern er die Arbeit für ihr zweites Staatsexamen geschrieben habe. Schließlich manipulierte er ihr Auto so, dass das Umdrehen des Zündschlüssels einen Sprengsatz unter dem Fahrersitz zur Detonation brachte. Die Frau verbrannte gemeinsam mit einer Kollegin, einer Mutter von vier Kindern, mit der sie nach Hause fahren wollte, in ihrem eigenen Auto.

Der Amsterdamer Psychiater Dr. A. P. de Boer, der über das Phänomen Mord aus Leidenschaft promoviert hat und inzwischen Stalker und deren Opfer in seiner Praxis therapiert, stellte bei seiner Recherche fest, dass der Tötung eines Lebenspartners in 20 Prozent der Fälle Stalking vorangegangen war.

Bis heute kennt das deutsche Strafrecht den Tatbestand »Stalking« nicht. Daher können Polizeibeamte auch nicht präventiv einschreiten. Dagegen dürfen Polizisten in den USA schon bei den ersten Anzeichen von Stalking tätig werden (siehe Seite 201 ff.). In Österreich besteht immerhin dic Möglichkeit, juristisch wirksam gegen Gewalttäter im eigenen Haus einzuschreiten und den Wüstling mit staatlicher Gewalt für mindestens sieben Tage der gemeinsamen Heimstatt zu verweisen. Dort gilt seit Mai 1997 das sogenannte Wegweisungsrecht. Das Opfer, aber auch Nachbarn, die ungewöhnliche Geräusche hören, können die Polizei rufen und Schutz beantragen. Die Polizei ist nach dem Gesetz zum Eingreifen verpflichtet. Sie muss den gewalttätigen Partner der Wohnung verweisen und anordnen, dass er das Opfer während der folgenden sieben Tage weder belästigt, noch kontaktiert oder irgendwelche Annäherungsversuche unternimmt. Binnen 24 Stunden nach einer Wegweisung informiert die Polizei dann eine der in Österreich eigens eingerichteten Interventionsstellen. Die Mitarbeiterinnen nehmen dann Kontakt zu den Frauen auf und helfen bei juristischen Fragen oder der Suche nach passenden Hilfseinrichtungen. Bis Ende 1998 wurden immerhin 2673 Wegweisungen und Rückkehrverbote verfügt.

Im nordspanischen Girona läuft seit August 1999 ein Pilotprojekt, das sieben Frauen gegen mögliche Gewaltakte von Expartnern schützen soll. Alle Frauen tragen ein spezielles Armband mit einem Notrufmechanismus. Bei drohender Gefahr können sie über einen Knopf Polizeischutz anfordern. Seit ein Mann 1997 seine Exfrau bei lebendigem Leib verbrannte und in kurzer Folge weitere schreckliche Morde an Expartnerinnen passierten, gibt es vermehrt Bemühungen von offizieller und gesellschaftlicher Seite, den »Machismo« einzudämmen, der Gewalt gegen Frauen traditionell als etwas Naturgegebenes betrachtet. Die Statistik gibt den Bemühungen Recht: Während 1997 in Spanien noch 91 Frauen von ihren Expartnern ermordet wurden, waren es 1998 nur noch 35 und bis September 1999 noch 28. Plakate mit dem Slogan: »Wenn er dich schlägt, liebt er dich nicht. Zeig ihn an!« und Programme zur Bewusstmachung des Problems bei Polizei, Justiz und Verwaltung scheinen sich durchzusetzen und betroffene Frauen zu schützen.

In Deutschland ist das Eingreifen weitaus schwieriger. Bei häuslicher Gewalt dürfen die gerufenen Polizeibeamten den Gewalttäter allenfalls für 48 Stunden in Gewahrsam nehmen oder die geprügelte Ehefrau in ein Frauenhaus bringen. Zu einer weiteren strafrechtlichen Verfolgung kommt es nur in schwerwiegenden Fällen oder nach einer Anzeige des Opfers. In der Regel sehen die Betroffenen allerdings von einer Anzeige ab, da sie dadurch eine Eskalation der Situation befürchten.

Im Oktober 1999 lag dem deutschen Bundestag ein Gesetzentwurf über die Ächtung von Gewalt als Erziehungsmittel vor. Damit soll familienrechtlich, also im Bürgerlichen Gesetzbuch, festgeschrieben werden, dass jedes Kind das Recht auf eine gesunde Erziehung ohne Gewalt hat. Denn nachweislich werden Kinder aus Gewaltbeziehungen später selbst eher zu Gewalttätern. »Es reicht heute nicht mehr, Gewalt zu bestrafen. Wir müssen die Ursachen bekämpfen«, sagt Bundesjustizministerin Hertha Däubler-Gmelin. Eltern müssten an ihre Verantwortung erinnert werden, so die Ministerin. Eine Bund-Länder-Kommission soll nun prüfen, inwieweit das Wegweisungsrecht für Deutschland übernommen werden kann. Justizministerin Herta Däubler-Gmelin hält, wie auch ihre Kollegin Christine Bergmann aus dem Frauen- und Familienressort, eine Regelung für dringend geboten.

»Ich kreise immer um dich herum ...« – Morddrohungen am Telefon

Ein Ehemann belästigt seine Frau, die mit dem 8-jährigen Sohn und der 14-jährigen Tochter getrennt von ihm lebt, mit Telefonterror. Hintergrund: Die damals 45-Jährige hat ihren gewalttätigen Mann nach 14 Jahren Ehe verlassen und wird seitdem von ihm verfolgt. Den hier wiedergegebenen Telefonaten, die etwa ein halbes Jahr nach ihrem Auszug an einem Sonntagvormittag geführt wurden, war ein Gerichtsurteil vorausgegangen, das dem 43-Jährigen ein Besuchsrecht für die gemeinsamen Kinder an jedem Montag und Donnerstag einräumt. Der daraufhin an jedem Wochenende einsetzende Telefonterror begann jeweils früh am Morgen und hatte immer einen vorgeschobenen Kinobesuch mit dem Sohn zum Anlass.

Vater: »*Mein Sohn will zu mir kommen und du untersagst es ihm ...*«
Mutter: »*Der Richter hat dir gesagt, du sollst ...*«
Vater: »*Welcher Richter? Du, ich stech dich ab! Aber wie, und deine Ratte (gemeint ist der neue Lebensgefährte der Frau) auch. Ja, da hilft dir kein Richter mehr. Das wirst du erleben. Du hast keine ruhige Minute mehr. Ich hab's im Guten versucht. Aber wenn du meine Kinder fertigmachst, da kenn ich kein Pardon. Nur wenn die Ratte da ist, dann bist du so. Deine scheiß miese kleine Ratte kriegt nicht mal das Maul auf. Aber du weißt: Ich kriege dich! Und ich kriege ihn!*«
Mutter: »*Ich will nicht mehr deine Drohungen hören.*«
Vater: »*Dann lass meinen Sohn kommen.*«
Mutter: »*Ich lasse mich nicht erpressen.*«
Vater: »*Ich erwische dich! Denk daran: Ich kreise immer um dich herum. Und eines Tages sticht die Biene zu.*«
Mutter: »*Ist gut. Ich habe keine Lust mehr, mit dir zu reden. Dein Sohn kommt nicht und Schluss.*«
Vater: »*Miststück.*«

Die Mutter hat kaum aufgelegt, da klingelt das Telefon erneut.

Vater: »*Du bist so eine Ratte geworden. Du machst deinen Sohn so fertig.*

Du bist so … – also nee, meine Wut, die steigert sich dermaßen. Ich greife dich!«

Mutter: »*Bist du fertig?*«

Vater: »*Ich bin nicht fertig. So geht das nicht, was du machst, mir meine Kinder kaputtmachen. Das lass ich nicht zu.*«

Mutter: »*Ich mach deine Kinder nicht kaputt.*«

Vater: »*Das lass ich nicht zu. Du machst sie kaputt. Du bist gerade dabei. Den armen Kerl machst du so fertig. Und der kann sich nicht wehren.*«

Mutter: »*Und du drohst ihm, du willst ihn nicht sehen, wenn er nicht tut, was du willst. Klasse!*«

Vater: »*Guck an, wie du aussiehst. Wie abgemagert! Wie dein Männlein. Guck mal rein in den Spiegel. Früher sahst du gut aus.*«

Mutter: »*Wenn man so einen Telefonterror hat!*«

Vater: »*Ich hab was gemacht aus dir. Du sahst gut aus. Sexy – alles.*«

Mutter: »*Toll.*«

Vater: »*Lass meinen Sohn raus.*«

Mutter: »*Unser Sohn geht heute nicht.*«

Vater: »*Der kommt. Oder es gibt Krieg.*«

Mutter: »*Der kommt heute nicht. Nicht unter diesen Bedingungen.*«

Vater: »*Der kommt. Du wirst mich erleben, aber wie.*«

Mutter: »*Der kommt nicht.*«

Vater: »*Aber wie du mich erleben wirst. So kennst du mich noch nicht. Wenn du so einen Terror machst.*«

Mutter: »*Der kommt heute nicht!*«

Vater: »*Du Rutte.*«

Sie legt auf, es klingelt erneut.

Mutter: »*Ja, was ist denn.*«

Vater: »*Du, willst du wirklich den Krieg? Ich hab dich oft genug gewarnt. Irgendwann reicht mir das.*«

Mutter: »*Ich will keinen Krieg. Aber wenn ich sage …*«

Vater: »*Rede nicht so eine Scheiße zusammen. Du machst Krieg.*«

Mutter: »*Ich hab zu tun. Ich will keinen Krieg. Lass das jetzt mal.*«

Vater: »*Du machst schon die ganze Zeit Krieg.*«

Mutter: »*Ich mach keinen Krieg.*«

Vater: »*Du machst schon die ganze Zeit Krieg.*«
Mutter: »*Ich mach Krieg, indem ich nicht immer mache, was du willst.*«
Vater: »*Guck, was du alles angerichtet hast. Und du denkst, das bleibt ohne Folgen.*«
Mutter: »*Ich will nicht mehr so reden. Wir hören jetzt auf.*«
Vater: »*Ich will meinen Sohn noch mal sprechen.*«
Die Mutter fragt den Sohn im Hintergrund. Er will nicht ans Telefon kommen.
Vater (brüllt): »*Das ist das Ende. Du wirst das büßen.*«
Mutter: »*Du hast ihn selber gehört.*«

Sie legt auf. Es klingelt wieder.

Vater: »*Du wirst mich noch erleben, und du glaubst es einfach nicht. Das ist das Tragische an dir. Du tust mir schon leid. Du glaubst es nicht, aber so weit ist es. Ich hab nichts zu verlieren. Ich hab dich oft genug gewarnt.*«
Mutter: »*Ich mache nicht, was du willst.*«
Vater: »*Am Ende tust du doch, was ich will. Ich will meinen Sohn noch mal sprechen.*«
Sohn im Hintergrund: »*Ich hab keinen Bock.*«
Vater: »*Sag ihm, ich will ihn sprechen. Sonst braucht er morgen erst gar nicht kommen.*«

Der Sohn kommt widerwillig ans Telefon.

Vater: »*Du brauchst morgen nicht kommen. Das find ich ganz mies von dir, und die Stereoanlage, die ich dir versprochen habe, kannst du auch vergessen.*«
Sohn: »*Okay. Ich kann am Donnerstag kommen.*«
Vater: »*Du brauchst gar nicht zu kommen. Ich versteh nicht, warum du das machst.*«
Sohn: »*Hm.*«
Vater: »*Warum machst du das?*«
Sohn: »*Mama … weiß nicht.*«
Vater: »*Wir haben abgesprochen, dass du kommst. Du kannst einfach zu Mama sagen, ich geh jetzt raus. Und dann kommst du zu mir.*«

Sohn: »*Hm.*«
Vater: »*Warum machst du das denn? Du magst mich nicht mehr.*«
Sohn: »*Doch!*«
Vater: »*Anscheinend nicht. Du hörst ja bloß auf Mama. Guck, was ich für schöne Sachen immer mit dir mache. Von Mama kriegst du nichts, die sagt dir bloß, was du alles nicht darfst. Hey, wir wollten doch den Schweinchen-Film heute angucken, und du hörst auf Mama. Ich finde, dass du sehr traurig bist.*«
Sohn: »*Hm.*«
Vater: »*Gib mir Mama noch mal.*«
Mutter: »*Was ist denn noch?*«
Vater: »*Ich kriege dich.*«
Mutter: »*Ich lasse mich nicht länger von dir erpressen und bedrohen.*«
Vater: »*Du erpresst die Kinder.*«
Mutter: »*Ich erpresse die Kinder nicht. Ich hab deinem Sohn nicht gesagt, dass er nicht mehr hier sein darf, wenn er etwas mit dir macht.*«
Vater: »*Du hast ihn fertig gemacht. Ich werde alles über dich rumerzählen, und ich werde Plakate anbringen von dir.*«
Mutter: »*Dein Sohn möchte dich nochmal sprechen.*«

Der Sohn kommt ans Telefon.

Vater: »*Nee, ich will nicht mit dir sprechen.*«
Sohn: »*Ich komm morgen vorbei und hol meine Rakete und meine Gitarre.*«
Vater: »*Nee, du brauchst gar nicht mehr vorbeizukommen.*«
Sohn: »*Ich möchte meine Sachen abholen.*«
Vater: »*Nee, du hast mich verraten. Ich möchte keinen Verräter hier im Haus haben. Ich will gar nicht mit dir reden. Gib mir Mama noch mal.*«
Mutter: »*Was ist jetzt? Ich habe keine Zeit mehr für diesen Unsinn.*«
Vater: »*Das ist mir egal, ob du Zeit hast oder nicht.*«
Mutter: »*Ja, das ist dir immer egal. Hauptsache, die anderen springen nach deiner Pfeife. Aber ich hab keine Zeit mehr dafür. Tschüss!*«

Kurze Zeit später stand der wütende Ehemann vor der Wohnung seiner Exfrau. Nachdem niemand öffnete und er laut im Hausflur randaliert hatte, trat er die Tür ein. Die gerufene Polizei fand einen konfusen Mann, wimmernde Kinder und eine im Gesicht grün und blau geschlagene Frau vor. Der Arzt diagnostizierte einen Jochbeinbruch rechts.

Inzwischen hat die Frau mehrere Anzeigen unter anderem wegen Beleidigung, sexueller Nötigung, Körperverletzung und Hausfriedensbruch gegen ihren Ehemann gestellt und die Scheidung eingereicht. Nach drei Jahren ist die berufstätige Mutter mit ihren Kindern erneut umgezogen. Allerdings, glaubt sie, sei es nur eine Frage der Zeit, bis ihr Exmann ihre neue Adresse herausgefunden hat.

Der Internet-Stalker

»Du wirst an mich denken. Es mögen keine schönen Gedanken sein, aber du wirst an mich denken!«
Anonyme Mitteilung auf der Stalker-Homepage im Internet unter http://wwww.fiu.edu/victimad/st.htm

Der Internet-Stalker ist ein relativ neues Phänomen. Das junge Medium Internet verleitet zu einer neuen Form von Stalking, der die Rechtsprechung bis jetzt noch nichts Wirksames entgegengesetzt hat. Gerade die Anonymität und die Möglichkeit, in eine andere, erfundene Identität schlüpfen zu können, macht diese neue Form der Verfolgung für den Täter spannend und für das Opfer besonders unheimlich. Denn der Täter, kennt er sich einigermaßen mit Computerprogrammen aus, ist kaum zu identifizieren, die Belästigung nur sehr schwer nachzuweisen.

Jeder, der zu Hause einen Personal Computer (PC) stehen hat, kann sich ans Internet anschließen lassen. Ein Auftrag an die Telefongesellschaft oder an einen sogenannten Provider, eine Firma, die Internetzugänge vergibt, genügt. Sobald der PC ans Telefonnetz angeschlossen ist, besteht die Möglichkeit, ins Internet zu gelangen, das bereits von rund 200 Millionen Menschen weltweit genutzt wird. Über das Internet sind unüberschaubare Mengen von Informationen über alle nur denkbaren Sachgebiete abrufbar.

An diese Informationen gelangt, wer die »Homepage« (deutsch etwa: Stamm- oder Einstiegsseite) desjenigen anwählt, der die gesuchte Information bereithält. Jeder, der einen Internetzugang hat, kann auch eine eigene Homepage einrichten, um anderen Informationen anzubieten.

Außerdem kann man über das Internet persönliche Nachrichten verschicken und empfangen. Diese Nachrichten werden E-Mail (Electronic Mail = elektronische Post) genannt. Um eine Nachricht zu versenden, braucht man, wie bei der Deutschen Post AG auch, eine Adresse, damit die elektronischen Briefe auf dem richtigen Computer zugestellt werden. Jeder Adressat kann die Buchstaben- und Zeichenfolge seiner Adresse selbst bestimmen, vorausgesetzt, sie ist noch nicht an jemand anderen vergeben. Ist die Adresse von der Telefongesellschaft oder dem Provider bestätigt, kann man mit jedem anderen Internetteilnehmer irgendwo auf der Erde elektronische Briefe austauschen, egal ob mit der Nachbarin im Nebenhaus oder dem Hafenkapitän auf den Cook-Inseln – und das zu den Kosten eines Ortsgesprächs.

Und schließlich kann man im Internet auch »chatten« (deutsch etwa: plaudern). Dazu wählt man sich in einen sogenannten »Chatroom« ein, zu dem andere interessierte Internetnutzer ebenfalls Zutritt haben. Mit ihnen plaudert man schriftlich, indem man seine Meinung zu dem gerade behandelten Thema über die Tastatur des PC eingibt. Der Text erscheint, wie die Äußerungen der anderen auch, als Schrift auf dem Bildschirm.

Weder auf der Homepage noch in der E-Mail-Adresse noch im Chat muss man seinen richtigen Namen oder einen sonstigen Hinweis auf seine Identität angeben. Man kann anonym bleiben. Dass sich hier ein weites Betätigungsfeld für Stalker auftut, liegt auf der Hand.

Wie Internet-Stalking funktionieren kann, illustriert der Fall der 21-jährigen Studentin Cordula, die im ersten Semester an einer Technischen Universität für Wirtschaftsmathematik eingeschrieben war. Schnell hatte sie ihr Herz für das Internet entdeckt und saß oft im Rechenzentrum der Universität, um E-Mails an Freunde zu schreiben. Eines Tages erreichte sie die Mail von einem unbekannten jungen Mann, der sich Thomas nannte. Er schrieb, dass er nicht weit von ihr entfernt sitze und ihr einen Gruß schicken wolle.

Cordula reagierte gereizt auf diese Mail, denn sie fand es seltsam, dass der junge Mann, der anscheinend im selben Raum saß, sie nicht direkt ansprach. Deshalb schrieb sie erst mehrere Tage später zurück und teilte ihm mit, dass sie sein Verhalten etwas merkwürdig fände und ob es nicht viel einfacher wäre, sie direkt anzusprechen. Mit der Zeit entwickelte sich dennoch eine E-Mail-Freundschaft, die mehrere Monate dauerte. Doch Cordula wusste immer noch nicht, wer der geheimnisvolle Kommilitone wirklich war.

Schließlich kam es dann doch noch zu einem persönlichen Treffen, und man verbrachte einen ganzen Tag zusammen. Für den Abend hatte sich die Studentin jedoch mit einer Freundin in einer Discothek verabredet. Ungefragt kam Thomas, die E-Mail-Bekanntschaft, mit. Bereits an diesem Abend legte er ein eifersüchtiges Verhalten an den Tag, als sich Cordula in der Disco auch mit anderen Männern unterhielt. »Du flirtest ja echt mit allen, und dann lässt du sie einfach wieder fallen«, sagte er zu ihr. Für sie stand von diesem Moment an fest, dass dieses erste Treffen auch das letzte gewesen sein würde. Ihr Verehrer schickte ihr nur noch eine letzte E-Mail mit einer angehängten Datei – damit war die persönliche Kommunikation zwischen den beiden beendet – vorerst.

Fortan fand sich die Studentin häufig abends in einem elektronischen Chat-Room ein. Dort tauchte eines Tages auch Thomas auf. Anfangs unterhielten sie sich noch, doch der Dialog endete jedesmal in Beschimpfungen. Er kritisierte ihr Verhalten gegenüber Männern und machte ihr, später auch am Telefon, regelrechte Eifersuchtsszenen. Dann meldete er sich unter falschem Namen in besagtem Chat an. So benutzte er zum Beispiel den Namen eines guten Freundes von ihr, um sie auszuhorchen. Zuweilen mischte er sich auch in Diskussionen zwischen Cordula und anderen Chat-Benutzern ein, die er eigentlich gar nicht hätte mitverfolgen können, und versuchte, sie und ihre Freunde gegeneinander auszuspielen. Auch auf E-Mails, die sie an ihre beste Freundin geschrieben hatte, antwortete er.

Als sie mit einem anderen Internet-User schließlich beratschlagte, wie sie ihn loswerden könne, schickte er ihr eine Mail mit den Worten: »Sag deinem Freund, dass ihr die Kinderspielchen lassen könnt. Ich merke doch eh alles.« Ein andermal schrieb er: »Ich bin kein Tyrann. Ich stehe nur hinter dir und schaue dir über die Schulter.« Die Studentin bekam es mit der Angst zu tun. Sie fühlte sich nicht einmal mehr in ihrer Wohnung sicher. »Die Bedrohungen, Beschimpfungen und Anspielungen auf Dinge, die er nicht wissen konnte, brachten mich zur Verzweiflung. So sehr, dass ich vor meinem Computer saß und teilweise nur noch heulte«, sagt sie.

Weil er sich immer öfter und schärfer in ihre elektronische Kommunikation einmischte, stellte sie ihm eine Falle. In einer fingierten E-Mail an ihre Freundin erfand sie eine Liebesgeschichte mit einem 30 Jahre alten Mann, dem sie angeblich auch schon näher gekommen sei. Diese Erfahrung, schrieb sie, sei sehr schön gewesen. Prompt reagierte der Verfolger und sprach sie bei nächster Gelegenheit auf den angeblichen neuen Freund an. Das war der eindeutige Beweis: Er musste eine Möglichkeit gefunden haben, ihre elektronische Post abzufangen und mitzulesen.

Mit Hilfe eines Freundes, der ein spezielles Programm gegen Computerviren über ihren Computer laufen ließ, fand sie schließlich des Rätsels Lösung: Ein Virus, in Fachkreisen »Trojanisches Pferd« genannt, ermöglichte es ihm, auf ihren Computer zuzugreifen. Er hatte den Virus damals in dem Datenpaket verborgen mitgeschickt, das er ihr nach ihrem ersten und letzten persönlichen Treffen geschickt hatte. Sie hatte das Datenpaket geöffnet und damit den elektronischen Agenten unbemerkt auf ihren Rechner geladen. Das elektronische Paket enthielt ironischerweise einen computeranimierten roten Mund, der ihr Küsse zuwarf.

Provider und Online-Dienste, die den Zugang zum Internet anbieten, wissen um das Problem des Stalkings. Die Anbieter weisen immer wieder darauf hin, dass man angehängte Dateien, auch wenn sie von einem Bekannten stammen, nicht sofort öffnen, sondern zuerst von einem Virenprogramm testen lassen sollte.

Eine weitere Kommunikationsform ist der IRC (Internet Relay Chat), bei dem jeder Benutzer eine IRC-Nummer erhält. Sobald er sich ins Internet einwählt, kann ihn ein anderer IRC-Nutzer umgehend finden. Das ist praktisch, wenn man sich mit Freunden im Netz treffen will, aber auch gefährlich, weil auch weniger Wohlgesonnene sofort wissen, dass man sich gerade online befindet. Den sichersten Schutz bieten IRC-Programme, die den Benutzer praktisch unsichtbar machen.

Weitaus primitiver gehen sogenannte »Spamer« vor. Sie schicken so viele E-Mails zur gleichen Zeit, dass der Empfänger stundenlang mit dem Herunterladen von Mails beschäftigt ist. Das kostet Zeit, Telefongebühren und Nerven. Für solche Probleme gibt es sogenannte Postmaster, die auf Bitte gehalten sind, zu vermitteln oder Abhilfe zu schaffen. Viele Dienste haben jedoch keine wirklich wirksamen Möglichkeiten, lästigen Internet-Stalkern das Handwerk zu legen. So kann es passieren, dass der Postmaster zwar eine Verwarnung ausspricht, aber fortan schweigt, weil er den Kunden nicht vergraulen will. Die gängige Argumentation: Die Post könne schließlich auch nicht in jeden Brief schauen und auf Drohungen oder Belästigungen hin überprüfen oder dem Schreiber gar das Versenden weiterer Briefe verbieten. Oftmals besteht die einzige Hilfe darin, selber zu handeln und den Provider zu wechseln oder sich eine neue E-Mail-Adresse zuzulegen.

Eine andere Spielart des Internet-Stalkings wurde jüngst in Hollywood, Kalifornien, bekannt. Im Frühjahr 1998 bekam die 28-jährige Randi Barber diverse Anrufe von verschiedenen Männern, die sie mit obszönen Worten ansprachen. Wenig später klingelte ein fremder Mann an ihrer Haustür, der aber kurze Zeit später verschwand, weil sie nicht aufmachte. Stattdessen rief der Fremde sie an. »Was wollen Sie von mir? Und warum tun Sie das?«, fragte die inzwischen verunsicherte Randi den Mann. Er erzählte ihr, dass er lediglich auf eine Internetseite mit pornografischem Inhalt reagiere, auf der eine Kontaktanzeige von ihr zu lesen sei.

Barber hatte weder einen Computer, noch war sie jemals durchs Internet gesurft, aber es dauerte nicht lange, da war ihr klar, dass sie das Opfer einer kriminellen Tat geworden war.

Sie ging zur Polizei und zeigte die ominösen Telefonanrufer an. Da die Polizei ihr aber nicht weiterhelfen konnte, wurde sie selber aktiv. Das Ergebnis ihrer Nachforschungen: Ein Stalker pflegte über die E-Mail-Adresse »playfulkitty4U« und »kinkygal30« perversen Sextalk unter ihrem Namen und gab an Dritte ihre Telefonnummer und Adresse weiter. »Ich wollte wissen, wer er ist«, erzählt sie heute. Sie hatte tatsächlich den Mut, auf eigene Faust zu recherchieren.

Anstatt sich eine neue Telefonnummer geben zu lassen, rief sie die unbekannten sexuell interessierten Anrufer zurück und erzählte ihnen, dass sie ein Stalking-Opfer sei. Zwei der angerufenen Männer erklärten sich bereit, ihr zu helfen: Einer schickte ihr Kopien von den E-Mails, die sie angeblich an ihn zurückgeschrieben hatte. Zusätzlich ließ ihr Vater sich einen Online-Anschluss legen, um den anonymen Stalker zu finden. Eine Woche später hatte er die Anzeige gefunden und korrespondierte über die angegebenen E-Mail-Adressen mit dem Unbekannten, der sich in Sicherheit wog. Im August hatten Barber und ihr Vater schließlich ausreichend Beweismaterial gesammelt, um juristisch gegen den Mann vorzugehen.

Mit Hilfe von Computerexperten des FBI verfolgten sie die elektronische Spur zurück: Der Täter war ein zweifach geschiedener 50-jähriger Sicherheitsbeamter, den Barber 1996 zufällig bei einem gemeinsamen Freund kennen gelernt hatte. Er hatte damals ein eindeutiges Interesse an Barber gezeigt, da er ihr aber unangenehm gewesen war, hatte sie ihn abgewiesen. Er ignorierte ihre Ablehnung, schickte stattdessen Blumen und kleine Geschenke, versuchte telefonisch mit ihr Kontakt aufzunehmen und unternahm Anläufe, sie während des Kirchgangs abzufangen. Nachdem schließlich ein Gemeindemitglied dagegen einschritt, hörten die Belästigungen auf. Barber hatte die Geschichte mit dem hartnäckigen Verehrer bereits völlig vergessen, als einige Monate später die obszönen Telefonanrufe einsetzten.

Bevor der Täter schließlich überführt werden konnte, hatte Barber nach der Arbeit zeitweise in ihrem Auto übernachtet, weil sie sich in ihrem leeren Appartement fürchtete. Selbst als ihr Stalker bereits im Gefängnis saß, litt sie noch immer unter Depressionen und fühlte sich psychisch krank. Der Mann gab bei den Vernehmungen zu, dass er eine »innere Wut« auf Barber habe, dass er sogar einen Psychologen aufgesucht hätte, weil er »sich selber nicht bremsen konnte, schmutzige E-Mails zu schreiben«.

Die New Yorker Rechtsanwältin Parry Aftab, die sich auf Internetrecht spezialisiert hat, sagt: »In den Vereinigten Staaten wird Internet-Stalking langsam zum ernsten Problem. Die meisten der Opfer sind Frauen.« Drei Typen von Cyberstalkern hat sie identifiziert:

- **Typ eins** ist der verlassene Freund oder Ehemann oder ein verschmähter Liebhaber, der das Opfer mit E-Mails belästigt, kompromittierendes Material an Freunde und Arbeitskollegen verschickt oder auf eine Homepage stellt.
- **Typ zwei** ist eine Internetbekanntschaft, zum Beispiel aus einem Chat, oder auch ein entfernter Bekannter. Bricht die Freundschaft auseinander, benutzt dieser Tätertyp jedes private Detail, um sein Opfer zu terrorisieren.

- **Typ drei** hat einfach nur Spaß, einen beliebigen Menschen zu jagen. Diese Menschen lieben die Spannung und das Leid des Opfers. In vielen Fällen stellt sich heraus, dass der Verfolger vom Typ drei ein Jugendlicher ist.

Rechtsanwältin Aftab hält Cyberstalking nicht für gefährlich, solange der Verfolger nicht versucht, im täglichen Leben Kontakt mit seinem Opfer aufzunehmen. Allerdings sei es gleichwohl »unheimlich« und könne »starke Angst auslösen«.

Noch sind Fälle wie der der Studentin Cordula oder der von Randi Barber selten. Aber die zunehmende Verbreitung des Internets und die immer leichter zu bedienenden Computer lassen einen Zuwachs beim Internetstalking erwarten. Zugleich aber werden auch die Schutzmöglichkeiten immer ausgefeilter. So traf man bereits in der Frühzeit des Internets gerade in den Chatrooms auf Zeitgenossen, die die anderen Teilnehmer mit fortgesetzten sexuellen Ferkeleien nervten. Inzwischen ermöglicht in jedem Chatroom die Funktion »Unterbinden«, einen umgehenden Kontaktabbruch zum Belästiger.

Die meisten Internetuser sind allerdings freundliche Menschen, die die sogenannte »Nettiquette« beachten, eine Art Knigge für die elektronische Kommunikation. Tatsächlich ist schon so manche Freundschaft oder Ehe durch einen vergnüglichen Chat entstanden.

Der Rache-Stalker

»Ich bringe dich um, du Schwein,
ich mache dich fertig, ich zerstöre dein Leben.«
Aus einem Stalker-Brief

Rachestalking tritt häufig unter Arbeitskollegen, Nachbarn oder in Familien auf. Einzelne Formen gerade am Arbeitsplatz werden auch als Mobbing beschrieben. Eine Studie der Deutschen Telekom, die Anträge für Fangschaltungen analysierte, ergab: Hauptmotive für Telefonterror sind private Streitigkeiten oder Kompetenzgerangel unter Kollegen. Manche dieser Menschen verfolgen auch Politiker, weil sie wütend sind auf die Regierung oder das Programm einer Partei. Dieser Typ von Stalker fühlt sich selbst als Opfer.

Die Geschichte eines 63-jährigen Kielers macht die Wucht fortgesetzter Rachsucht deutlich, aber auch ihre zuweilen ungewöhnlichen Ursachen. Der Mann, in seiner Reihenhaussiedlung als Eigenbrötler bekannt, fühlte sich von seinen Nachbarn, einer jungen vierköpfigen Familie, belästigt. Sobald ihm die Familie zu laut erschien, rief er die Polizei. Als der Frührentner daraufhin von der Familie angesprochen wurde, fühlte er sich bedroht und begann, Briefe mit Beschimpfungen und Verleumdungen in der Nachbarschaft zu verteilen. Danach stellte er mehrere Anzeigen, weil die Familie ihm angeblich Sylvesterknaller in seinen Vorgarten geworfen habe. Mit permanenten Telefonaten versuchte er, die Familie zum Auszug zu drängen.

Nach einer Weile stellte sich heraus, dass der Mann an einem fürchterlichen Trauma litt: Er hatte während des Zweiten Weltkrieges mit seiner Mutter in einem Keller gesessen und den unerträglichen Lärm in unmittelbarer Nähe detonierender Bomben ertragen müssen. Bereits als Kind hatte er also schwere Angstsymptome entwickelt, weil er sich ohnmächtig fühlte, den wahnsinnigen Krach zu stoppen. Jahrzehnte später entlud sich das Trauma nun auf die junge Familie, deren ganz normaler Lautstärkepegel offenbar genügte, um die Erinnerungen an die schreckliche Kindheit und die damit verbundene Ohnmacht wachzurufen.

»Ich sehe mich nicht als Idol«

Interview mit der ARD-Talkmasterin
Sabine Christiansen über heiratswütige Fans,
Stalking und mögliche staatliche Intervention

Frau Christiansen, Sie haben zehn Jahre als Tagesthemen-Moderatorin gearbeitet, jetzt moderieren Sie »Christiansen«, die Talk-

runde am Sonntagabend. Welche Erfahrungen haben Sie mit hartnäckigen Fans gemacht?

Es gibt sehr viele Fans, die mich von den Tagesthemen in Hamburg zu unserer jetzigen Sendung aus Berlin hierher begleitet haben. Viele Briefe, Anrufe und E-Mails zeugen von großer Treue. Darüber freue ich mich natürlich sehr. Es gibt allerdings auch Fälle von besonderer Hartnäckigkeit, darunter solche, die jeden Tag schreiben oder trickreich versuchen, persönliche Nähe herzustellen.

Haben Sie schon heiklere Fälle erlebt?

Ja sicher. Es gibt Fans mit Heiratsangeboten. Fans, die glauben, es könnte sich vielleicht eine sehr persönliche Beziehung zu meiner Person aufbauen lassen und mehr. Diese Schreiben oder Anrufe sortieren wir gleich aus. Ich lese sie nicht.

Haben Sie den Eindruck, dass diese aggressive Form des Fankults in den letzten Jahren zugenommen hat?

Bei uns nicht. Für andere Sendungen mag das gelten, zum Beispiel für Nachmittags-Talkshows, in denen sehr persönliche Themen zur Sprache kommen und die Zuschauer möglicherweise eine andere Vertrautheit zu den Moderatoren empfinden.

Wenn Sie diese Menschen beschreiben sollten: Welche Gemeinsamkeiten haben Sie festgestellt, welche Charaktere neigen besonders zum Stalking?

Ich sehe an der Zuschauerpost, dass viele Briefe von Menschen stammen, die sehr einsam sind. Manche fühlen sich aus welchen Gründen auch immer aus der Gesellschaft ausgeschlossen und leiden unter ihrem Einzelgängertum. Womöglich haben diese Leute Kontaktprobleme und lernen nicht so schnell neue Bekannte kennen. Von diesen Briefeschreibern hat nie einer erwähnt, dass er verheiratet ist oder überhaupt Menschen in seiner Umgebung hat. Auch die

Schilderungen des jeweiligen Tagesablaufs zeugen von großer Einsamkeit.

Welche Grundtypen von manischen Fans haben Sie in Ihrer 17 Jahre dauernden Fernsehkarriere ausgemacht?

Da sind einmal die, die mal vier Monate lang regelmäßig Blumen geschickt haben. Dann geben sie auf und machen bei einer anderen Kollegin weiter. Ich halte diesen Typus für relativ harmlos. Die anderen kann man auf keine bestimmte Kategorie festlegen.

Wie fühlen Sie sich, derart zum Idol erhoben zu werden?

Ich sehe mich nicht als Idol. Wer die Zuschauerpost durchguckt, stellt fest, dass sich 90 Prozent der Briefe um Sendeinhalte drehen. Die, von denen wir hier reden, sind die Ausnahmen. Die setzen sich nicht mit der Sendung, nicht mit dem Thema, den Gästen, nicht mit der Arbeit der Moderatorin auseinander.

Sehen Sie einen Zusammenhang zwischen der Zunahme von Stalking und dem größeren Fernsehangebot mit seiner Jagd nach Einschaltquoten?

Das ist schwer zu sagen, denn erst seit kurzer Zeit wird bei uns auch öffentlich über Stalking gesprochen. Die Dunkelziffer Betroffener dürfte daher hoch sein. Ich könnte mir allerdings eine Zunahme vorstellen – aus zwei Gründen: Erstens leben wir in einer Gesellschaft mit einer steigenden Zahl von Singles. Die Vereinsamung nimmt zu. Zweitens suchen viele den Ausweg daraus nicht in verstärkten persönlichen Kontakten, sondern über die Medien, über das Internet oder das Fernsehen und die dort agierenden Personen, die dem Zuschauer sehr vertraut sind. Das Massenmedium Fernsehen zum Beispiel schafft gleichzeitig Distanz und Nähe. Die Nähe wird hergestellt durch Großaufnahmen oder durch bestimmte Themen, die es früher nicht gab. Zugleich ist ein einsamer Mensch durch die Distanz geschützt und kann Dinge schreiben, die er im direkten Gespräch niemals äußern würde. Diese Mischung aus einer angeblichen Vertrautheit, aber zugleich auch relativ anonymen Sicherheit begünstigt Stalking womöglich.

Aber wenn das Problem noch zunimmt, muss es bald eine Lösung geben. Was schlagen Sie vor?

Zunächst einmal müssen Menschen, die von anderen – auf welche Weise auch immer – beharrlich verfolgt werden, die Öffentlichkeit suchen und sich trauen, dieses Problem in der Familie, am Arbeitsplatz oder auch bei der Polizei anzusprechen. Viele Betroffene haben Angst, als ein wenig verrückt dazustehen oder sich die Verfolgung nur einzubilden – darüber muss man sich hinwegsetzen.

In den USA, Kanada und Großbritannien gibt es bereits rigorose Anti-Stalking-Gesetze. Hielten Sie solche Gesetze auch in Deutschland für sinnvoll?

Ich halte es für angemessen, dass sich der Gesetzgeber erst einmal ausführlich mit diesem Phänomen beschäftigt, denn das ist noch nicht passiert. Schon den Begriff Stalking kennt hier keiner, und ein deutsches Wort gibt es nicht. Erst langsam fängt man hierzulande an zu begreifen, welche Gefahren da womöglich lauern, ich denke nur an Fälle wie den von Arabella Kiesbauer.* Es ist wirklich schwer, jemandem klarzumachen: Ich werde von einem Verrückten verfolgt, der sich einbildet, mit mir irgendwie verbunden zu sein. Deshalb ist es ganz wichtig, dass Polizeibeamte auf diesem Feld geschult werden, so wie bei anderen schwer durchschaubaren Delikten wie Wirtschafts-, Drogen- oder Internetkriminalität auch. Dann kann jeder Streifenbeamte das Opfer an die Spezialeinheit verweisen. Dort sitzen dann Psychologen und Therapeuten, die sich mit nichts anderem beschäftigen. Auf diese Weise bekämen wir auch eine verlässliche Statistik darüber, wie gravierend das Problem tatsächlich ist. Bislang geht man doch immer von Einzelfällen aus. Hat man Klarheit gewonnen, dann können auch Justiz und Sicherheitsbehörden nicht mehr daran vorbei.

* Am 9. Juni 1995 explodierte in der Redaktion des TV-Senders Pro7 ein an die Moderatorin Arabella Kiesbauer adressiertes Paket und verletzte eine Mitarbeiterin.

5. Das instabile Selbst

Die psychologischen Hintergründe des Stalkings

»Jede Persönlichkeitsstörung ist auch
eine Beziehungsstörung.«
Kommentar auf einer Homepage im Internet

»Kein Mensch ist ganz frei von Obsessionen«, schreibt Maurice Rappaport, ehemaliger Präsident der Psychiatrischen Gesellschaft von Nordkalifornien: »Daraus wird aber eine psychische Störung, wenn die Besessenheit zum zentralen Lebensinhalt wird, zu dem einen Thema, das alle Gedanken beherrscht.«

Stalking beherrscht alle Gedanken – und hat dennoch nichts mit Liebe zu tun. Wer liebt, will seinen Partner glücklich machen. Wird er verlassen oder bleibt die Liebe unerwidert, ist er traurig und verletzt, denn Trennung oder Ablehnung haben immer mit Zurückweisung zu tun. Ein geistig gesunder Mensch ist in sich so stabil, dass er den Liebesschmerz erträgt. Sein verletztes Selbstwertgefühl regeneriert sich nach einer Weile. Das Leben geht weiter.

Ein Stalker erholt sich nicht. Sein ganzes Denken, Fühlen und Handeln dreht sich nur noch um das Liebesobjekt. Stalker bleiben auf ihr Objekt fixiert, alles andere bedeutet nichts mehr. Stalker sind meistens Menschen, die nicht loslassen können. Sie machen es sich zur Lebensaufgabe, einen Menschen, dem sie nichts bedeuten, zu verfolgen und zu belästigen, in der irrigen Annahme, dadurch die Liebe dieser Person gewinnen zu können. Amerikanische Wissenschaftler interpretieren Stalking mittlerweile als eine abnorme oder extreme Ausprägung der Partnerwahl.

Ein Blick in die angloamerikanische Fachliteratur zur Psychologie des Stalkings bestätigt vor allem eines: Eine generelle Einordnung gibt es nicht. Stalking ist ein psychologisches Querschnittsphänomen – Motive und Ursachen, wie Psychosen, Depressionen, Persönlichkeitsstörungen oder Neurosen, sind vielfältig. Das Phänomen ist alt: Psychiater haben

Formen von Stalking schon seit Ende des 19. Jahrhunderts als Liebeswahn oder Erotomanie diagnostiziert. Offenbar ist die Psyche des Stalkers nicht mit einem universellen Raster zu erklären.

Die australischen Forscher Paul E. Mullen und Michele Pathé kommen in einer 1994 veröffentlichen Studie zu dem Ergebnis, dass Expartner die größte Gruppe von Stalkern stellen. Zu dieser Gruppe gehören auch solche, die nur oberflächlich mit dem Opfer bekannt sind. Die Täter dieser Gruppe leiden teilweise an Persönlichkeitsstörungen wie Narzissmus oder Borderline-Störungen (siehe Seite 157).

Bei der zweiten, wesentlich kleineren Gruppe handelt es sich um Menschen, deren Motiv in englischsprachigen Ländern als Erotomanie bezeichnet wird. Sie leiden unter paranoiden Psychosen (siehe Seite 158), die dem schizophrenen Formenkreis (siehe Seite 158) zugeordnet werden oder an anderen psychischen Erkrankungen wie endogenen Depressionen (siehe Seite 159). Zu diesen Störungen kommt der Liebeswahn begleitend hinzu. Der Unterschied zur ersten Gruppe besteht darin, dass sich die Erkrankten eine Beziehung einbilden, die nie existiert hat.

Das Problematische dieser Stalkerpersönlichkeiten ist, dass ihnen die Illusion nicht bewusst wird. Eine 52-jährige Frau, die einen bekannten deutschen Talkmaster verfolgte, gab, angesprochen auf ihren Liebeswahn, voll innerer Überzeugung zur Antwort: »Ich bin nicht krank! Ich brauche keinen Arzt! Und sagen Sie ihm bitte, dass ich ihn immer noch liebe und auf ihn warte.«

Begünstigend bei der Ausprägung einer Stalkerpersönlichkeit scheinen unter anderem die familiären Bedingungen zu sein, unter denen der Täter aufwuchs. So weisen Mullen und Pathé auf eine Gemeinsamkeit vieler Stalker hin, nämlich das Fehlen einer positiv besetzten Vaterfigur. Bindungsforscher haben festgestellt, dass besonders der Vater für die spätere Bindungsfähigkeit von Kindern entscheidend ist. »Der Vater prägt das Kleinkind emotional«, sagt der Deggendorfer Diplom-Psychologe und Bindungsforscher Hermann Scheuerer-Englisch.

Häufig haben Stalker in der früh- und kleinkindlichen Phase schwere emotionale Erschütterungen erlebt, die gekennzeichnet waren von der Erfahrung, abgelehnt und verlassen zu werden. Viele Jahre später dient das idealisierte Liebesobjekt dazu, dem eigenen, verletzten Selbst ein Gefühl von Schönheit, Wert und Selbstachtung zu geben.

Bricht diese selbstgemachte Scheinwelt zusammen, wird der Stalker alles, auch Bösartiges unternehmen, um eine Beziehung zum Liebesobjekt herzustellen. Andernfalls würde er nur noch mehr auf sein geringes Selbstgefühl, seine Isoliertheit und die damit verbundene Einsamkeit und Liebesunfähigkeit zurückgeworfen.

Die amerikanische Psychologin Kristine K. Kienlen stellte 1997 in einer Studie über die Kindheit krimineller Stalker erstmals fest, dass 63 Prozent der erforschten Stalker den Verlust oder Wechsel eines Elternteils erfahren hatten, zum Beispiel durch Tod, Inhaftierung eines Elternteils oder Scheidung. Häufig sei das familiäre Verhältnis auch durch Drogenabhängigkeit, Geisteskrankheit oder emotional verkümmerte Eltern geprägt. In 55 Prozent spielten Kienlen zufolge sexueller, körperlicher oder emotionaler Missbrauch eine Rolle. Die emotional arme, konfliktreiche Beziehung zu den Eltern verhindert später den Aufbau einer intimen Beziehung zu einem möglichen Liebespartner.

Stalker, so fand Kienlen heraus, befinden sich in keiner Liebesbeziehung, wenn sie ihre Opfer verfolgen. In 80 Prozent der von Kienlen untersuchten Fälle geht dem Stalking unmittelbar ein einschneidendes Erlebnis, oftmals ein Verlust wie Scheidung, Tod eines Elternteils, Verlust eines Kindes, Verlust des Arbeitsplatzes, voraus. Dieser Verlust hat allerdings nicht zwangsläufig etwas mit dem späteren Opfer zu tun. »Stalker«, so Dr. Kienlen, »versuchen mit ihrem Verhalten den Verlust zu kompensieren. Sie sind nicht fähig, diesen Verlust zu verarbeiten. Stattdessen steigern sie sich in obsessive Beziehungen zu ihren Mitmenschen hinein. Dahinter steckt immer auch eine chronische Angst vor Zurückweisung.« Kienlen regt an, in weiteren Untersuchungen dem Zusammenhang von Krisenbewältigung und Stalking nachzugehen.

Stalking und Gewalt in der Partnerschaft

Beim Expartner-Stalking hängt die gesamte Identität des Stalkers oftmals allein von der Beziehung ab, er definiert sich ausschließlich über das Miteinander. Die Betroffenen wollen die Partnerin möglichst ununterbrochen unter Beobachtung halten, vielfach neigen sie in Folge krankhafter

Eifersucht auch zu Gewalttätigkeiten. Sie versuchen, den Freiraum ihrer Partnerin zu begrenzen, und werden handgreiflich, obwohl sie wiederholt, manchmal unter Tränen, versprochen haben, nicht mehr zu schlagen. Kontrolle und Macht über einen anderen zu haben scheint dabei die Liebe zu ersetzen. Nicht immer muss die Beziehung zum Opfer lang angedauert haben.

Gemeinsames Hauptmerkmal gewalttätiger und stalkender Expartner scheint »das Fehlen einer positiv erfahrbaren Vaterfigur und eine extrem patriarchale Familienstruktur zu sein«, haben Renate Egger, Elfriede Frösch, Lisa Lercher, Rosa Logar und Hermine Sieder in ihrem Buch »Gewalt gegen Frauen in der Familie« festgestellt. »Die Frau ist meist die einzige Person neben der Mutter, vor der tiefe Gefühle geäußert werden – der Verlust dieser Frau bedeutet für einen Mann gewöhnlich den Verlust seines emotionalen Selbst«, so die Autorinnen.

Der Kieler Strafverteidiger Alexander Hoffmann hat beobachtet, dass Männer nach einer Trennung mit größerer Wahrscheinlichkeit zum Stalker werden, wenn sie bereits während der Beziehung gewalttätig waren. In einer aktuellen amerikanischen Studie über häusliche Gewalt von Patrick McKenry, Professor für menschliche Entwicklung und Familienwissenschaft an der Ohio State University, und John Kesner, Assistenzprofessor an der Georgia State University, heißt es, dass das Zusammentreffen eines unsicheren Mannes, der Zurückweisung fürchtet, und einer abweisenden Frau eine wahrhaft explosive Kombination darstellt.

Die betroffenen Männer fühlen sich ihrer Umwelt gegenüber ausgeliefert und machtlos. Sie wollen vollkommene Macht wenigstens in den eigenen vier Wänden besitzen. Verlieren sie die Kontrolle über ihre Partnerin, werden sie alles versuchen, um ihren vermeintlichen Besitzanspruch wiederzuerlangen. Diese »Expartner-Stalker« sind besonders gefährlich. Christian Pfeiffer, Direktor des Kriminologischen Forschungsinstituts Hannover, sagte unlängst in der »Süddeutschen Zeitung« über Gattenmorde in Bayern: »Der gefährlichste Mann für eine Frau ist ihr Ehemann. Und am allergefährlichsten ist ein Mann, wenn die Frau sich von ihm abwendet.«

Doch es gibt auch Frauen, die eine Trennung nicht verkraften und ihren Expartner mit Psychoterror versuchen zurückzugewinnen. Männerinitativen berichten immer wieder von Fällen verzweifelter Geschlechtsgenossen, die von ihrer ehemaligen Frau verfolgt werden und sich vor körperlichen Angriffen schützen müssen.

»Das Problem ist«, sagt Dr. Jochen Hoffmann vom Informationszentrum für Männerfragen in Frankfurt, »dass unsere Gesellschaft bis heute hilflose Männer nicht akzeptiert. Wenn Männer von ihren ehemaligen Partnerinnen verfolgt werden, finden sie noch weniger Hilfe und Unterstützung als Frauen in derselben Situation. Das liegt daran, dass man bei Männern immer meint, sie könnten ihre Probleme selber lösen.«

Häufig entlädt sich die Wut der Expartnerin auch auf die neue Freundin, hat Dr. Doris M. Hall, Spezialistin der Rechtswissenschaften der Universität von Bakersfield/Kalifornien, in einer Studie über 16 männliche Stalking-Opfer festgestellt. »Männer werden genauso verfolgt«, sagt Dr. Hall, »und sind mindestens genauso häufig Gewalttaten ausgesetzt.«

»Wie ein Weltuntergang« – Persönlichkeitsstörungen als Ursache

Der Psychiater Dr. Andreas Kernbichler von der Fachklinik für Psychiatrie, Psychotherapie, Neurologie und Rehabilitation Heiligenhafen, der häufig als Sachverständiger bei Gericht tätig ist, erklärt es so: »Die Grenzen sind fließend. Zwischen psychisch Gesunden und paranoiden Psychotikern gibt es eine große Spannbreite an Persönlichkeitsstörungen, die einhergehen mit einer übergroßen Sensibilität oder Verletzbarkeit, die man Vulnerabilität nennt. Wird ein solcher Mensch zurückgewiesen, empfindet er das als lebensbedrohende Kränkung, die wie ein Weltuntergang verstanden wird. Sein ganzes eigenes instabiles Selbst wird bedroht, und er reagiert mit Wut.«

Eine Form ist die sogenannte »narzisstische Wut«, bei der es sich um eine heftige Aggression gegen den vermeintlichen Verursacher handelt, aber auch gegen die eigene Person in Form von narzisstischen Suizidversuchen. Narzisstische Persönlichkeiten haben hohe Ziele. Sie bemühen sich, einem eigenen hohen Ideal gerecht zu werden und leiden unter einer hohen Verletzbarkeit. Misserfolge empfinden sie subjektiv als unerträgliche Ereignisse, die ihre Welt zusammenbrechen lassen. In solchen Situationen ist bei einem vorhandenen Unrechtsbewusstsein die Steuerungsfähigkeit des eigenen Verhaltens geschwächt.

Bei positivem Verlauf führt Narzissmus zu besonderen kreativen Leistungen und Erfolgen. Menschen in exponierten Positionen sind häufig Narzissten, zum Beispiel Schauspieler oder Showgrößen. In ihrem Berufsumfeld können diese Menschen ihre Fähigkeiten ausleben und bekommen jene Anerkennung, die sie zum Leben brauchen.

Bei negativem Verlauf sind die Folgen unberechenbar. Haben derart veranlagte Menschen in einer Ehe oder einer anderen partnerschaftlichen Beziehung gelebt und werden von ihrem Partner verlassen, so ist die Wahrscheinlichkeit recht hoch, dass sie infolgedessen dazu neigen, ihren ehemaligen Partner zu stalken. Wer beginnt, seiner Partnerin oder seinem Partner nachzustellen, hat in der Regel bereits während der Beziehung extreme Beziehungsschwierigkeiten gehabt.

»Meine Ehe war die Hölle«, erzählt eine 34-jährige Frau vom Bodensee. Ihr 43 Jahre alter Mann sei krankhaft eifersüchtig gewesen und habe sie verdächtigt, Beziehungen zu anderen Männern zu unterhalten. Die Frau entschloss sich zur Scheidung, fand aber auch danach keine Ruhe vor ihrem Exmann. Er behelligte sie mit Drohungen und Telefonterror. Schließlich klebte er in der Nachbarschaft selbst gemachte Plakate mit Texten wie »Achtung! Eine Ehefrau, die ihren Mann infizierte!« an die Häuserwände, auf denen zu lesen stand, dass sie ein Verhältnis mit ihrem Chef gehabt, sich dabei eine Geschlechtskrankheit geholt und ihn damit angesteckt habe. Die Vorwürfe waren aus der Luft gegriffen, Beweise gab es weder für ein Verhältnis mit dem Chef, noch bestätigte ein ärztliches Gutachten eine Geschlechtskrankheit.

Der Verlassene hatte die Geschichte ganz offensichtlich erfunden. Er ließ sich allerdings auch vom Gericht nicht davon überzeugen, dass er die Unwahrheit gesagt hatte. Mehrfach nannte das Gericht ihn rechthaberisch und selbstgerecht, woraufhin er immer wieder angebliche ärztliche Gutachten hervorzog, die seine Vorwürfe belegen sollten. Ein Psychiater bestätigte schließlich, dass der Mann aufgrund einer psychischen Störung kein Schuldbewusstsein habe. Im Gegenteil: Vor Gericht benahm er sich, als habe man sich gegen ihn verschworen. Er bedrohte abwechselnd seine Exfrau, den Richter, und die Angestellten des Amtsgerichts. Schließlich wurde er zu sechs Monaten auf Bewährung und einer Geldbuße von 2000

Mark verurteilt mit der Auflage, sich sowohl vom Gericht als auch von der ehemaligen Ehefrau fern zu halten.

54 Monate Haft, 3 Zwangseinweisungen oder: das Clérambault-Syndrom

Die Gruppe der Erotomanen wurde umfassend zuerst von dem französischen Psychiater Gaetan Gatian de Clérambault zwischen 1916 und 1923 untersucht und definiert. Der Liebeswahn ist dadurch gekennzeichnet, dass der Patient fest überzeugt ist, eine andere Person habe sich in ihn verliebt und sende entsprechende Signale aus. In dieser klassischen Form, dem reinen Liebeswahn (»Clérambault-Syndrom«), lebt der erkrankte Mensch sozial vollständig integriert, mit klarem Bewusstsein und geordnetem Denken ohne weitere Auffälligkeiten.

So wurde ein 55-jähriger Mann in eine geschlossene Anstalt eingewiesen, nachdem er 21 Jahre lang eine Entertainerin verfolgt hatte. Vorausgegangen waren zehn Verurteilungen mit insgesamt 54 Monaten Haft, 24 Jahren Behandlung und drei Zwangseinweisungen. Während der Gespräche mit dem Psychiater erzählte er von einer »Verbindung« zu der Entertainerin, die er in vier Monaten allein 460 Mal in ihrem Büro angerufen hatte.

Die Art dieser Verbindung wollte er allerdings nicht beschreiben, da es sich um eine »Privatangelegenheit« handele. Alles, was sie sagte oder sang, sah er als Zeichen ihrer Liebe zu ihm. Er war ein kluger und gut aussehender Mann, der angenehme und charmante Umgangsformen besaß. Außer dem Liebeswahn zeigte er keine weiteren Symptome und Auffälligkeiten. Diese reine Form kommt jedoch relativ selten vor.

Die Psychologin Dr. Andrea Möhr schreibt in ihrem Buch »Liebeswahn: Phänomenologie und Psychodynamik der Erotomanie« über die häufiger anzutreffenden Mischformen, bei denen der Liebeswahn Bestandteil einer Psychose (siehe Seite 158) ist, meist einer paranoiden Schizophrenie (siehe Seite 158). Diese Gruppe scheint auch eher zu einem aggressiven Verhalten zu neigen.

Ein 38-jähriger Mann, der in Isolationshaft saß, weil er seine Frau umgebracht hatte, kam schließlich in die Gerichtspsychiatrie. Befragt nach der Tat, antwortete er, dass er sich nur selbst verteidigt habe. Nach drei Jahren Haft entwickelte er einen Liebeswahn für eine weibliche Angestellte der Anstalt und behauptete, sie sei verliebt in ihn. Der behandelnde Psychiater bescheinigte seinem Patienten extreme Eifersucht. Außerdem hörte er Stimmen und fühlte sich verfolgt, weil er hinter allem ein Komplott vermutete. Die Diagnose lautete: paranoide Psychose (siehe Seite 158) und antisoziale Persönlichkeitsstörung (siehe Seite 157).

Neuere epidemiologische Untersuchungen wie die Dissertation der Schweizerin Andrea Möhr zeigen, dass das »Geliebtwerden« unter den zehn häufigsten Wahnthemen an siebter Stelle steht.

Nach Clérambault entwickelt sich der erotomane Wahn in drei Stufen. Am Anfang, auf der ersten Stufe, zeigt sich der Patient stolz und hoffnungsvoll. Er wirbt nachdrücklich um das Objekt seiner Liebe. Es folgt das Stadium der Enttäuschung und des Kummers, das Opfer wird mit falschen Anschuldigungen verfolgt. Im dritten Stadium beherrschen den Patienten Groll und Wut, die mit Besitzansprüchen an das Opfer einhergehen. Besonders im Stadium des Kummers, so betont Clérambault, stellen diese Kranken eine ernst zu nehmende Gefahr dar, weil sich ihre emotionale Erschütterung heftig entladen kann. Studien ergaben allerdings, dass psychisch Kranke nicht mehr Gewalttaten begehen als der Bevölkerungsdurchschnitt. Unter Fachleuten ist man sich nicht einig, ob Erotomane männlichen oder weiblichen Geschlechts überwiegen. Die vorherrschende Meinung ist jedoch, dass eher Frauen an klassischem Liebeswahn erkranken.

An Liebeswahn Erkrankte beziehen bereits zufällige Blicke auf sich und deuten sie als Liebesbeweis. Andere sind überzeugt davon, dass das Liebesobjekt mit ihnen redet oder in telepathischem Kontakt verbunden ist. Wieder andere verstehen zufällige Gesten wie ein Lächeln, ob real oder medial vermittelt, als geheime Liebessignale.

So glaubte eine deutsche Frau, der Nachrichtensprecher im Fernsehen sei in sie verliebt, weil er ihr dauernd zuzwinkere. Dass Fernsehsprecher im Fernsehen deutlich häufiger zwinkern als lesende Menschen, trifft zu. Japanische Augenärzte führen das auf den starken inneren Stress zurück, die Texte gut und fehlerfrei sprechen zu müssen. Da über die Augen des Sprechenden aber auch Signale an sein Gegenüber weitergegeben werden, die auf die jeweilige Gemütsverfassung schließen lassen, übermittelt er damit ein unbewusstes Stresssignal, schreiben die japanischen Forscher in der britischen Medizinzeitschrift »The Lancet«. Die Liebeskranke deutete das als Signal, das allein ihr galt.

Selbst eindeutige Zurückweisungen wie die Hochzeit der Wahngeliebten oder massenhaft ungeöffnet zurückgeschickte Briefe werden vom Liebeskranken umgedeutet oder vollständig ignoriert. Stattdessen sieht der Stalker darin den Beweis, dass das Liebesobjekt seine Gefühle nicht öffentlich machen möchte. Sogar einstweilige Verfügungen oder strafrechtliche Verfolgung werden als Bestätigung gewertet. Häufig wird auch die eigene Stellung unrealistisch überschätzt. So gibt es immer wieder Fälle, in denen erotomane Stalker davon überzeugt sind, dass das Liebesobjekt nur sie will und für sie lebt, dass es bereit ist, die eigene Familie zu verlassen, um sie zu heiraten. Clérambault machte allerdings, gestützt auf andere französische Autoren, die Einschränkung, dass Stalker als Liebesobjekt stets eine Person mit höherem Sozialstatus wählen.

Einer der berühmtesten Fälle, die der französische Arzt beschrieb, war der einer 53-jährigen Französin, die sich einbildete, König Georg V. von England sei in sie verliebt. Seit 1918 fuhr sie mehrfach nach England, stellte sich vor den Buckingham-Palast und wartete. Schon eine sich bewegende Gardine deutete sie als Signal ihres Wahngeliebten. Die Französin behauptete gar, ganz London wisse über die Liebe des Königs zu ihr Bescheid. Der versuche jedoch, die Angelegenheit zu vertuschen, weshalb sie Schwierigkeiten habe, ein Quartier zu finden. Auch ihr Gepäck, in dem sie Geld für ein Hotel deponiert habe, sei deswegen verschwunden. »Der König mag mich hassen, aber vergessen kann er mich nie. Ich könnte ihm gegenüber niemals gleichgültig sein, genauso wenig wie er mir gegenüber … Er kränkt mich vergebens … Ich fühle mich aus der Tiefe meines Herzens zu ihm hingezogen …«, soll sie gesagt haben.

Ein kurzer Blick, eine Geste oder ein paar unverbindliche freundliche Worte können genügen, den Liebeswahn zu entzünden. Dabei gibt es keine rationale Begründung, warum gerade diese und nicht eine andere Person als Objekt ausgewählt wird. Jeder kann, ohne auch nur den geringsten Anlass gegeben oder ermutigend gehandelt zu haben, zum Liebesobjekt gewählt werden.

Bemerkt der erotomane Stalker, dass die erwählte Person nichts mit ihm zu tun haben will, beginnt er alle denkbaren Daten und Informationen über das Opfers zu sammeln, die ihm ein Gefühl von Intimität geben. Da diese Menschen häufig Einzelgänger sind und nur über wenige soziale Kontakte verfügen, leben sie oft in emotionaler Leere. Jeder Kontakt – selbst ein negativer – hilft, diese Leere auszufüllen.

Der Gerichtspsychiatrie-Professor Dr. Hans Schanda aus Wien, der 1987 eine Studie über paranoide Psychosen (siehe Seite 158) veröffentlichte, sagt: »Wir haben es hier mit einer Geistesstörung zu tun, die einen chronischen Verlauf hat. Das Wahnthema oder die fixe Idee des Kranken kann man nicht ändern, aber man kann medikamentös zumindest den affektiven Drive vermindern.«

Erlanger Nachrichten, 28.07.1999

Ein von seiner Angebeteten abgewiesener Erlanger musste sich wegen zahlreicher Straftaten vor dem Landgericht verantworten. Das Motiv für die Straftat war ungewöhnlich: „Klassischer Liebeswahn", lautete die Diagnose des Gutachters. Aber die Auswirkungen für die Betroffenen waren dramatisch, handelte es sich doch um regelrechten Psychoterror gegen eine junge Erlangerin und ihr soziales Umfeld. Das Landgericht hatte jetzt den schwierigen Fall zu verhandeln, der vor zwei Jahren für großes Aufsehen sorgte.

Den Höhepunkt hatte die Serie von Straftaten im Juli 1997 erreicht, als der heute 31-jährige Erlanger einen VW Passat mit Benzin übergoss und anzündete. Der Täter konnte noch am selben Abend festgenommen werden. Die Polizei hatte den Weg seines Fahrzeuges seit längerer Zeit per Satellitenüberwachung verfolgt und konnte nachweisen, dass er am Tatort gewesen war. Außerdem verfügte man über ein Tankstellenvideo, das den Mann beim Abfüllen von Benzin in eine Dose zeigte.

Grund für die fortgesetzte Überwachung war eine Serie von insgesamt zehn Beschädigungen an Autos sowie eine nie ganz geklärte Brandstiftung. Allesamt Taten, die Familienangehörigen oder Freunden einer Erlangerin galten, mit der der Täter einmal zusammen in die Schule gegangen und zu der er in Liebe entbrannt war. Zudem war er der festen Überzeugung, dass die ein Jahr jüngere ehemalige Mitschülerin ihn trotz unmissverständlicher Zurückweisung ebenfalls liebe, und dies auch dann noch, als sie längst einen anderen Mann geheiratet hatte. Verantwortlich für die Zurückweisung machte der junge Mann den Familien- und Freundeskreis seiner Angebeteten.

Der bis zur Verhandlung nicht geständige Angeklagte, der übrigens über eine feste Arbeitsstelle verfügt und von seinem Arbeitgeber als außerordentlich fleißig gelobt wird, wurde angesichts der Beweislast denn auch vom Vorsitzenden Richter eindringlich zu einem Geständnis aufgefordert. Das werde ihm beim Strafmaß zugute kommen. Nach eingehender Beratung mit seinem Verteidiger und erst nach Ausschluss der Öffentlichkeit räumte der schüchtern und einsilbig wirkende Angeklagte die Taten ein. Damit ersparte er dem Gericht eine langwierige Zeugenvernehmung. Ein Geständnis war vor der Verhandlung für unwahrscheinlich gehalten worden. „Damit müsste er ja seinen Wahn eingestehen und seine große Liebe aufgeben", meinte der Staatsanwalt.

Das Gericht verhängte schließlich ein Jahr und sechs Monate auf vier Jahre zur Bewährung, sah aber von einer Unterbringung in einer psychiatrischen Klinik ab. Der Angeklagte muss sich einer Psychotherapie unterziehen und bekommt einen Bewährungshelfer. Ferner muss er den Schaden wieder gutmachen.

Joachim Stark

»Lieber Adi, Du süßes Luderchen« – Liebesbriefe an Hitler

Nach dem Zweiten Weltkrieg fand der amerikanische Offizier W. C. Emker in der zerstörten Berliner Reichskanzlei Liebesbriefe an Adolf Hitler, die er einsteckte und an Freunde in Amerika schickte. Immer wieder besuchte er danach die Ruine, um nach weiteren Liebesbriefen zu suchen. 1994 entschloss er sich schließlich, zusammen mit Helmut Ulshöfer die Briefe zu veröffentlichen.

Im Vorwort des Buches »Liebesbriefe an Adolf Hitler Briefe in den Tod« schreibt er: »Wie es dazu kam, dass Hunderte von Frauen in Deutschland und Österreich (jawohl, Hunderte von Frauen, denn obwohl meine Sammlung ziemlich umfangreich ist, so ist das doch nur ein Bruchteil von dem, was in der Reichskanzlei einging) nicht nur dem Führer ihre ganze Liebe schenken wollten, sondern auch in der Mehrzahl überzeugt davon waren, dass ihr heiß geliebter Adolf nur sie liebt oder nur durch die Umstände verhindert ist, sie des Nachts in ihrem Zimmer aufzusuchen oder zu ehelichen, dafür sollte es doch eigentlich eine Erklärung geben …«

Hitler, in dessen Ideologie psychisch Kranke nicht vorgesehen waren, regelte die Angelegenheit auf seine Weise: Viele der Frauen wurden mit dem Vermerk »geisteskrank« in Heil- und Pflegeanstalten eingeliefert. Einige von ihnen fielen als »unheilbar Geisteskranke« dem Euthanasieprogramm der Nazis zum Opfer.

Die Psychotherapeutin Susanne Altweger versucht in ihrem Nachwort die Motive der Schreiberinnen zu deuten. Sie weist darauf hin, dass es für junge Menschen normal ist, ein Idol zu bewundern und sich mit ihm zu identifizieren. Im Erwachsenenalter löst sich dieses Teenie-Phänomen meist von allein auf. Bei den Briefeschreiberinnen ist es jedoch umgekehrt. Sie waren späte Fans, die nicht in die Wirklichkeit zurückfanden. Altweger kommt zu dem Schluss, dass wohl bei allen neurotische Störungen vorliegen mussten, denn »ein gestörter Narzissmus wird durch Bewunderung gestärkt«.

In Deutschland, so schätzen Experten, leiden etwa 12 bis 26 Prozent der Bevölkerung an einer Neurose (siehe Seite 159), wobei funktionelle Beschwerden, wie Übelkeit, Kopfschmerz oder Schwindel, und psychosomatische Erkrankungen beinahe die Hälfte ausmachen. Eine Neurose ist eine Fehlanpassung, durch die auftretende Probleme nicht gelöst werden, sondern an einer anderen Stelle wieder zum Vorschein treten. Diese Art der Anpassung kann zum Beispiel in der Kindheit des Individuums durchaus seinen Sinn gehabt haben, vielleicht war sie sogar überlebenswichtig.

In der späteren Entwicklung des Menschen wird diese Fehlanpassung jedoch als störend empfunden und führt zum subjektiv empfundenen Leiden. Ein vereinfachtes Beispiel: Ein Mensch, der in seiner Kindheit nicht gelernt hat, sich von der Mutter zu lösen, kann in seinen späteren Liebesbeziehungen das Bedürfnis nach einer übergroßen Nähe entwickeln, wird vermutlich eine sehr unselbständige Existenz führen und unter Trennungsängsten leiden.

Während eine Neurose nur bestimmte Anteile der Persönlichkeit umfasst und der betroffene Mensch ansonsten ein normales Leben führt, erstrecken sich Persönlichkeitsstörungen auf weite Bereiche des gefühlsmäßigen Erlebens und der Beziehungsstrukturen, so dass sie den Betroffenen in seiner Gesamtheit deutlich beeinträchtigen. Einschränkend muss gesagt werden, dass eine diagnostizierte Neurose, eine Persönlichkeitsstörung oder eine Psychose noch nichts darüber aussagt, ob ein Mensch zum Stalker wird oder nicht.

Gesichert scheint nur eines: Mit einfachen psychologischen Kategorien ist Stalking nicht zu erklären. Viel eher scheint es sich um eine komplexe Mischform vieler Faktoren zu handeln, die Stalker dazu treibt, Grenzen des menschlichen Zusammenlebens zu überschreiten.

»Gefühle sind der Schlüssel«

(Aus einem Interview mit dem Stalker
Robert John Bardo)

1989 ermordete der damals 19-jährige Stalker Robert John Bardo die Jungschauspielerin Rebecca Schaeffer, 21, vor ihrer Wohnungstür in Los Angeles und setzte damit in den USA die Debatte in Gang, wie man die Opfer von Stalkern besser schützen kann. 1990 wurde in Kalifornien das erste Anti-Stalking-Gesetz beschlossen. (siehe Seite 202 ff.).

Zuvor hatte die Nachwuchsdarstellerin auf Bardos Anfrage hin routinemäßig einen Brief mit einem signierten Foto geschickt. Er antwortete mit hartnäckigen, immer bedrohlicheren Liebesbriefen und tauchte schließlich bei den Dreharbeiten von Schaeffers Fernsehserie auf. Ein Wachmann leitete den Liebeskranken zurück ins Motel. Er redete ihm gut zu, ein »braver Junge« zu sein und wieder nach Arizona zu fahren. Am nächsten Tag fand Bardo mit Hilfe eines Privatdetektivs Schaeffers Adresse heraus. Er fuhr zu ihrem Appartement und klingelte. Sie öffnete und sagte ihm nach einem kurzen Gespräch, er solle verschwinden. Er ging, lud das Gewehr, das er extra gekauft hatte, und drehte um. Er klingelte erneut, sie öffnete und er erschoss sie. Hintergrund seiner Tat war angeblich eine Bettszene in einem Kinofilm mit Rebecca Schaeffer und einem männlichen Schauspieler gewesen, die ihn rasend vor Wut gemacht hatte.

Später sagte er in einem Interview mit dem Sicherheitsexperten Gavin de Becker über die Leidenschaft für sein Opfer: »Ich hatte keine Identität oder Vorstellung darüber, was ich aus meinem Leben machen wollte. Ich sah nur, was mir am meisten Spaß machen würde, und das war, eine prominente Person zu sein. – Du fühlst dich, als ob du alle diese Leute persönlich kennen würdest. Sie sind nicht wie Fremde, weil du sie immer im Fernsehen oder in Filmen sehen kannst. Für mich war mein Opfer keine Fremde.«

Bardos Vater war Alkoholiker, seine Mutter paranoid und sein älterer Bruder misshandelte ihn, indem er ihn zum Beispiel zwang, Urin zu trinken und zu stehlen. Schon als Teenager war er kurzzeitig psychiatrisch untergebracht, wurde von seiner Familie jedoch wieder aus der Klinik geholt. Seine Eltern ignorierten seine auffälligen psychischen Störungen. In der Junior Highschool schrieb er bereits wirre Briefe an eine Lehrerin. Später drohte er immer wieder, sich und andere umzubringen. Bevor er schließlich zwei Jahre lang Rebecca Schaeffer verfolgte, hatte er bereits zwei amerikanische Sängerinnen belästigt. Um Samantha Smith, die durch ihren Friedensbrief an den damaligen sowjetischen Präsidenten Michail Gorbatschow bekannt wurde, besuchen zu können, war Bardo von zu Hause durchgebrannt. Seine Eltern alarmierten jedoch die Polizei, so dass er aufgegriffen werden konnte, bevor er sie traf.

Bardo sagte später über den Anfang seiner Obsession für Rebecca Schaeffer: »Es war eine Fanpostkarte, auf die sie schrieb: Robert, Ihr Brief war der netteste, ehrlichste Brief, den ich je erhalten habe. Und ›ehrlichste‹ war unterstrichen. Sie schrieb: ›Bitte geben Sie auf sich Acht‹ und malte ein Herz und schrieb dann ›Rebecca‹. Das war es, was mich dazu brachte, dass ich noch mehr Antworten von ihr haben wollte.«

Bardo hatte vor seiner Tat Mark Chapman, dem Mörder von John Lennon, geschrieben und ihn nach seinen Motiven gefragt. »Hätte er mir gesagt, dass ich mein Verbrechen nicht begehen soll«, sagte Bardo im Interview, »wären meine Gefühle immer noch stärker gewesen. Gefühle sind der Schlüssel – Gefühle, die aus dem Gleichgewicht geraten sind. Gefühlsmäßig gesunde Leute tun anderen nichts an.«

Robert Bardo galt schon während seiner Schulzeit als Einzelgänger, der nie eine Beziehung zu einer Frau hatte. Sicherlich gehört der Fall zu den wenigen extremen Stalking-Fällen mit mörderischen Folgen und kann hier nicht stellvertretend für alle anderen Fälle gesehen werden. Allerdings gibt er einen Einblick in die oftmals emotional armen Beziehungen im Elternhaus eines Stalkers.

Stalking scheint unter anderem der verzweifelte Versuch zu sein, durch alle möglichen Unternehmungen der Einsamkeit zu entgehen. Verfolgung dient dabei auch oder allein dem Zweck, das Gefühl von rast- und ruheloser innerer Leere zu füllen.

Erläuterung der im Text oben verwandten psychologischen Fachbegriffe

1. Persönlichkeitsstörungen

   Dem Amerikanischen Psychologen-Verband APA (American Psychological Association) zufolge bezieht sich der Ausdruck »Persönlichkeit« auf ein einzigartiges Muster der inneren Erfahrung und des Verhaltens, das jedem Menschen eigen ist. Eine Persönlichkeitsstörung ist ein umfassendes, überdauerndes, unflexibles Erlebens- und Verhaltensmuster, das deutlich von den Erwartungen der Kultur des Betroffenen abweicht und zu Leidensdruck oder Behinderung führt.

2. Borderline-Störung

Die Borderline-Störung wurde ursprünglich als eine Gruppe psychischer Störungen an der Grenze (Borderline) von Neurose und Psychose definiert, später allerdings als eigene Persönlichkeitsstörung mit bestimmten Verhaltensauffälligkeiten.

Laut Weltgesundheitsorganisation liegt eine Borderline-Störung vor, wenn mindestens fünf der folgenden Merkmale erfüllt sind:

- Unbeständige und unangemessen intensive zwischenmenschliche Beziehungen
- Impulsivität bei potentiell selbstzerstörerischen Verhaltensweisen
- Starke Stimmungsschwankungen
- Häufige und unangemessene Zornausbrüche
- Selbstverletzungen und Suiziddrohungen oder -versuche
- Fehlen eines klaren Ichidentitätsgefühls
- Chronische Gefühle von Leere und Langeweile
- Verzweifelte Bemühungen, die reale oder eingebildete Angst vor dem Verlassenwerden zu verhindern
- Stressabhängige paranoide Fantasien
- Diffuse Angst

3. Antisoziale Persönlichkeitsstörung

Personen mit antisozialer Persönlichkeitsstörung zeigen laut APA durchgängig Missachtung und Verletzung der Rechte anderer Menschen, zum Beispiel durch:

- Versagen in der Erhaltung sozialer Normen
- Hinterlist (Lügen, Benutzen falscher Namen)
- Impulsivität, Unfähigkeit, zu planen
- Aggressionen und leichte Reizbarkeit

– Rücksichtslose Missachtung der eigenen Sicherheit und der anderer
– Ständige Verantwortungslosigkeit
– Fehlende Reue

4. Psychose
Der Begriff Psychose ist ein gelehrtes Kunstwort aus dem 19. Jahrhundert. Zugrunde liegt das griechische Wort für Seele: Psyche. Psychosen sind seelische Störungen, die als Symptome körperlicher Krankheiten auftreten, etwa bei Vergiftungen (auch durch Genussgifte), Hirnverletzungen, fiebrigen Erkrankungen und Gefäßkrankheiten (organisch begründbare Psychosen). Ferner treten Psychosen ohne erkennbare biologische Veränderungen auf, bei denen psychische, erlebnismäßige, stoffwechselbezogene und genetische Faktoren oder deren Kombination als Ursachen eine Rolle zu spielen scheinen (endogene Psychosen).

5. Paranoide Psychose
Verbunden mit einer Psychose ist eine Beeinträchtigung des Körper- und Selbstempfindens bis zur wahnhaften Ausprägung. Dabei ist bei Psychotikern meistens die Intelligenz nicht betroffen. Bei einer paranoiden (wahnbildenden) Psychose tritt bei der scheinbaren intakten Persönlichkeit eine Wahnidee auf. Zu ihren Formen zählen zum Beispiel der Verfolgungs-, Eifersuchts-, Liebes- und Querulantenwahn.

6. Schizophrenie
Korrekt: Psychosen aus dem schizophrenen Formenkreis. Das Wort schizophren kommt aus dem Griechischen und heißt übersetzt »Spaltung des Geistes«. Damit ist nicht die Spaltung des Menschen in zwei Persönlichkeiten gemeint, sondern beschreibt die Tatsache, dass schizophren Erkrankte zwei Wirklichkeiten kennen und empfinden. Sie erfahren Dinge, nehmen Sinneseindrücke wahr, die Gesunde nicht nachvollziehen können. Das Vorhandensein von zwei nebeneinander stehenden Wahrnehmungswelten, die reale und die wahnhafte, wird also mit dem Begriff schizophren umschrieben.

Betroffen ist das Denken (formale und inhaltliche Störungen), Wahrnehmungsstörungen (Halluzinationen, Stimmenhören, Ich-Störungen), Wollen und Fühlen (Angst), wodurch der Bezug zur Wirklichkeit, die Einsichtsfähigkeit sowie die Fähigkeit, mit den alltäglichen Lebensanforderungen zurechtzukommen, erheblich gestört wird. Die Ursache ist unbekannt. Es wird vermutet, dass erbliche Anlagen ebenso eine Rolle spielen wie Umweltbedingungen und Familienstrukturen. Schizophrenieerkrankte zeigen eine erhöhte Verletzlichkeit (Vulnerabilität) für seelische und soziale Belastungen.

7. Endogene Depression
Der Begriff »Depression« kommt aus dem Lateinischen und bedeutet Niedergeschlagenheit, Bedrücktheit. Die endogene Depression entwickelt sich von innen heraus, ohne dass ein äußerer Anlass gefunden werden kann. Im Gegensatz zum Beispiel zur exogenen Depression, die oft im Zusammenhang mit körperlichen Erkrankungen auftritt. Die Anlage für diese Krankheit kann vererbt werden. Die endogene Depression ist durch Schlafstörungen, morgendliches Stimmungstief mit abendlicher Besserung gekennzeichnet. Typisch sind auch Suizidgefahr, Denk- und Antriebshemmung, Gleichgültigkeit, Apathie, Angst und Schuldgefühle. Depressive Phasen können sich mit manischen abwechseln. Im Gegensatz zur Depression ist die Manie durch übertrieben heitere Stimmung, überschießenden Antrieb, gereizte Stimmungslage, Enthemmung und starken Rededrang geprägt.

8. Neurose
Neurose ist ein Oberbegriff für verschiedene seelische Störungen aufgrund einer Fehlverarbeitung von ein oder mehreren Konflikterlebnissen (Frustrationen). Sie ist die Hauptform seelischer Erkrankungen und äußert sich u. a. in Angstgefühlen, Verstimmungen, Kontaktschwäche, Hysterie, Besessenheit und verminderter Leistungsfähigkeit. Die Neurose ist meist ein unbewusster, in der Kindheitsentwicklung verwurzelter innerer Konflikt. Kindliche Triebwünsche, die wegen starker, strafbedrohter Widerstände nicht

ausgelebt werden können, werden ins Unbewusste verdrängt und machen sich durch neurotische Defekte immer wieder bemerkbar. Neurosen werden heute unterteilt in Organneurosen oder psychosomatische Störungen (körperliche Erkrankungen oder Störungen, deren Ursache auf psychische Einflüsse oder Faktoren zurückzuführen sind) und in Psychoneurosen mit unterschiedlich starken Verhaltenssymptomen.

6. »Emotionale Vergewaltigung«

Das Leid der Opfer

»Mein Leben hat sich komplett geändert.
Und selbst jetzt, vier Jahre danach,
kann ich immer noch nicht recht glauben,
dass es tatsächlich vorbei ist.«
Eine 32-Jährige, die drei Jahre lang
von einem Mann verfolgt wurde.

Die australischen Psychiater Paul Mullen und Michele Pathé haben 1997 in einer Studie ermittelt, wie tragisch die Situation für die Opfer werden kann. Wer von einem Stalker mit ungeteilter Aufmerksamkeit bedacht wird, muss nicht nur Verfolgung, Belästigung und oftmals peinliche Situationen erdulden, die sich in Stress und Angstzuständen äußern, man muss auch damit rechnen, dass enge persönliche Beziehungen in Gefahr geraten, dass das komplette soziale Leben von der Angst vor dem Verfolger bestimmt und beeinträchtigt wird. Wie beschrieben, können hartnäckige Stalker ihre Opfer veranlassen, umzuziehen, sich eine neue Identität zuzulegen, sich von langjährigen Freunden zu verabschieden und schließlich zu vereinsamen. Jedes vierte Opfer denkt, so die Studie, sogar über Selbstmord nach.

Kieler Nachrichten, 8. Februar 1996

Gericht setzt krankhaftem Liebeswerben ein Ende

Die Leiden des Zeugen – so umschrieb der Vorsitzende das über 10-jährige Martyrium eines Mannes und seiner Familie – sind beendet. Gestern, am fünften Prozesstag, verkündete die VII. Große Strafkammer des Kieler Landgerichts den Beschluß: Die 33-jährige Architektin, die den Exkommilitonen seit 1985 mit Liebesbeteuerungen, tätlichen Angriffen und Morddrohungen verfolgt, wird in einem psychiatrischen Krankenhaus untergebracht.

Bemerkenswert an dem Fall ist weniger die Tatsache, daß eine Akademikerin mit abgeschlossenem Hochschulstudium, die sich 1993 als Architektin selbständig machte und unter anderem an Bauplanungen der Stadt Oldenburg beteiligt ist, unter einer paranoiden Psychose leidet. Die kurios wirkende Hartnäckigkeit, mit der sie den längst verheirateten Mann über zehn Jahre hinweg verfolgen konnte, hat dieser offenbar dem Desinteresse der Strafverfolgungsbehörden zu verdanken.

Aus Sicht des Vorsitzenden gibt es jedenfalls keine Entschuldigung dafür, daß die Behörden trotz Strafanzeigen in zweistelliger Menge und einer Dienstaufsichtsbeschwerde dem Verfolgten und seiner Familie nicht helfen konnten. Schutzlos und allein gelassen habe er zehn Jahre lang unter fast unvorstellbaren Belastungen leben müssen. Der Begriff Telefonterror sei hierfür unzureichend. Über 200 Tonbandkassetten mit je 90 Minuten Spielzeit lägen dem Gericht vor. Bis zu 50 Anrufe zählte der Zeuge an einem einzigen Tag (und bis zu elf Morddrohungen in 15 Minuten), den letzten am Tag ihrer Festnahme: Am 29. Januar kam die 33-jährige in Untersuchungshaft, nachdem die Frau nicht zum Prozeßauftakt erschienen war.

Neben dem Psychoterror hatten der früher in Kiel lebende Mann und seine Partnerin unter zahlreichen körperlichen Übergriffen zu leiden. 1990 etwa überfiel die Angeklagte das Paar in ihrer Stammkneipe. Ihm schüttete sie ein Bierglas über den Kopf, ihr riß sie an den Haaren, biß, schlug und trat um sich. Zwei Wochen später folgte der nächste Angriff auf die spätere Ehefrau des Zeugen, diesmal auf offener Straße. Sie konnte ihn mit Reizgas abwehren.

Im März 1994 überraschte die Angeklagte die Familie in der Innenstadt, schlug auf Vater, Mutter und das 20-monatige Kind ein, entriß ihm seinen Teddy und warf ihn auf ein Dach. Noch vor den Augen der Polizei attackierte die Angeklagte erneut die Ehefrau. Auch die Leiden der Angeklagten seien unnötig verlängert worden, so der Richter. Die Unterbringung sei die einzige Chance, aus ihrem Teufelskreis herauszukommen.

Die 33-Jährige, die sich während des unter Ausschluss der Öffentlichkeit geführten Prozesses beherrscht gezeigt haben soll, sah es anders: Sie habe in Notwehr gehandelt, sei Opfer eines vom Nebenkläger angezettelten Komplotts. Mit ruhiger, aber fester Stimme kündigte sie sofortige Revision an.

Gey

Der Fall belegt, wie langwierig und schwierig der Weg für die Opfer sein kann, und bestätigt die von Mullen und Pathé durchgeführte Studie über Stalkingopfer: Danach fühlen sich die Betroffenen nur unzureichend geschützt und oftmals einem starken Misstrauen ihrer nicht betroffenen Mitmenschen ausgesetzt. Häufig stoßen Hilfe Suchende auf Reaktionen wie »Du spinnst!« oder »Was war zwischen euch?«. Die beiden Australier stellten darüber hinaus fest, dass die Opfer von Polizei und Justiz hin und her geschickt wurden. So hieß es von Seiten der Polizei: »Das ist Anwaltssache«, während die Anwälte an die Polizei verwiesen. Zuweilen werden Verfahren auch von der Staatsanwaltschaft einfach eingestellt.

Die Studie von Mullen und Pathé umfasst 100 Opfer, bei denen es sich nicht um Prominente handelt. In einem Fragebogen erhoben die Forscher zahlreiche Daten über Dauer und Art der Belästigung, mögliche Motive, frühere Beziehungen von Täter und Opfer, Einfluss des Stalkings auf die Lebensgewohnheiten des Opfers, deren Gesundheit oder die in Anspruch genommene Hilfe. Zusätzlich werteten sie Klinikdaten, Polizeiakten, Aussagen von Zeugen und psychologische Gutachten aus. 17 Prozent der untersuchten Opfer waren Männer.

Die australische Studie kann zwar nicht den Anspruch erheben, repräsentativ zu sein, liefert jedoch erstmals erschreckend detaillierte Innenansichten über die Auswirkungen des Stalkings auf die Opfer. Wie andere Untersuchungen ebenfalls belegen, arbeitete ein Drittel der Opfer in sozial anerkannten Berufen, als Arzt, Lehrer, Jurist oder Professor. 29 Prozent der Täter waren Expartner, 34 Prozent der Opfer kannten ihre Verfolger aus dem Job, 21 Prozent hatten zuvor gelegentlichen, 16 Prozent überhaupt keinen Kontakt zu ihrem Stalker. Das Verhalten der Stalker wies große Ähnlichkeiten auf, wobei Telefonterror zu ungewöhnlichen Zeiten im Job oder zu Hause genauso häufig stattfand wie die Belästigung durch die direkte Konfrontation. In einigen Fällen kam es zu Einbrüchen.

Das Stalking begann in jedem zweiten Fall mit Geschenken wie Parfüm, Gutscheinen, Konfekt, Musikkassetten, Plüschtieren, Fotos und Blumen. Später wurden Postkarten mit Abbildungen von Kreuzen und Grabsteinen verschickt. In einem Fall fand eine Frau einen Schweinekopf vor ihrer Tür, eine andere Frau erhielt eine tote Katze. 71 Prozent der Opfer standen, meist über einen längeren Zeitraum, unter Beobachtung ihres Peinigers; oft saß der Täter in seinem Auto vor dem Haus des Opfers oder er bezog in der Nähe der Arbeitsstelle Posten.

Übereinstimmend berichteten viele Opfer, dass ihnen offen mit Vergewaltigung oder Brandstiftung gedroht wurde. Ebenso häufig wurde versucht, die Verfolgten gegenüber Dritten zu diskreditieren, etwa mit dem Vorwurf der Vergewaltigung oder mit der Behauptung, sie seien HIV-infiziert. In 31 Prozent der Fälle wurden die Opfer physisch angegriffen, in einigen Fällen auch Familienmitglieder. In sieben Prozent kam es sogar zu sexuellen Übergriffen. Dabei war die Gewaltbereitschaft höher, wenn zuvor eine Beziehung bestanden hatte.

Alle Stalkingopfer gaben an, dass die Verfolgung einschneidende Auswirkungen auf ihr Leben, ihre Psyche, ihren Job und ihre Beziehungen hatte. Die meisten fühlten sich machtlos und gaben an, physisch und mental unter den Umständen gelitten zu haben. Fast immer waren Angstgefühle die Folge, die sich durch Sprunghaftigkeit, Labilität und Panikattacken bemerkbar machten. Auch chronische Schlafstörungen mit schweren Alpträumen traten auf. Die Hälfte berichtete von Essstörungen und Kopfschmerzen.

Viele Opfer erzählten von bisweilen über die Zeit der Verfolgung zeitlich weit hinausreichenden Angstzuständen, die sich einstellten, sobald das Telefon klingelte. Über ein Drittel zeigte posttraumatische Stresssymtome. Bei 53 Prozent ließ durch die psychische Belastung das Engagement im Job nach. 37 Prozent wechselten den Arbeitsplatz, die Schule oder ihren Beruf. Eine Frisörin konnte ihre Arbeit wegen permanenter Angstzustände und des dadurch ausgelösten fortwährenden Zitterns nicht mehr ausüben. Manche verloren ihren Job wegen der fortgesetzten Anrufe oder wegen der Drohungen gegen ihren Arbeitgeber. Fast alle gaben an, dass ihr Ruf gelitten habe. 65 Prozent der Verfolgten hegten aggressive Gedanken gegen den Stalker.

Die Verfolgung wirkte sich außerdem auf das soziale Umfeld der Opfer aus. So verboten viele der Verfolgten ihren Kindern, die Haustür zu öffnen, trainierten mit ihnen, wie sie sich im Notfall verhalten sollten und welche Notrufnummern zu wählen seien. Fast alle hatten ihre Lebensgewohnheiten geändert und mieden Orte, an denen der Verfolger auftauchen konnte, den Supermarkt etwa oder den Bahnhof. Über 70 Prozent gaben an, dass sich ihr Sozialverhalten durch die Verfolgung verändert hätte. So gingen viele weniger aus, weil sie Angst hatten, ihrem Stalker zu begegnen, zuweilen zerbrachen sogar Freundschaften. In Fällen, in denen der Täter aus der Nachbarschaft stammte, verbrachten die Betroffenen kaum noch Zeit in ihrer eigenen Wohnung. Übereinstimmend berichteten die Verfolgten, dass ihr Stalker immer dann besonders aktiv wurde, wenn er sein Opfer wieder einmal gesehen hatte.

Interessant waren jene Fälle, die zum Zeitpunkt der Befragung durch Mullen und Pathé bereits abgeschlossen waren. Die Hälfte der Betroffenen gab an, dass die Einleitung juristischer Schritte zu einem Ende der Belästigungen geführt habe. In einigen Fällen hatte der Stalker auch ein neues Opfer gefunden. Viele waren allerdings trotz der eingeleiteten rechtlichen Schritte nicht davon überzeugt, dass ihr Leiden damit beendet sei. Sie fürchteten, dass der Liebeswahnsinnige jederzeit wieder aktiv werden könnte.

Eine 34-jährige Frau, die von ihrem Exmann verfolgt wurde, berichtet: »Ich glaube, die meisten Menschen können sich gar nicht vorstellen, wie verheerend es für das eigene Leben ist, wenn man ahnt, dass jeden Moment etwas Schreckliches passieren kann, aber nicht weiß, wann es passiert und wie man sich schützen soll. Das Trauma, das am Ende übrig bleibt, umfasst jeden Lebensbereich und verändert einen vollständig.«

Zu behördlichen Maßnahmen kommt es jedoch oft erst dann, wenn Gewaltdelikte vorliegen. Offenbar wird sichtbare körperliche Gewalt gesellschaftlich deutlich höher bewertet als der schwerer zu quantifizierende psychische und soziale Schaden des Opfers, der von Einkommens- oder Jobverlust bis hin zu sozialem Abstieg und Isolation reichen kann. Immer wieder gibt es Fälle, in denen sich die Opfer am Ende scheiden lassen oder auswandern; andere müssen sich aufgrund der Angstattacken in psychotherapeutische Behandlung begeben.

Wie schnell ein Opfer seinen Ruf verliert und welche gravierenden privaten Auswirkungen das Stalking haben kann, belegt die Geschichte des NDR-Mitarbeiters Manfred, der zwei Jahre von einer Frau verfolgt wurde. Der verheiratete Mann, Vater eines Sohnes, war für seine freundliche Art im Sender bekannt und freundete sich mit einer weiblichen Aushilfskraft an. Wenn es im Sender abends einmal spät wurde, nahm er sie auch mal mit nach Hause.

Doch die Kollegin des Produktionsassistenten deutete seine Offenheit falsch. Sie verliebte sich in ihn und fragte ihn schließlich, ob sie den Kollegen erzählen dürfe, dass sie ein Verhältnis hätten. Sie wolle sich damit ältere Kollegen vom Leib halten, die ihr angeblich nachstiegen. Der junge Mann bat sie jedoch, von dieser ungewöhnlichen Notlüge abzusehen. Ein paar Wochen später wurde er von einem Kollegen angesprochen. »Na, jetzt hast du sie ja doch rumgekriegt.« Es stellte sich heraus, dass seine Kollegin entgegen seiner Bitte verbreitet hatte, sie hätten ein Verhältnis. Manfred stellte sie zur Rede und brach danach den Kontakt zu ihr ab.

Was nun folgte, hätte sich der Produktionsassistent nicht träumen lassen. Ihren Kolleginnen und Kollegen im Sender zeigte die junge Frau blaue Flecken an ihrem Körper und behauptete: »Der Manfred ist ein Schwein. Der hat mich gefesselt, um seine perversen Sexspielchen mit mir zu machen.« Ärztliche Atteste sollten ihre Vorwürfe bestätigen. Mehrmals wurde der Beschuldigte zu seinem Chef gebeten, der sich nur wunderte: »Das hätte ich Ihnen gar nicht zugetraut.«

Aufgebracht drohte das Opfer, juristisch gegen die Verfolgerin vorzugehen. Sie versprach aufzuhören und bat ihn in ihre Wohnung, um die ganze Angelegenheit zu klären. Nachdem er ihr Apartment betreten hatte, schloss sie die Tür, versteckte die Schlüssel und kam mit einem Messer aus der Küche. »Es war der reine Horror: Sie wollte sich umbringen, denn dann würde man mich verdächtigen«, gab der Produktionsassistent später zu Protokoll. »Dann kommst du in den Knast, du Schwein«, habe sie gesagt. Anschließend begann sie, das Wohnzimmer zu verwüsten. Es kostete den jungen Mann einige Mühen, seine Kollegin zu überreden, ihn schließlich doch gehen zu lassen.

Umgehend zeigte er bei der Polizei ihren möglichen Suizid an. Der diensthabende Polizeibeamte rief daraufhin bei der Frau an, die am Telefon jedoch in aller Gelassenheit erklärte, dass es ihr Kollege sei, der sie verfolge: »Der spinnt, der rennt mir seit Wochen hinterher. Der ist nicht ganz richtig im Kopf.« Plötzlich war aus dem Opfer der Täter geworden, was zur unmittelbaren Folge hatte, dass Manfred in diesem Moment erhebliche Probleme hatte, sich dem Polizisten gegenüber zu rechtfertigen.

Eine Woche später wurde die bis dahin ahnungslose Ehefrau des Opfers von der Stalkerin per Telefon über die angebliche Liebesgeschichte informiert. Auch Kollegen und Freunde wurden ausführlich von dem angeblichen Verhältnis in Kenntnis gesetzt. Schließlich tauchte sie bei seinem besten Freund auf, wiederholte ihre Anklage und zeigte ihm die angeblich von Manfred verursachten blauen Flecken. »Es war der Horror«, erinnert sich Manfred. »Es gab niemanden mehr, der mir glaubte.« Seine Verfolgerin hatte inzwischen den Arbeitgeber gewechselt. Doch auch dort verbreitete sie entsprechende Lügengeschichten über ihn.

Als Manfreds Frau mit dem gemeinsamen Sohn verreiste, erhielt sie an ihrem Urlaubsort Briefe, in denen ihr mitgeteilt wurde, sie könne gleich bleiben, wo sie sei, denn sie würde diese »fantastische Liebe« ohnehin nur stören. Die verunsicherte Ehefrau bestieg daraufhin den Zug und stand plötzlich unangekündigt vor der gemeinsamen Haustür. Doch ihr Mann war nicht zu Hause. Ihr anfänglicher Verdacht erwies sich jedoch als unberechtigt: Der Beschuldigte half seinem Schwager beim Ausbau seines Hauses. Erleichtert sagt er heute: »Als meine Frau das sah, glaubte sie mir das erste Mal.«

Noch einmal suchte er die Aussprache mit seiner angeblichen Geliebten. Man traf sich bei seinem besten Freund, doch statt zu einer Einigung kam es lediglich zu wüsten gegenseitigen Beschimpfungen. Nach einer Viertelstunde sei er gegangen, sagt er, aber ein Satz von ihr blieb ihm im Ohr: »Warum soll es dir gut gehen, wenn es mir schlecht geht«, habe sie gesagt, »warum sollst du alles haben – eine glückliche Familie – und ich nichts.«

Völlig hysterisch ritzte sie sich im Beisein des Freundes von Manfred schließlich einen Judenstern in ihr Knie und sagte: »Mir geht es so wie dem verfolgten Volk.« Der Freund rief umgehend den Notarzt, der sie in die Psychiatrie überwies. Nach einer eingehenden Untersuchung der Patientin baten die behandelnden Ärzte Manfred, zu den Vorwürfen ihrer Patientin Stellung zu nehmen. Den Ärzten fiel es angesichts ihrer Erkenntnisse nicht schwer, Manfred Glauben zu schenken. Die blauen Flecken waren nach Ansicht der Ärzte auch nicht die Folge körperlicher Gewalt. Wahrscheinlich hatte sich die Patientin die blauen Flecken absichtlich selber beigebracht. Nach sechs Wochen Therapie wurde sie entlassen. Manfred hoffte, dass nun alles vorbei sei, und schrieb ihr einen Brief: »Tu mir einen Gefallen. Lass uns nie wieder treffen, sehen oder hören.«

Doch es kam noch schlimmer. Die Stalkerin versuchte fortan, sein soziales Leben systematisch zu zerstören. Sie rief bei Freunden von Manfred an, steckte den Nachbarn im Dorf, in dem er wohnte, Zettel in den Briefkasten, auf denen sie behauptete, er habe sie sexuell genötigt und ihr Drogen gegeben. Manfred musste seinem Arbeitgeber schließlich per Attest beweisen, dass er keine Drogen nahm. Nachbarn, Freunde und Kollegen gingen ihm zunehmend aus dem Weg, Kinder hänselten seinen kleinen Sohn und mit seiner Frau hatte er immer häufiger Streit. Auch der Telefonterror ging weiter.

Manfred hatte inzwischen den Ruf, sich mit seinen Frauengeschichten übernommen zu haben. »Am schlimmsten aber«, so erinnert er sich heute, »war der Gedanke, dass meine Frau sich scheiden und unseren gemeinsamen Sohn mitnehmen könnte. Es war die Hölle. Meine Ehe und alle anderen Bereiche meiner Existenz glitten völlig aus dem Ruder – und ich stand daneben und konnte nichts machen.«

In seiner Not rief er die Eltern seiner Verfolgerin an und verabredete sich mit ihnen. Es stellte sich heraus, dass sie in eine andere Stadt gezogen war, nachdem sie dem Leiter einer Schallplattenfirma in ähnlicher Weise nachgestellt hatte. »Danach«, so Manfred, »habe ich Jahre nichts mehr von ihr gehört. Irgendwann erzählte man mir dann, dass sie inzwischen bei Kollegen eines anderen Senders wieder die gleiche Tour abgezogen hat.« Dennoch waren die Folgen für sein Privatleben gravierend. Manfred ist inzwischen geschieden. »Das Stalking«, sagt er heute, »war der erste große Knacks für meine Ehe.« Auch die Beziehung zu seinem ehemals besten Freund ist seitdem nachhaltig gestört.

Da Stalker unter dem Deckmantel der Liebe agieren, haben viele Mitmenschen ein gewisses Verständnis für ihr Verhalten. Da die Täter gleichsam das hohe moralische Gut der Liebe für sich in Anspruch zu nehmen scheinen, ist es für Außenstehende zuweilen schwer zu verstehen, dass heftige Verliebtheit in blinde Besessenheit umschlagen kann und mit Liebe beim besten Willen nichts mehr zu tun hat. Falsch verstandener Täterschutz kann jedoch das Leid der Opfer beträchtlich steigern.

In einem Interview mit dem US-Nachrichtenmagazin »Newsweek« erklärt Randi Barber, die 1998 von einem Internet-Stalker verfolgt wurde (siehe Seite 134): »Sie können sich nicht vorstellen, wie wertvoll Ihr Privatleben ist, bevor jemand kommt und es Ihnen nimmt. Ich fühlte mich beschmutzt – obwohl ich nicht einmal berührt wurde. Bei der Arbeit konnte ich meinen Kollegen nicht mehr ins Gesicht schauen. Sie hätten es nicht geglaubt, solange es Ihnen nicht selber passiert wäre.«

Fatal sind auch die Spätwirkungen des Stalking. Selbst wenn die Verfolgung längst aufgehört hat, können die Erlebnisse noch lange nachwirken. Eine junge Bremerin fand eines Tages ihre Wohnung aufgebrochen und ihre komplette Wäsche gestohlen. Mit den Worten: »Jetzt kommst du endlich zu mir«, meldete sich ein Kommilitone bei ihr. Da weder einstweilige Verfügungen halfen noch entschlossene Freunde, die dem Verfolger eine Tracht Prügel androhten, flüchtete sie schließlich in ein Heidedorf und meldete ihr Telefon über ihren Freund an. »Obwohl es sieben Jahre her ist«, erzählt sie, »bekomme ich Herzrasen und zittere am ganzen Körper, wenn ich, wie es mir neulich passierte, in der Stadt mit meinem Auto direkt neben seinem an der Ampel stehe.« Mit quietschenden Reifen sei sie in die nächste Straße gebogen und erst wieder zur Ruhe gekommen, als sie sicher sein konnte, dass er ihr nicht gefolgt war.

Die australischen Opferforscher Mullen und Pathé sind der Überzeugung, dass es zwingend notwendig ist, die Motive und das Verhalten von Stalkern zu untersuchen und die Öffentlichkeit zu informieren. Denn Stalking gilt nach wie vor als ein wenig erforschtes Phänomen. Nur eines, so Mullen und Pathé, stehe fest: Stalking sei »emotionale Vergewaltigung« und »psychologischer Terrorismus«.

Stalking – Einzelfälle oder Zivilisationskrankheit?

Woran liegt es, dass das Phänomen Stalking am Ende des 20. Jahrhunderts weit verbreitet scheint und womöglich noch zunimmt? Nach einer Studie des amerikanischen Justizministeriums stellt die sogenannte »unerwünschte Aufmerksamkeit« in Amerika ein größeres soziales Problem dar als bisher vermutet. In der US-Studie heißt es, dass allein 1997 mehr als eine Million amerikanischer Frauen und 370.000 Männer Opfer von Stalkern wurden. Belästigung und Verfolgung erstreckten sich im Schnitt über jeweils 20 Monate, neun von zehn Opfern waren gezwungen, den Wohnort und/oder den Arbeitsplatz zu wechseln. Entwickelt sich ein lange bekanntes Phänomen zum Ende dieses Jahrtausends langsam zu einer Epidemie?

Da das Problem in Deutschland noch nicht einmal erkannt ist, kann hier über seine Ursachen nur spekuliert werden. Es gibt bestimmte Entwicklungen, die möglicherweise Stalking begünstigen. Traditionelle Familienbindungen lösen sich auf, die Scheidungsraten steigen und die Zahl der Singlehaushalte nimmt zu – die Menschen vereinsamen.

Als Folge konstatieren Seelsorger und Gesundheitsexperten eine Zunahme psychischer Störungen. Psychotherapeuten und Psychologen stellen mit Sorge fest, dass Persönlichkeitsstörungen immer häufiger auftreten. Soziologen, Politiker und Theologen beobachten einen eindeutigen Trend zur Ego-Gesellschaft, in der der Gemeinschaftssinn verkümmert. Ist Stalking womöglich nur Vorbote einer zunehmend narzisstisch ausgerichteten Gesellschaft, in der das Individuum vor allem sich selber und seine Bedürfnisse wahrnimmt?

Der amerikanische Psychiater J. Reid Meloy aus San Diego, der die Fälle von 180 gerichtlich belangten Täter ausgewertet hat, stellt fest, dass drei von vier Stalkern unfähig waren, eine reife Beziehung einzugehen. Fast die Hälfte war nie verheiratet, drei Viertel waren zum Zeitpunkt der Tat ohne Lebensgefährten. »Dieser durchgehende Trend legt nahe, dass chronisches Versagen in sozialen und sexuellen Beziehungen im frühen Erwachsenenalter eine notwendige Voraussetzung für das Entstehen von Stalking ist«, schließt Meloy.

Für diese These spricht vieles. Die Diplom-Psychologin Elisabeth Grothmann aus der Beratungsstelle für Familien-, Ehe- und Lebensfragen in Wetzlar bezeichnete in einem Vortrag vor Mitarbeitern von Beratungsstellen die emotionale Situation von Kindern als »alarmierend«. Was in Kindergärten, Schulen und in der Kirche seit längerem bekannt sei, schlage sich nun auch in der Beratungsarbeit nieder: Immer mehr Kinder, so Grothmann, litten unter einem Mangel an emotionaler Zuwendung im Elternhaus. Der ökonomische Druck auf die Eltern, bedingt durch Arbeitslosigkeit oder drohenden Jobverlust, führe zu einer einseitigen materiellen Bewertung des Lebens. »Die Fähigkeit zu gegenseitigem Vertrauen nimmt ab, unter Kindern und Jugendlichen entwickelt sich eine starke Ich-Bezogenheit«, resümiert Grothmann.

Der Vorstand des Diakonischen Werkes Augsburg, Hanns-Ewald Fehr, äußerte der Deutschen Presseagentur gegenüber, dass die Zahl der Anrufe bei der Telefonseelsorge derzeit bundesweit jährlich um 30 Prozent wachse. Bei diesen Gesprächen spielten psychische Probleme eine große Rolle. Als Gründe für diese Zunahme nannte Fehr unter anderem steigende Leistungsanforderungen und Vereinsamung: »Wir haben wenige Familien, wo die Probleme miteinander besprochen werden. Jeder führt sein eigenes Leben.« Fehr sieht bei psychisch Kranken die Gefahr, in die Kriminalität abzugleiten: »Die Familientragödien, von denen wir täglich lesen, stellen nur die Spitze des Eisbergs dar.«

Ob diese gesellschaftlichen Entwicklungen tatsächlich die Entstehung von Stalkerpersönlichkeiten begünstigen, ist nicht bewiesen. Doch es liegt nahe, dass die fortschreitende Isolierung vieler Menschen das Bedürfnis nach Nähe verstärkt. Das allein reicht freilich nicht, um jemanden zum Stalker zu machen. Eine Besessenheit für den angeblich geliebten Menschen, die einzige und wichtigste Person in seinem Leben zu werden oder zu sein, muss hinzukommen.

Es fällt auf, dass Stalker selten ein Schuldbewusstsein entwickeln. Schließlich erweisen sie sich bei der Verfolgung als äußerst beharrlich, eine Tugend, die in der Gesellschaft uneingeschränkt positiv bewertet wird. In Stellenanzeigen werden denjenigen beste Aufstiegschancen in Aussicht gestellt, die »innovativ, zielstrebig und belastbar« sind so wie Stalker.

Zudem wohnt dem Stalking auf den ersten Blick auch ein Hauch Romantik inne. Ein beliebtes Motiv in Kinofilmen ist der Mensch, der sich verliebt, ohne dass seine Gefühle anfangs erwidert werden. Erst nach langen Verwicklungen gibt es am Ende doch noch ein Happyend. Die Botschaft ist klar: Wer lästig ist, wird belohnt. Beharrlichkeit zahlt sich aus!

Handy, Internet, Datenflut – Warum der Fortschritt Stalkern hilft

Dass die Zahl von Stalkern, die Prominente verfolgen, groß ist und anscheinend weiter wächst, hat vermutlich einen weiteren Grund: In früheren Jahrhunderten gab es wesentlich weniger geeignete Liebesobjekte und praktisch keinerlei Chance, sie jemals zu erreichen.

Heutzutage gebiert die Medienwelt täglich neue Stars, die mit Homestories, Paparazzifotos und freimütigen Talkshow-Geständnissen den Medienkonsumenten ein scheinbares Gefühl von Nähe und Offenheit vermitteln. Jeder Star ist im globalen Mediendorf immer und überall verfügbar, selbst wenn er in einem anderen Land lebt. Ein erotomaner Stalker hat so, bedingt durch seine Erkrankung, das Gefühl, sein Liebesobjekt genau zu kennen, und glaubt, dass der Radiomoderator, der Schauspieler oder der TV-Talker allein zu ihm spricht.

Amerikanische Polizeibeamte stellten bei ihren Verhören immer wieder fest, dass Stalker sich eine komplette Liebesgeschichte mit ihrem Opfer zusammenfantasieren. Wenn sie diese Fantasien in der Realität ausleben wollen, erwarten sie, dass das Objekt ihrer Begierde ihren Vorstellungen entsprechend ihre Zuneigung erwidert. Wenn das nicht geschieht, reagieren sie frustriert. Wenn sie mit Drohungen und Einschüchterungen ihr Ziel nicht erreichen, können sie gewalttätig werden.

Gleichzeitig begünstigen die modernen, schnellen, anonymen und preiswerten Kommunikationsmittel die Aktionen von Stalkern. Mit Telefon, Fax oder E-Mails stehen Möglichkeiten der Kontaktaufnahme zur Verfügung, die es bis vor kurzem noch nicht gab. Musste man früher einen Brief schreiben und absenden, greift man heutzutage einfach zum Hörer oder schickt E-Mails. Hinzu kommt die heutige Mobilität. Mit Flugzeug, Bahn oder Auto ist jedes noch so weit entfernte Ziel schnell zu erreichen.

Auch die Fülle persönlicher Daten, die bei Behörden, Versicherungen, Banken oder Versandhäusern gespeichert sind, bieten Stalkern hervorragende Möglichkeiten, um Informationen über ihre Opfer zu sammeln. Private Angaben unterliegen zwar dem Datenschutz, sind für Stalker deshalb aber nicht unerreichbar. Sie entwickeln oftmals ungeahnte Kreativität und Energie, um an die begehrten Informationen über das Objekt ihrer Begierde heranzukommen. Opfer von Stalkern wundern sich immer wieder, dass sie nach einem Umzug an einen anderen Ort trotz der Sperrvermerke bei städtischen Behörden und Telefongesellschaften von ihren Verfolgern umgehend aufgespürt wurden. Selbst wer auswandert, kann nicht sicher sein, unerkannt zu bleiben.

7. »Eine grausam-quälende Geschichte«

Der Stalking-Fall des Musikkritikers Prof. Dr. Joachim Kaiser

Wollen Sie mir einen Kuss geben?
Wollen wir eine Nacht nebeneinander liegen?
Wollen Sie mit mir schlafen?
Hartnäckige Verehrerin des Musikkritikers
Prof. Dr. Joachim Kaiser

Über vier Jahre wurde der bekannte Musikkritiker Professor Joachim Kaiser von einer jungen Studentin verfolgt. Kaiser gehört zu den profiliertesten Musikkritikern Deutschlands. Den Lesern der »Süddeutschen Zeitung« ist er seit den fünfziger Jahren als ebenso kundiger wie unnachgiebiger Rezensent klassischer Musik bekannt. Er ist Autor zahlreicher Bücher wie »Leben mit Wagner« und lehrt seit 1977 an der Staatlichen Hochschule für Musik und darstellende Künste in Stuttgart.

Für dieses Buch hat Professor Kaiser die Umstände seines Stalkingfalls dokumentiert, seine Erfahrungen und seine Gedanken, seine Wut und die gleichzeitige Hilflosigkeit beschrieben. Der Fall endete mit dem Tod der offenbar geistig verwirrten Frau. Er begann mit Telefonaten und Briefen wie dem folgenden:

24. Juni 90
Lieber Joachim Kaiser,
ich sehne mich danach, mit Ihnen in einem Bett zu liegen.
Es ist wie in dem Märchen von der Gänsemagd: Klag dein Leid dem Ofen! Sie verstehen wie kein anderer zu hören, und verweigern so unerbittlich wie kein anderer eine Antwort.
Der gegenseitige Gebrauch der Geschlechtsorgane ist

für mich die sicherste Methode, die Anziehung zu einem Mann zu verlieren. Ihre Frau braucht keine Angst zu haben. Wenn wir zusammen im Bett waren, sind Sie mich wahrscheinlich endlich los.

Verflucht! Warum schreiben Sie mir nicht einmal einen Brief? Erzählen von sich? Das zeitliche Zusammentreffen, daß ich Sie wie eine Traumwandlerin verfolge und der Beginn Ihrer Wagner-Vorträge hat Sie berührt, vermute ich. Warum hat Wagner für Sie so große Bedeutung? Ich glaube, Sie selbst sind alle diese Zentral-Figuren, die im Grunde eine einzige sind: ein auf Erlösung Hoffender. Was für eine Erlösung suchen Sie?

Der Wert, den wir beide füreinander haben könnten, ist vielleicht platonische Erotik. Zuerst habe ich Sie als Wahnsinnige verfolgt, dann haben sich die politischen Ereignisse und meine Gedanken auf so sonderbare Weise überkreuzt, daß ich mich beeilt habe, mich für wahnsinnig zu erklären. Dann habe ich angefangen zu vermuten, daß Sie – und der Herr im Nebenzimmer – den Ball, den ich Ihnen zugeworfen habe, aufgefangen haben und mir wieder zurückwerfen. Daß Sie mich ernst nehmen, dafür bin ich Ihnen sehr dankbar – eine Wunscherfüllung, die mir wichtiger als vieles andere ist. Aber diesen verfluchten Ball da, den will ich nicht. Bitte.

Schreiben Sie mir? Erzählen Sie von sich?

Alles Gute

A.

Nach zahlreichen Versuchen der Frau, ihrem Idol nahe zu kommen, schrieb Kaiser folgenden Brief an die Münchner Polizei:

Polizeipräsidium München - Direktion 21.11.90
Ettstraße 2
8000 München 2

Sehr geehrte Herren,
Fräulein A.G., eine junge, intelligente, partiell geistesgestörte Studentin, die sich in psychiatrischer Behandlung befindet und auf freiem Fuß ist, stellt mir seit Monaten, bisher noch ohne mich tätlich zu bedrohen, nach. Sie hat wiederholt Hausfriedensbruch begangen, Hotelzimmer erklettert, sich nicht abwimmeln lassen.
Auch in der Nacht vom 21. November, wo sie vorher noch einen Vortrag von mir besucht hatte, drang sie in unseren Garten ein, legte einen Ingeborg-BachmannText, eine Puppe und ihren Reisepaß auf zwei Stühle - und verschwand.
Da die junge Frau offensichtlich nicht ganz zurechnungsfähig ist, mich auch schon der wildesten Spionage-Untaten für die DDR, Rußland und China schriftlich bezichtigt hat, fühlen meine Frau und ich uns von ihr durchaus bedroht.
Darum geben wir den Paß, der bei uns niedergelegt worden ist, an die Polizei weiter und werden Fräulein G., die sich sicherlich wieder melden wird, ans Polizeipräsidium verweisen.
Zu keiner Zeit, das möchte ich noch hinzufügen, haben irgendwelche näheren privaten Beziehungen zwischen der jungen Dame und mir bestanden.

Mit vorzüglicher Hochachtung
Prof. Dr. Joachim Kaiser

Fräulein G. weitete ihre Aktivitäten jedoch aus und schrieb nun in Form eines Serienbriefes auch andere deutsche Feuilletongrößen wie Michael Rutschky (Die Tageszeitung), Mathias Matussek (Der Spiegel) sowie den Dichter Botho Strauß an.

4.12.1990
Lieber Michael Rutschky, lieber Mathias Matussek,
lieber Botho Strauß,

seit zwei Jahren werde ich von Rachegeistern gejagt. Ich kenne das Verbrechen nicht, wegen dem sie mir geschickt worden sind. Vielleicht war es versuchter Vatermord, Vatermord im Geiste. Ich schreibe Ihnen, weil ich hoffe, daß unser schriftliches Gespräch ein Schritt auf dem Weg ist, das unbekannte Verbrechen zu sühnen.
Die Menschen in meiner Umgebung sagen, daß ich einen Verfolgungswahn habe. Ich sage, daß ich verfolgt werde. 1984 von George Orwell wird gewöhnlich als bloße Fiktion gelesen. Ich nehme an, daß das Buch einen ungefähr 1948 geschlossenen geheimen Vertrag beschreibt, der ungefähr ab 1984 eingelöst werden dürfte. Ich bin diejenige, die gefoltert wird. Und der, der foltert, ist Joachim Kaiser.

Alles Gute
A.

Einen Tag später schreibt die junge Frau den nächsten Serienbrief. Das erwähnte »Streiflicht« meint die Leitglosse auf Seite eins der »Süddeutschen Zeitung«, die gelegentlich auch von Professor Kaiser verfasst wird.

5.12.1990

Lieber Michael Rutschky, lieber Mathias Matussek,
lieber Botho Strauß,

es ist mit der heutigen Technik möglich, die gesamte Bevölkerung eines Landes akustisch und visuell zu überwachen. Ist es denkbar, daß Politiker der freien Welt das ihnen von den Leuten entgegengebrachte Vertrauen brechen? Die Rede ist frei kann auch bedeuten, sie ist beliebig, ihre Wahrheit ist unüberprüfbar. Außer Überwachung im Geheimen und Belügen der Öffentlichkeit nehme ich noch eine dritte, noch unwahrscheinlichere Voraussetzung an: Die im Verborgenen Mächtigen geben uns die Chance, ihr Geheimnis aufzudecken, sie zu entthronen. Dann, wenn die Reaktion auf die Möglichkeit des Überwacht - und Belogenwerdens nicht Gleichgültigkeit ist, sondern flammender Widerstand.
Die Streiflichter in der Süddeutschen Zeitung eignen sich ausgezeichnet für eine Technik der indirekten Mitteilung. Der manchmal ernste, manchmal zynische, meist ironische Kommentar einer Meldung läßt sich nur in seltenen Fällen auf eine eindeutige Aussage herunterhandeln; die wöchentliche erste Aussage erscheint nur als der Vordergrund, hinter dem schillernd ungewiß andere Bedeutungen sichtbar werden.

Alles Gute
A.

Der für seine Umgangsformen bekannte Professor Kaiser bittet nach den nunmehr fast drei Jahre anhaltenden Nachstellungen seine Verfolgerin in einem harschen Brief, ihre Verfolgung einzustellen:

13.04.93

Sehr geehrte Frau A. G.

ich bin kein Monster - darum sehe ich mit einer Mischung aus Rührung und Entsetzen, wie sie immerfort die sinnlose Beschäftigung mit meinen Vorträgen zum Mittelpunkt Ihres Lebens, Denkens und Katalogisierens machen.

Ich weiß nicht, wie oft ich Ihnen schon gesagt habe, daß diese Mitschriften, voller Fehler und Wiederholungen, wie sie unvermeidbar sind, für keinen Menschen irgendeinen erkennbaren Wert haben, daß ich aus schlichter Faulheit die vielen hundert Sendungen, die Sie mir im Laufe der Zeit haben zukommen lassen, nicht immer wieder neu frankierte und retournierte.

Jetzt ist Ihnen eingefallen, meine unübersehbar zahlreichen Vorträge nun auch noch systematisch durchzuforsten: die Themen, Musikbeispiele und so weiter aufzulisten. Auch damit wird nichts gewonnen. Genauso gut könnten Sie nachzählen, wie oft ich gewisse Buchstaben verwende oder Worte abwandle.

Aber Sie machen - um irgendeinen aberwitzigen Sinn in Ihrer Existenz zu fügen - diese beschwerlichen Arbeiten ja Tag für Tag, Stunde für Stunde; und im Laufe der Zeit leiten Sie daraus dann doch irgendwelche Rechte oder Überlegungen ab, wollen Sie mit mir über Korrekturen und finanzielle Beteiligung diskutieren.

Alles das liegt mir fern. Ich brauche Ihre Mitschriften und Auflistungen nicht - und ich sehe auch nicht, wie Sie nach meinem Tode für irgend jemanden nützlich werden könnten. Alles, was über die Videoaufnahmen

und ihre Verwendung zu bereden ist, betrifft nieman-
den andern als Herrn H. und mich.
Dies ist die Situation, wie sie sich dank Ihrer
irrsinnigen Unbeirrbarkeit ergeben hat.
Aber nun muß ich Sie darauf hinweisen, inwiefern Sie
im Begriff sind, mich nicht nur in meiner Arbeit zu
stören, sondern auch strafrechtlich zu hintergehen.
Daß es Ihnen gelungen ist, mir den Spaß an meinen
Gasteig-Vorlesungen zu trüben, daß ich deshalb über
Tristan, Meistersinger und Parsifal viel weniger
Vorlesungen hielt, als ich eigentlich gekonnt und
gewollt hätte: Sie haben es erreicht; denn man kann
sich gegen Menschen wie Sie nicht wehren! Daß Sie mit
meinem geistigen Eigentum bei Dritten antichambrier-
ten, Ihre Nachschriften ohne meine Zustimmung (die
ich nie gegeben hätte oder geben würde) zahlreichen
deutschen Intellektuellen geschickt haben (Baumgart,
Wapnewski), ist auch unerlaubt. Was die sich ange-
sichts des von Hörfehlern wimmelnden Gestammels den-
ken mußten, hat mir beispielsweise Reinhard Baumgart
beunruhigt erzählt. Ganz und gar ungehörig und tat-
sächlich verboten aber ist es, daß Sie mit meinem
geistigen Eigentum (natürlich ohne jede Ermächti-
gung!) zum Rundfunk oder gar zum Fernsehen vorzusto-
ßen versuchen und daß Sie nun sogar über die Art Ihrer
finanziellen Beteiligung mit mir reden wollen. So
untersage ich Ihnen – in diesem, meinem hoffentlich
letzten notwendig werdenden Schreiben an Sie –
strikt, dass Sie Ihre Mitschriften, die ja mein
geistiges Eigentum enthalten, dritten Personen zur
Verfügung stellen. Ich untersage Ihnen genauso, mit
Rundfunk- oder Fernsehredakteuren über die Verwer-
tung, beziehungsweise Verwurstung, meiner Wagner-
Vorträge zu verhandeln.
Natürlich weiß ich, daß man mit einem Menschen wie

Ihnen nicht verbindlich reden kann. Manches, was Sie vielleicht heute einsehen, wird Ihnen morgen völlig anders erscheinen. Aber Sie sollten doch wissen, daß es eine Grenze gibt, in das Leben Dritter, Fremder, selbständiger Personen einzugreifen. Falls Sie tatsächlich den Versuch unternehmen sollten, mein geistiges Eigentum weiterhin unter die Leute zu bringen oder irgendwie zu veräußern, so müßte ich Sie wegen Diebstahls anzeigen.
Ich hoffe natürlich, daß ein solches Vorgehen nach diesem Brief nicht nötig ist, wünsche Ihnen den Entschluß zu wirklicher Genesung und bin

mit vorzüglicher Hochachtung
Prof. Dr. Joachim Kaiser

»Wie Fräulein G. in mein Leben eindrang ...«

Von Prof. Dr. Joachim Kaiser

Während ich Hunderte von Briefen, Postkarten, Polizeiakten und Nachschriften meiner Vorlesungen, die alle Fräulein G. einst gemacht oder provoziert hat, durchblättere, spüre ich, dass die Darstellung dessen, was diese junge Frau von mir wollte, wahrscheinlich abenteuerlich, leidenschaftlich-unkonventionell, ja reizvoll wirken könnte. Doch das war nicht der Fall. Es handelt sich um eine harmlos beginnende, von mir kaum beachtete oder gar durchschaute, am Ende grausam-quälende und schließlich mörderische Geschichte.

Eine junge Frau, Studentin, die offenbar mehrfach in irgendwelchen Vorträgen oder Vorlesungen von mir gewesen war, bat telefonisch um die Gelegenheit zu einem Gespräch in der »Süddeutschen Zeitung«. Es kam ziemlich lange nicht dazu, schließlich fand es statt. Fräulein G. wirkte dabei recht intelligent; sie schien sich für meine Aktivitäten brennend zu interessieren, hatte auch selber offenbar Schriftstellerisches vor. Sie sah keineswegs sehr attraktiv aus. Legte offensichtlich auch keinen Wert darauf. War eher ungepflegt, an ihrem Äußeren uninteressiert. Doch nicht in einem solchen Maße, dass es abstoßend gewirkt hätte …

Sie erzählte mir von ihrer akademischen Arbeit bei Professor T. (den ich über H. kannte). Ich bat sie, auch um dem Gespräch ein Ende zu machen, mir doch das Manuskript zu schicken. Falls es mir zusage, mich interessiere, würde sie von mir hören.

Ich bekam das Manuskript. Es begann als sehr anspruchsvolle Arbeit über die Philosophie Wittgensteins. Verwirrte sich dann nicht nur dilettantisch-nebulös, sondern völlig bizarr. Sinnlos. Krank. Dass die Studentin damit, freilich – wenn ich nicht irre – bei denkbar schlechter Benotung akademisch überhaupt hat durchkommen können (»ausreichend« oder so), verwundert mich sehr. Offenbar wollte T. keine Schwierigkeiten. Später verstand ich seine Haltung …

Ich reagierte also nicht. Ließ mich bei Telefonaten, wenn möglich, verleugnen. Das half mir wenig. Denn Ende der 80er, Anfang der 90er Jahre begann ich in München eine umfangreiche Vorlesungsreihe über Richard Wagners Werke zu halten. Fräulein G. besuchte nicht nur alle diese Vorlesungen, sondern nahm sie als Lebensersatz. Schrieb Tausende von Seiten – der weit über 60 immerhin jedes Mal zweistündigen – Vorlesungen nach und schickte mir ihre Elaborate.

Das wäre noch nicht schlimm gewesen. Doch Fräulein G. sandte mir auch zahllose Briefe, in denen sie mich als Spion für die UdSSR oder China ausmachte, der ihr über die anonymen »Streiflichter« der Süddeutschen Zeitung ständig Botschaften zukommen lasse. Wann immer ich hier in München bei einer Buchpräsentation oder einem Literatenfest öffentlich auftrat, drängte sie sich, wie zugehörig, neben mich – irgendwie eine Mischung zwischen Geliebter und kleinem Hündchen. Alle Welt ließ das liberal geschehen. Manche dürften gedacht haben, der Kaiser hätte sich eine Freundin zugelegt …

Aber auch das war keineswegs alles. Jetzt erschien Fräulein G. in meinem Grundstück. Legte dort Puppen ab, Räucherwerk, einmal ihren Pass … Während einer Vorlesung im Gasteig lief sie nach vorn, warf mit einer Kugel nach mir. Die Zuhörer schrien auf! Aber es war nur ein Papierball, der als Kern die Worte enthielt: »Ich liebe dich«.

Wie lästig, belästigend und lebenszerstörerisch das alles wurde, lässt sich kaum beschreiben. Auf meinen Reisen (mit großer Findigkeit brachte sie immer heraus, wohin ich unterwegs war, in welchem Hotel ich logierte, wo ich aktiv wurde) erschien sie oft genug im Eisenbahnabteil, legte sich im Durchgang auf den Boden, war da und nicht zu vertreiben …

Weil sie partiell recht intelligent schien, versuchte ich zunächst, sie mit Überredung zurückzuhalten. Die Phrasen nützten nichts (»Ich könnte ihr Vater sein«, »Suchen Sie sich doch einen Gleichaltrigen« usw.). Sie wirkte manchmal ganz verständig. 24 Stunden später begann das alte Spiel, begann die Demonstration ihrer sexuellen Obsessionen von neuem. Ich schrieb ihr also Briefe. Verbot ihr, die höchst unvollkommenen Vorlesungsmitschriften unbefugterweise beim Rundfunk, beim Fernsehen, bei meinen literarischen Kollegen einfach unterbringen zu wollen.

War sie in meinem Grundstück, dann bemühte ich die Polizei. Das arme Ding wurde »verhaftet«. Das heißt: mitgenommen zur Wache, musste sich dort ausweisen. Zwei Stunden später war sie dann wieder präsent. (Ein Glück, dass sie ziemlich hässlich gewesen ist. Ich hätte sie sonst vielleicht wütend verdroschen und bestimmt für alle Ewigkeit an mich gekettet.)

Alles, was folgte, führte zu nichts. Wir telefonierten mit den Eltern von Fräulein G., die den Eindruck erweckten, sie seien eigentlich nicht zuständig. Sie erhielt überall Hausverbot, wo ich öffentlich auftrat: saß dann wie ein Gespenst an der Garageneinfahrt der jeweiligen Vortragsorte. Hatte irgendwelche Verwandten oder Freunde gebeten, meine Vorträge mitzuschneiden, damit sie sie abschreiben könne. Irgendwie machte es ihr auch Spaß, sich – im Zusammenhang mit meiner Frau und mir – sozusagen in einem problematischen Dreiecksverhältnis, welches einer Lösung bedürfe, zu befinden.

Natürlich wurden auch Psychologen und psychiatrische Berater eingeschaltet. Sie war ja schon früher in Behandlung und in einer Klinik gewesen. Doch alles das bewirkte wenig. Sie hatte mir noch nichts getan … Sich zu verlieben, erotisch sexuell eindeutige Briefe zu schreiben ist ja nicht verboten. Sie regelrecht zu verklagen, zögerten meine Frau und ich. Denn sie wirkte nicht ungefährlich, gleichermaßen verrückt wie klar.

Einem vernünftigen Arzt war dann doch gelungen, das Fräulein G. nach Haar, die Irrenanstalt bei München, bringen zu lassen. Dort sprach sie offenbar am nächsten Tage recht gescheit auf einen jungen akademischen Arzt ein, der überhaupt nicht verstand, weshalb man eine so intelligente Frau einsperre. Sie kam sofort frei.

Und das Gewohnte ging weiter. Sie radelte hinter mir her, fragte mich, eigentlich ganz rührend, warum ich »so garstig« sei, schrieb weiter Briefe, erschien nachts vor meinem Haus, telefonierte, war omnipräsent. Dann nahm sich eine kluge Ärztin, Frau Dr. G., ihrer an. Denn mein großes Publikum der regelmäßigen Wagner-Vorlesungen spürte nur zu deutlich, wie ablenkend Fräulein G. mich verwirrte und fast dazu führte, dass ich am liebsten alle öffentlichen Auftritte abgesagt hätte, was meinen Hörern vielleicht ein wenig schmerzlich gewesen wäre.

Frau Dr. G. schaffte es, Fräulein G. zu ängstigen. Die arme junge Kranke fürchtete, dass sie es vielleicht doch nicht mehr so leicht haben würde, frei zu sein und mit mir zu kommunizieren. Was zahlreiche Briefe meinerseits genauso wenig geschafft hatten wie offizielle Hausverbote, das ereignete sich nun: Fräulein G. wurde der Boden heiß. Sie wollte kurz in die Schweiz, wo ihre Eltern oder Verwandten offenbar ein Chalet besaßen. In der Schweizer Bundesbahn fiel sie einem Bahnbeamten auf. Sie hatte wohl weder Papiere noch Fahrkarten. Daraufhin verließ sie verwirrt den fahrenden Zug, genau in dem Augenblick, da von der anderen Seite ein Express heranbrauste …

Alles das hätte man der Unglücklichen ersparen können mit vernünftiger (auch medikamentöser) Behandlung und fortschrittlicher Gesetzgebung. Ich wünsche niemandem das Schicksal der Unseligen. Aber auch meinem schlimmsten Gegner vermöchte ich nicht zu wünschen, dass er auszuhalten hätte, was diese Kranke für mich war.

8. »Das ist Ihr privates Problem«

Die Hilflosigkeit von Polizei und Justiz

»Heute sagen wir laut und deutlich:
Wenn du jemanden verfolgst und belästigst,
wird dich das Gesetz verfolgen, wohin du auch immer gehst.«
US-Präsident Bill Clinton anlässlich der Unterzeichnung
eines Anti-Stalking-Gesetzes im Jahre 1996

Leider hat ein Bundeskanzler einen solchen Satz bisher noch nicht gesprochen. Der Rechtsschutz für die Opfer von Stalkern ist in Deutschland nach wie vor unzureichend. Wer belästigt, eingeschüchtert oder verfolgt wird, kann hierzulande gerade das nicht tun, was Experten übereinstimmend empfehlen: Seinen Peiniger gleich am Anfang stoppen.

Wie häufig Stalking in Gewalttätigkeit umschlägt, lässt sich nicht präzise beantworten. Der amerikanische Psychiater J. Reid Meloy kommt zu dem Schluss, dass etwa 50 Prozent der Täter ihren Opfern gegenüber Drohungen aussprechen. Allerdings setzt nur ein Viertel diese Drohungen in Tätlichkeiten um. In zwei Prozent dieser Fälle geschieht tatsächlich ein Mord.

Der kalifornische Kriminologe Eric Hickes betont in einem Internetkommentar: »In dem Augenblick, wenn jemand den anderen abweist, und der andere kommt zurück, kann schon Ärger in der Luft liegen. Stalking ist nicht einfach nur ein Verbrechen, sondern eine Phase in der Entwicklung von Verbrechen.«

Der amerikanische Sicherheitsberater Gavin de Becker hat zusammen mit dem Psychiater Park Dietz über 125 000 Drohbriefe an Prominente ausgewertet. Er kommt zu dem Schluss: Hunde, die bellen, beißen nicht, oder: Stalker, die drohen, sind mit ziemlicher Sicherheit harmlos. Gefährlicher sind jene, die vom »gemeinsamen Schicksal« schreiben – sie meinen es bisweilen tödlich.

Welcher Stalker handgreiflich wird, lässt sich nicht exakt sagen. Fest steht nur, dass es bisher zahlreiche Fälle gab, in denen Opfer die Polizei und Behörden immer wieder um Hilfe baten, ohne dass etwas geschah. Die Polizei griff oft erst ein, wenn ein Verbrechen geschehen war, wie im eingangs dokumentierten Fall aus der Pfalz, bei dem drei Menschen umgebracht wurden (siehe Seite 24).

Die Ursachen für die zögerliche Haltung der Behörden hat verschiedene Gründe. Zum einen befassen sich Polizei und Justiz nur ungern mit Fällen, bei denen es sich vermutlich um rein private Auseinandersetzungen handelt. Zum anderen ist dem deutschen Gesetzgeber bisher unbekannt, dass es sich bei den als Stalking bezeichneten Taten nicht um eine Folge einzelner mehr oder minder schwerer Straftaten, sondern um ein zusammenhängendes Tatgeschehen handelt. Bezeichnend ist, dass es im Deutschen noch kein Wort für diese Tat gibt.

Der entscheidende juristische Schwachpunkt ist, dass es an einer einschlägigen Strafvorschrift fehlt. Birgit Schweickert vom Berliner Interventionsprojekt gegen häusliche Gewalt, kurz BIG, das 1994 gemeinsam vom Bundesfamilienministerium und dem Land Berlin gegründet wurde, weiß, »dass es gerade in Folge von Trennungen häufig zu Verfolgungen kommt«. Das Leiden der Opfer wird von den Strafverfolgungsbehörden jedoch oft nicht ernst genommen. Im Gegenteil: Oft wird betroffenen Frauen aus Unkenntnis sogar davon abgeraten, gerichtlich vorzugehen. »Gerade in solchen Fällen«, so Schweickert, »sind eindeutige Mängel im deutschen Strafrecht festzustellen.« Obgleich das deutsche Strafgesetzbuch seit seiner ersten Fassung aus dem Jahre 1871 wieder und wieder geändert und modernisiert worden ist, sucht man den Tatbestand Stalking darin vergebens.

Stalkingopfer sollten sich allerdings von einem Trugschluss verabschieden: Nicht immer helfen einstweilige Verfügungen oder Unterlassungsklagen, um einen Stalker in seine Grenzen zu weisen. Ist der Stalker nämlich sehr emotional engagiert und meint, er hätte bestimmte Ansprüche, wie es bei Expartner-Stalkern oft der Fall ist, dann kann eine gerichtliche Verfügung auch das Gegenteil bewirken, nämlich eine Eskalation.

Nicht einmal rechtskräftige Verurteilungen sorgen für dauerhaften Schutz oder garantieren ein Ende der Belästigungen. Im Gegenteil: Da die Täter in den seltensten Fällen eine Haftstrafe antreten müssen oder nur in sehr schweren Fällen in eine psychiatrische Klinik eingewiesen werden, können juristische Schritte das Stalking sogar noch verschärfen, weil der

Täter auf Rache sinnen wird. Da Aufwand, Kosten und Wirksamkeit nicht immer in einem günstigen Verhältnis stehen, sollte jeder juristische Schritt genauestens überlegt werden.

9. Wie Stalking-Opfer rechtlich vorgehen können

Von Kirsten Luxenburg

Die Rechtsanwältin Kirsten Luxenburg aus Flintbek bei Kiel hat sich auf die Vertretung von Gewaltopfern spezialisiert und ist ehrenamtliches Mitglied im »Weißen Ring«. Sie beschreibt im Folgenden, welche juristischen Möglichkeiten sich Stalkingopfern bieten.

Erinnern wir uns an den bereits im Kapitel 4 (Seite 114) geschilderten Fall der Studentin Anna: Der Täter traktiert das Opfer über einen längeren Zeitraum mit Telefonterror. Er verfolgt sie und belästigt sie mit seiner ständigen Präsenz vor ihrer Wohnung, der Wohnung einer Bekannten und ihrem Arbeitsplatz. Er hinterlässt ihr Botschaften unter dem Scheibenwischer ihres Fahrzeuges. Der Täter beschädigt wiederholt das Fahrzeug des Opfers, indem er unter anderem mehrfach die Reifen zersticht und das Türschloss unbrauchbar macht. Der Täter versetzt dem Opfer bei einer tätlichen Auseinandersetzung eine Ohrfeige, in einer anderen Situation einen Tritt in den Rücken.

Auch wenn im Strafgesetzbuch kein ausdrückliches Stalkingdelikt normiert ist, erfüllt dieser für das Stalking typische Sachverhalt folgende Straftatbestände: Der Stalker übt mit seinen ständigen Telefonanrufen und seinem andauernden Eindringen in die Privatsphäre des Opfers Psychoterror aus. Bereits dadurch verwirklicht er im strafrechtlichen Sinne eine **Körperverletzung** (§ 223 StGB). Die körperlichen Attacken (Ohrfeige und Tritt in den Rücken) stellen ebenfalls Körperverletzungen dar. Der Stalker beschädigt das Fahrzeug oder zerstört Teile des Fahrzeuges des Opfers. Diese Handlungen sind als **Sachbeschädigung** (§ 303 StGB) einzuordnen. Darüber hinaus stellt der Stalker häufig Dritten gegenüber wahrheitswidrige Behauptungen auf. Er **beleidigt** oder **verleumdet** (§ 185 ff. StGB) damit das Opfer.

Strafanzeige, Strafantrag

Das Opfer kann und sollte ein **strafrechtliches Ermittlungsverfahren** einleiten. In allen Fällen ist der erste Schritt, **Strafanzeige** zu erstatten und für alle in Betracht kommenden Delikte **Strafantrag** zu stellen. Die Strafanzeige kann mündlich oder schriftlich gegenüber der Polizei oder der Staatsanwaltschaft erstattet werden. Das Opfer kann dies selbst tun. Oft empfiehlt es sich aber, bereits zu diesem frühen Zeitpunkt – insbesondere, wenn die Belästigungen bereits länger andauern – eine/n Rechtsanwältin/ Rechtsanwalt hinzuzuziehen. Diese/r sollte im Bereich des Strafrechts und insbesondere in der Opfervertretung erfahren sein.

Um möglichst effektiv zu sein, muss die Strafanzeige den zur Anzeige gebrachten Sachverhalt so konkret wie möglich erfassen.

Benötigte Informationen für eine Strafanzeige:

Was ist wann wo geschehen?
Wer kann die Vorfälle eventuell bestätigen?

Insbesondere bei Stalking, dem eine Lebensgemeinschaft vorausging, mangelt es oft an Zeugen für die Übergriffe auf das Opfer. Bei fortgesetztem Telefonterror sind persönliche Aufzeichnungen oder Tonbandaufnahmen vom Anrufbeantworter hilfreich. Bei körperlichen Attacken – auch ohne schwerwiegende Folgen – ist es angeraten, die Verletzungen zu dokumentieren. Jede Verletzung sollte fotografiert werden. Es sollte unmittelbar nach dem Vorfall ein Arzt aufgesucht werden, der die Verletzungen attestiert.

Beweismittel

1. Personalbeweise

Dazu gehören eigene Wahrnehmung und Aufzeichnungen. Stets sollte das Opfer dabei überprüfen, ob die subjektive Wahrnehmung auch objektiv Bestand hat. Übertreibungen oder rein subjektive Verzerrungen des Tatgeschehens führen dazu, im späteren Ermittlungsverfahren Zweifel an der Glaubwürdigkeit des Opfers aufkommen zu lassen. Hilfreich sind Zeugenaussagen, zum Beispiel, wenn jemand ein relevantes Telefonat mitgehört oder ein Zusammentreffen oder Auflauern zwischen Täter und Opfer beobachtet hat.

2. Sachbeweise

Dazu gehören:

- schriftlich festgehaltene Äußerungen des Täters
- Briefe (im Original)
- Fotos, wenn etwa der Täter vor dem Haus lauert
- vom Täter hinterlassene Gegenstände und Spuren, die nach kriminalistischen Methoden gesichert und ausgewertet werden können (z. B. Fingerabdrücke auf Briefen)
- bei wiederholtem Telefonterror aufgenommene Äußerungen des Täters auf einem Anrufbeantworter
- Verbindungsnachweise der Telefongesellschaft durch eine vom Opfer beantragte Fangschaltung (siehe Kapitel 14 Seite 222)
- ärztliches Attest

Jeder Strafanzeige muss aufgrund des sogenannten Legalitätsprinzips (§§ 152 Abs. 2, 160, 163 der Strafprozessordnung – StPO) nachgegangen werden. Nach Abschluss der Ermittlungen durch die Polizei hat die Staatsanwaltschaft darüber zu entscheiden, ob genügend Anhaltspunkte gegeben sind, die eine Verurteilung des Täters wahrscheinlich machen. Ist dies der Fall, wird entweder Anklage erhoben oder ein Strafbefehl erlassen.

Im Falle der Anklageerhebung kommt es zu einer Hauptverhandlung vor einem Strafgericht. Das Opfer wird dort in der Regel aussagen müssen. Der Strafbefehl setzt sofort eine Strafe, meist eine Geldstrafe, fest. Gegen diesen kann sich der Täter allerdings mit dem sogenannten »Einspruch« wehren. Dieser hat dann ebenfalls eine Hauptverhandlung zur Folge.

Der Haftbefehl

Viele Opfer fortgesetzten Stalkings – insbesondere auch die Opfer ständigen Psychoterrors – möchten den Täter sofort in Haft sehen. Da die Freiheit eines Menschen jedoch ein hohes Rechtsgut ist, sieht Art. 104 des Grundgesetzes enge Maßstäbe für die Inhaftierung eines Menschen vor.

Auf dieser Grundlage ist der Polizei lediglich die »vorläufige Festnahme« erlaubt. Der Freiheitsentzug darf nur fortwirken, wenn seine Notwendigkeit innerhalb von 48 Stunden durch einen Richter bestätigt wird. Eine längere Inhaftierung ist nur aufgrund eines Haftbefehls erlaubt. An den Erlass eines Haftbefehls sind konkrete Voraussetzungen (§ 112 StPO) geknüpft.

Ein Haftbefehl erfolgt wenn:

- dringender Tatverdacht besteht, also die große Wahrscheinlichkeit, dass der Beschuldigte Täter oder Teilnehmer einer Straftat ist und
- der Beschuldigte sich auf der Flucht befindet oder sich verborgen hält;
- Fluchtgefahr besteht, also die Gefahr, dass sich der Beschuldigte dem Strafverfahren entziehen wird;
- Verdunklungsgefahr besteht, also unter anderem die Gefahr, dass der Beschuldigte Zeugen beeinflussen oder Beweismittel dem Zugriff der Ermittlungsbehörde entziehen wird;
- es sich bei der angezeigten Tat um ein Sexualdelikt handelt;
- Wiederholungsgefahr besteht, also die Gefahr, dass der Beschuldigte weitere schwerwiegende Straftaten begehen wird.

Diese Aufzählung lässt ahnen, wie schwer es ist, einen Haftbefehl zu erwirken. Beim eingangs erwähnten Fall der Studentin Anna werden beispielsweise keine der genannten Voraussetzungen erfüllt (siehe auch »Grenzen der Justiz«, Seite 194).

Einstweilige Verfügung, Unterlassungsklage, Wohnungszuweisung

Die derzeitige Rechtslage gibt dem Opfer keine wirklich wirksame Möglichkeit, den Täter von sich fern zu halten. Ist der Täter auch nach einer Verurteilung nicht einsichtig, besteht eigentlich nur die Möglichkeit, dass das Opfer sich zurückzieht – also umzieht oder den Arbeitsplatz wechselt.

Möglichkeiten des Zivilrechts:

Das Opfer kann gegen den Täter eine sogenannte einstweilige Verfügung (§§ 937 ff. ZPO) erwirken oder eine Unterlassungsklage (§§ 253 ZPO, 241 BGB) anstrengen. Beide Verfahren sind vor dem Zivilgericht zu führen.

Ziel der einstweiligen Verfügung wie auch der Unterlassungsklage ist es, dem Täter seine belästigenden Handlungen durch das Gericht untersagen zu lassen. Der Erlass einer einstweiligen Verfügung muss beim zuständigen Amtsgericht (Rechtsantragsstelle) beantragt werden. Dies kann das Opfer persönlich tun, entweder mündlich oder schriftlich. Es kann aber auch, was zu empfehlen ist, einen Anwalt beauftragen, einen entsprechenden Antrag einzureichen.

Es ist notwendig, die zu unterlassenden Verhaltensweisen genau zu beschreiben. Der Antrag muss auf tatsächlich vorgekommene, konkrete Handlungen des Gegners gestützt werden, wobei aus bestimmten Rechtsverletzungen ein Anspruch auf bestimmte Unterlassungen herzuleiten sein muss. Eine letzte Bestimmtheit ist hierzu zwar nicht notwendig, doch sollte zumindest das Charakteristische der gegnerischen Handlungen sowie der vom Opfer angestrebte Erfolg angegeben werden.

Das Opfer muss die belästigenden Handlungen glaubhaft machen. Hier ist es wiederum hilfreich, wenn entsprechende Aufzeichnungen vorgelegt oder Zeugen benannt werden können. Das Gericht erlässt eine Verfügung und stellt sie dem Täter zu, in der er unter Androhung von Zwangsgeld oder Haft aufgefordert wird, das vom Opfer beanstandete Verhalten zu unterlassen.

Die einstweilige Verfügung ist einer Unterlassungsklage im ersten Angang vorzuziehen, weil eine Entscheidung im Eilverfahren getroffen wird, also wesentlich kurzfristiger als im Klageverfahren.

In den nichtehelichen Stalkingfällen sollte das Opfer auf jeden Fall die Möglichkeit nutzen, eine einstweilige Verfügung gegen den Stalker zu erreichen. Diese kann der Polizei vorgelegt werden und verleiht so der Aussage des Opfers ein erhöhtes Maß an Glaubwürdigkeit. Darüber hinaus verschafft sie der Polizei auch eine Rechtsgrundlage für ihr Eingreifen.

Wenn das Opfer verheiratet ist und mit dem Täter noch in einer gemeinsamen Wohnung lebt, kann es bei einem Familiengericht die Zuweisung der Ehewohnung zur alleinigen Nutzung beantragen. Voraussetzung ist immer die Trennung, besser noch ein bereits eingeleitetes Scheidungsverfahren und der Nachweis, dass die Zuweisung nötigt ist, um eine besondere Härte zu vermeiden.

Grenzen der Justiz

Sowohl der einstweiligen Verfügung als auch der Unterlassungsklage haftet das Problem der Durchsetzbarkeit an. Verfügt der Gegner über kein oder nur ein geringes Einkommen, erweist sich das entsprechende Zwangsgeld bei Zuwiderhandlung als untaugliches Mittel. Das Vollstreckungsverfahren ist zudem durch eine lange Dauer gekennzeichnet – weder die schnelle Realisierung des Rechtsschutzes für das Opfer noch die dem Gegner zugedachte Missbilligung ist gewährleistet.

Das Instrument der einstweiligen Verfügung ist nicht selten ein »stumpfes Schwert«. Das Gleiche kann für die Unterlassungsklage gelten.

Im Ausgangsfall war dem Täter ein Ordnungsgeld bis zur Dauer von sechs Monaten angedroht worden. Der Mann ließ sich dadurch nicht beeindrucken und setzte sein belästigendes Verhalten gegen das Opfer fort.

Manchmal bewirken juristische Schritte sogar eine Eskalation der Verfolgung. Amerikanische Psychiater und Sicherheitsexperten haben festgestellt, dass etwa die Hälfte der Stalker sich durch einstweilige Verfügungen oder Unterlassungsklagen nicht abschrecken lassen. Vielmehr kommt es oft erst dann zu einer Gewalttat, denn der Täter empfindet eine einstweilige Verfügung meist als Unrecht. Nun hält er sich für das verfolgte Opfer.

Eine Studie im Auftrag des US-Bundesjustizministeriums kommt zu dem Schluss, dass gerichtliche Verfügungen nur dann sinnvoll sind, wenn es vorher keinerlei Gewalttätigkeiten gab. In den Fällen, in denen bereits körperliche Gewalttaten vorlagen, verschlimmerten einstweilige Verfügungen die Sitution der Opfer eher.

Auch ein richterliches Urteil garantiert dem Opfer keineswegs mehr Schutz und Sicherheit. Im Falle einer Verurteilung des Täters wird er eine Freiheitsstrafe in den meisten Fällen nicht antreten müssen. Entweder bleibt es bei einer Geldstrafe oder die Freiheitsstrafe wird auf Bewährung ausgesetzt. Letzteres ist in der Regel der Fall, wenn der Täter keine Vorstrafen hat. Das Opfer hat durch seine Strafanzeige zwar eine Verurteilung erreicht, der Täter ist jedoch nach wie vor auf freiem Fuß. Das Risiko, dass der Verurteilte nun auf Rache sinnt, ist nicht zu unterschätzen.

Wer zahlt Anwalt und Gericht?

Das Opfer kann sich bereits im Ermittlungsverfahren anwaltlicher Hilfe bedienen. Insbesondere in Fällen sexueller Gewalt (sexueller Nötigung, Vergewaltigung), bei vorsetzlicher Körperverletzung, in Fällen von Beleidigung sowie bei Fällen spezieller Freiheitsberaubung ist das Opfer nebenklageberechtigt (§ 395 ff. StPO). Dem Opfer kann vom Gericht ein Rechtsanwalt beigeordnet (§§ 406 g, 397 a StPO) werden, wenn es finanziell nicht in der Lage ist, für die Anwaltskosten selbst aufzukommen. Dies kann bereits im Ermittlungsverfahren geschehen. Ist das Opfer finanziell gut gestellt, muss es für die Anwaltskosten vorerst selbst aufkommen.

Für Zivilverfahren gilt prinzipiell das Gleiche. Ist das Opfer finanziell schlecht gestellt, kann ein Anwalt vom Gericht beigeordnet werden. Dem Opfer wird für das Verfahren Prozesskostenhilfe gewährt. Es muss also nicht für die Gerichts- und Anwaltskosten aufkommen. Ist es finanziell besser gestellt, muss es die Kosten selbst tragen.

Schließlich ist darauf hinzuweisen, dass im Falle der Verurteilung – im Strafverfahren wie im Zivilverfahren – der Verurteilte die Kostentragungspflicht hat. Vorher verauslagte Kosten kann das Opfer vom Verurteilten zurückverlangen.

10. Uninteressierte Juristen

Die Schwierigkeiten des deutschen Rechtswesens im Umgang mit Stalking

Interview mit Bundesjustizministerin
Prof. Dr. Hertha Däubler-Gmelin über Stalking als Tatbestand,
uninteressierte Juristen und Behördenvertreter

Frau Ministerin, Sie haben viele Jahre als Anwältin gearbeitet. Sind Ihnen da Stalking-Fälle begegnet?

Ja, aber ich kannte den Oberbegriff Stalking nicht. Die Probleme, die ich zu lösen hatte, waren auch nicht alle durch »Liebeswahn« motiviert, jedenfalls nicht, wenn man ihn ausschließlich sexuell motiviert definiert; da war vielmehr auch Machtanspruch und Besitzdenken dabei. Im Einzelnen erinnere ich mich an Frauen, die Hilfe suchten, weil sie von enttäuschten Männern bedroht, belästigt oder verfolgt wurden. »Ich bring dich um«, schreckt sehr – vor allem, wenn der Mann einen Waffenschein hat. Aber auch Kinder wurden belästigt und unter Druck gesetzt von Vätern, denen das Besuchsrecht nicht zuerkannt worden war. Hinzu kamen Fälle von Telefonterror oder auch die Bitte um rechtlichen Schutz bei Handlungen von Tätern, die man heute –welche Motive ihnen auch immer zugrunde lagen – wohl als Mobbing bezeichnet.

Welche Vorschriften unseres Strafrechts können in Fällen psychischer Gewalt angewendet werden?

Je nach genauem Tatverlauf Nötigung oder Körperverletzung. Beides ist auch als Versuch strafbar. Bedrohung kann vorliegen, auch Beleidigung, Hausfriedensbruch und noch mehr.

Im deutschen Strafrecht gibt es den Tatbestand Stalking nicht. Ehe die Strafverfolgungsbehörden eingreifen, muss schon erhebliches Unrecht geschehen sein. Opfer versuchen sich zivilrechtlich zu schützen durch einstweilige Verfügungen. Hat das wirklich Aussicht auf Erfolg?

Das Problem ist meiner Ansicht nach weniger, eine passende Strafnorm zu finden. In den Fällen, in denen ich eingeschaltet war, ging es mehr um die Probleme mit uninformierten oder uninteressierten Juristen oder Behördenvertretern – und vor allem war es schwierig, einstweilige Verfügungen zu bekommen, wenn nicht schon wirkliche Dauerschäden angerichtet worden waren.

Die Opfer fühlen sich machtlos, weil sie nicht immer Verständnis bei den Behörden finden. Könnte nicht eine neue Vorschrift im StGB, die Stalking als einheitlichen Tatbestand wertet, dafür sorgen, dass Polizei und Staatsanwaltschaft sofort handeln?

Von einem neuen besonderen Tatbestand verspreche ich mir nicht viel, weil die Begehungsformen, die Motivation und auch die Intensität der Taten so unterschiedlich sind. Wenn ich mir die Formulierung des Musterentwurfs aus den USA anschaue (siehe Seite 203 f.), dann bestätigt sich meine Befürchtung: Die Abgrenzbarkeit würde erhebliche Probleme aufwerfen, die bei Anwendung der einschlägigen bestehenden Vorschriften der Bedrohung, der Nötigung oder Körperverletzung, bzw. des Versuchs dazu, weniger groß sind.

Wie könnte denn dann eine wirkungsvolle Stalking-Prävention aussehen, die schon am Anfang greift?

Wichtig ist mir, in der Öffentlichkeit über solche Belästigungen, Nötigungen und Drohungen zu reden, damit sie ernst genommen werden. Wichtiger ist es, Polizei und Justiz zu schulen, auch Anwältinnen und Anwälte einzubeziehen, damit die schnell wissen, was zu tun ist, wenn Hilferufe kommen. Wichtig ist auch, dass Stalking-Opfer Anlaufstellen finden, an die sie sich wenden können, ob nun als Selbsthilfegruppen oder öffentliche Beratungsstellen. Ich habe sehr gute Erfahrungen mit einigen Frauen-Notruf-Gruppen gemacht.

Wie weit sind die Vorbereitungen für ein Wegweisungsgesetz (siehe Seite 124) in Deutschland gediehen?

Die Änderungen der zivilrechtlichen Voraussetzungen bei der Wohnungszuweisung im einstweiligen Verfügungsverfahren sind formuliert und sollen Anfang des Jahres ins Gesetzgebungsverfahren gehen. Über die – der Länderzuständigkeit unterliegenden – polizeirechtlichen Regelungen verhandeln wir gerade mit den Ländern. Ich hoffe, dass diejenigen Länder, die Änderungen vornehmen müssen, das auch im nächsten Jahr zügig angehen.

11. Schlechte Zeiten für Stalker – Vorbild USA

»Man muß ihn schnappen, bevor er sich daran gewöhnt!«
Beamter einer kalifornischen Anti-Stalking-Einheit

Die Regierung des US-Bundesstaates Kalifornien erkannte als erste, dass es sich beim Stalking um einen eigenständigen Straftatbestand handelt, und zog daraus umgehend die Konsequenzen: Ein Gesetz wurde auf den Weg gebracht. Vorausgegangen war eine Serie tödlicher Anschläge auf Prominente Anfang der achtziger Jahre, die Öffentlichkeit und Politik intensiv beschäftigte.

1980 erschoss Mark David Chapman (25) in New York John Lennon, für den er schon als 10-Jähriger schwärmte. Drei Monate später, Anfang 1981, versucht der Millionärssohn John Hinckley, den damaligen US-Präsidenten Ronald Reagan zu erschießen. Der 26-Jährige, der angab, von dem Scorsese-Film »Taxi Driver« inspiriert worden zu sein, wollte mit seiner Tat die Aufmerksamkeit seiner Lieblingsschauspielerin Jodie Foster gewinnen. Schon während ihres Studiums auf der Yale University in New Haven hatte er ihr immer wieder nachgestellt.

1982 wird die Schauspielerin Theresa Saldana von ihrem Stalker Arthur Jackson mit einem Messer angegriffen. Er sah in ihr seinen Engel, dessen Tod ihm den Weg zum Himmel freimachen würde. Saldana überlebt die zehn Messerstiche wie durch ein Wunder, Jackson schrieb ihr danach Briefe aus der Haft.

1989 schließlich ermordete der 19-jährige Stalker Robert John Bardo die junge Schauspielerin Rebecca Schaeffer vor ihrer Wohnungstür.

Der kaltblütige Mord an einer relativ unbekannten Schauspielerin rüttelte das Land auf. Wenn schon ein Filmsternchen sterben musste, wie stand es dann um die Sicherheit der wirklich Großen aus Hollywood? Die öffentliche Debatte verschärfte sich noch, als im Jahr darauf vier Frauen im kalifornischen Landkreis Orange (Orange County) innerhalb von nur sechs Wochen von ihren Stalkern umgebracht wurden:

Das erste Opfer: eine 19-jährige Kellnerin, verfolgt vom getrennt lebenden Vater ihres 21 Monate alten Kindes, wurde von der Polizei mehrfach abgewiesen und fragte zuletzt: »Was muss er noch tun – mich erschießen?« Kurz darauf tat er es.

Das zweite Opfer: Etwa vier Wochen später wurde eine Krankenschwester in ihrem Auto vorsätzlich von ihrem Verfolger gerammt und verbrannte in ihrem Wagen. Der Exfreund hatte ihr zehn Jahre lang nachgestellt, war ihr sogar aus Europa in die USA gefolgt.

Das dritte Opfer: Die olympische Eiskunstläuferin Patricia Kastle starb drei Tage später an den Schüssen ihres getrennt lebenden Ehemannes, der sich anschließend selbst erschoss.

Das vierte Opfer: Nur 11 Tage danach wurde eine junge Frau von ihrem Exfreund, der sie mehrfach misshandelt hatte, erschossen. Sie hatte zuvor Zuflucht in einem Frauenhaus gesucht und danach eine neue Wohnung gefunden. Der Mann hatte die neue Adresse durch einen Privatdetektiv ermitteln lassen.

Alle vier hatten die Polizei um Hilfe angerufen, drei von ihnen hatten einstweilige Verfügungen erwirkt, aber es hatte nichts genützt. Der Wortlaut der geltenden Strafgesetze verhinderte das rechtzeitige Eingreifen von Polizei und Justiz. Alle vier Morde wären womöglich zu verhindern gewesen, wenn sich die Behörden auf Grund einer eindeutigen Rechtslage schon in dem Augenblick hätten einschalten können, als die Opfer die Polizei erstmals um Hilfe baten.

Gesetze in Rekordzeit

Der Kongress von Kalifornien verabschiedete sein Anti-Stalking-Gesetz 1990, also noch im selben Jahr, in dem die schrecklichen Morde in Orange County geschehen waren. Die anderen 49 US-Bundesstaaten folgten bald mit ähnlichen Gesetzen, zuletzt Maine im Jahre 1993. Angesichts der Tatsache, dass diese Gesetze jeweils beide Parlamentskammern und die Regierungen aller 50 Bundesstaaten beschäftigt haben, muss man anerkennend feststellen, dass in den Vereinigten Staaten innerhalb sehr kurzer Zeit Stalking nicht nur als Tatbestand anerkannt, sondern auch unter

Strafe gestellt wurde. Stalking gilt inzwischen in Amerika, je nach Bundesstaat, als minderes Delikt oder als Verbrechen und wird mit bis zu fünf Jahren Gefängnis und/oder bis zu 3000 Dollar Geldstrafe geahndet.

Allerdings erwiesen sich in der Praxis einige dieser Gesetze, bedingt durch mangelnde Gründlichkeit der Vorlagen und überhastete parlamentarische Behandlung, als wenig brauchbar. In manchen Bundesstaaten waren sie so weit gefasst, dass auch Unschuldige problemlos als angebliche Stalker überführt werden konnten, anderswo waren die Bestimmungen derart eng gesetzt, dass sie praktisch kaum Anwendung erfuhren.

Einige Anti-Stalking-Gesetze scheiterten daran, dass sie von den Gerichten als verfassungswidrig interpretiert und nicht angewandt wurden – vor allem dann, wenn Beschuldigte sich auf ihr verfassungsmäßiges Recht der freien Meinungsäußerung, der Freizügigkeit und der Versammlungsfreiheit beriefen.

In dieser Situation sah sich der Kongress in Washington veranlasst, das Bundesjustizministerium zu beauftragen, ein Modellgesetz zu entwerfen, das den gesetzgebenden Körperschaften der Bundesstaaten als Vorlage dienen sollte.

Die zentrale Vorschrift dieses Modellgesetzes lautet:

Wer

(a) sich gegenüber einer bestimmten anderen Person vorsätzlich so verhält, dass dieses Verhalten bei einer vernünftig denkenden Person die Furcht auslöst, sie selbst oder ein Mitglied ihrer unmittelbaren Familie könnte eine körperliche Beschädigung erleiden oder sie oder ein Mitglied ihrer unmittelbaren Familie müsste mit dem Tod rechnen; und

(b) weiß oder wissen muss, dass diese bestimmte andere Person durch dieses Verhalten vernünftigerweise eine körperliche Beschädigung ihrer selbst oder eines Mitglieds ihrer unmittelbaren Familie oder ihren Tod oder den eines Mitglieds ihrer unmittelbaren Familie fürchten muss; und

(c) dessen oder deren Handlungen in dieser bestimmten anderen Person die Furcht für sich selbst oder ein Mitglied ihrer unmittelbaren Familie vor einer körperlichen Beschädigung oder die Furcht für sich selbst oder ein Mitglied ihrer unmittelbaren Familie vor dem Tod auslösen,

ist des Stalkings schuldig.

Den Bundesstaaten wurde von der Kommission, die das Mustergesetz entworfen hat, empfohlen, die einzelstaatlichen Gesetze so zu fassen, dass in Fällen von Stalking mit abgestuften Sanktionen reagiert werden kann. Der Wortlaut des Modellgesetzes betrifft eine Phase, in der Stalking bereits als Verbrechen gilt. Doch auch die harmloseren Vorstufen seien unter Strafe zu stellen, um deutlich zu machen, dass die Gesellschaft ein solches Verhalten generell nicht duldet.

Um wirksam gegen Stalker vorzugehen, erließ die US-Regierung 1996 sogar ein Bundesgesetz. Denn die Gesetze der Bundesstaaten genügen für einen wirksamen Opferschutz meist nicht. Dies liegt an einer Besonderheit des US-Rechtssystems: Verlässt der Täter den Bundesstaat, in dem die Tat ihren Anfang nahm, kann er nicht mehr verfolgt werden. Da Stalker im Aufspüren ihrer Opfer aber einen enormen Einfallsreichtum entwickeln und auch vor weiten Reisen nicht zurückschrecken, um ihr womöglich geflohenes Opfer zu verfolgen, erwiesen sich die Gesetze der Bundesstaaten in diesen Fällen als nicht wirksam. Trieb der Stalker auch am neuen Wohnort sein Unwesen, musste das Opfer erneut Polizei und Gerichte alarmieren. Das Bundesgesetz sieht nun vor, dass Bundesbehörden und Bundesgerichte für die Verfolgung von Tätern zuständig sind, die sich durch verschiedene Bundesstaaten bewegen.

Obwohl Stalking in den USA mit dem abschließenden Bundesgesetz seither lückenlos verfolgt werden kann, lässt die Praxis von Polizeibehörden, Staatsanwaltschaften und Gerichten zu wünschen übrig. Die Einstellung vieler mit der Strafverfolgung beauftragten Beamten und Richter war nicht von heute auf morgen zu ändern. Noch immer werden einschlägige Straftaten in Einzelfällen nur widerstrebend oder gar nicht verfolgt, weil die Verantwortlichen Stalking nach wie vor als Liebeshändel zwischen Privatpersonen betrachten.

Kaliforniens Stalking-Spezialeinheit

Verallgemeinernde Aussagen über die rechtliche Situation in den USA verbieten sich jedoch. Die 50 Einzelstaaten besitzen eine wesentliche größere Selbständigkeit als die deutschen Bundesländer, auch bei Gesetzgebung und Rechtsprechung. Neben der amerikanischen Bundespolizei (FBI) und den Polizeibehörden der Einzelstaaten (State Police) gibt es die Polizeikräfte der Gemeinden. In den umgebenden Landkreisen (Counties) ist der County Sheriff mit seinen Deputies (Stellvertretern) zuständig. Die Intensität, mit der Stalker verfolgt und zur Rechenschaft gezogen werden, kann von Staat zu Staat und von Stadt zu Stadt sehr unterschiedlich sein.

Einen hervorragenden Ruf genießt die »Threat Management Unit« (TMU), zu deutsch etwa »Bedrohungs-Bewältigungs-Einheit«, eine Gruppe von Spezialisten der Polizei von Los Angeles, Kalifornien. Dass diese Einheit ausgerechnet in Los Angeles eingerichtet wurde, ist kein Zufall. In der Nähe liegt Hollywood, die weltberühmte Filmfabrik, in der die bevorzugten Opfer von Stalkern arbeiten.

Die Rechtslage in Los Angeles lässt es zu, dass sich die Beamten des TMU bereits frühzeitig in angezeigte Fälle einschalten können. Es reicht bereits die Befürchtung, jemand sei im Begriff, einen anderen Menschen dauerhaft zu belästigen. Ihre Erfahrungen beweisen, dass diese Methode durchaus erfolgreich ist. »You must get him before he's got used to it«, beschreibt ein TMU-Beamter seine Erfahrung: »Man muss ihn sich schnappen, bevor er sich ans Stalking gewöhnt hat.« Sobald die Beamten um Hilfe gebeten werden, weil beispielsweise ein hartnäckiger Verehrer einer jungen Frau seit ein paar Tagen unentwegt telefonische Liebeserklärungen macht, suchen die TMU-Experten den Anrufer auf und führen mit ihm ein gründliches und ernstes Gespräch. Dem Anrufer wird klargemacht, dass die Polizei mit aller Härte gegen ihn vorgehen wird, wenn er seine belästigenden Anrufe nicht sofort einstellt.

Auch für schwere Fälle sind die TMU-Mitarbeiter ausgebildet. Die Einheit aus Polizeibeamten mit Spezialausbildung wird verstärkt von Psychologen, Psychiatern, Sozialarbeitern und EDV-Spezialisten. Letztere sind vor allem damit beschäftigt, dem Computerstalking nachzuspüren, das nicht nur in den USA rapide zunimmt.

In jüngster Zeit sind auch in Großbritannien, Kanada und Australien Anti-Stalking-Gesetze erlassen worden.

12. »Und dann war endlich Ruhe«

Vier Interventionsstrategien

Es gibt keine Universalstrategie, einen Stalker zu stoppen. Jeder Fall ist anders gelagert. Einen Menschen, der an klassischem Liebeswahn erkrankt ist, kann zunächst einmal gar nichts stoppen, da er seine Wahnidee für real hält. Ein Mensch, der an einer Persönlichkeitsstörung leidet, kann durchaus registrieren, dass sein Verhalten abnorm ist, auch wenn er sich selber als Opfer versteht. Bei Menschen, die stark in hierarchischen Mustern denken, kann das Eingreifen der Polizei schon dazu führen, dass sie ihr Verhalten einstellen.

Ignorieren

Wer einen Stalker vollständig ignorieren will, sollte dieses mit aller Konsequenz tun. Dazu gehört, dass man Briefe ungeöffnet und unkommentiert zurückschickt, bei Anrufen umgehend auflegt und keinerlei Provokationen beachtet. Schon die kleinste Aufmerksamkeit ruft einen Stalker erneut auf den Plan, denn eine Reaktion von dem Opfer – und sei sie noch so negativ – bedeutet für ihn, dass er beachtet wird.

Die Strategie des vollständigen Ignorierens wird vor allem von prominenten Opfern praktiziert. Doch die Möglichkeiten eines Stalkers, seinem Star nahe zu kommen, sind auch sehr viel geringer als bei nichtprominenten Opfern. Diese Strategie kann mitunter sehr langwierig sein.

Der US-Sicherheitsexperte Gavin de Becker, der unter anderem Persönlichkeiten des öffentlichen Lebens berät, wie sie ihre Privatsphäre schützen können, empfiehlt: Lassen Sie Ihren Verfolger in dem Glauben, dass seine Briefe oder die auf den Anrufbeantworter gesprochenen Mitteilungen Sie erreichen. Statt sich selbst damit zu belasten, bitten Sie eine Person Ihres Vertrauens, die Briefe zu lesen oder den Anrufbeantworter abzuhören, den Fortgang der Belästigung zu beobachten und alles zu archivieren. Werden die Botschaften zunehmend wirrer und bedrohlicher, können Sie immer noch die Staatsanwaltschaft oder das Gesundheitsamt (siehe Seite 212) einschalten. Einige Stalker wenden sich ab, wenn sie keine Resonanz erhalten und suchen sich ein neues Opfer.

Einschüchtern, Anzeigen, Verklagen

Dieser Weg erfordert, wie das Ignorieren, eine konsequente Haltung. Wer nicht länger hinnehmen möchte, dass er verfolgt, belästigt und terrorisiert wird, und sich mit juristischen Mitteln wehren will, sollte sich der Länge solcher Verfahren bewusst sein. Im Kapitel Justiz (siehe Seite 189 ff.) sind die Möglichkeiten solcher Interventionsmaßnahmen genauer erläutert.

Jahrelanges Warten auf Prozesse gestaltet diesen Weg häufig nicht weniger langwierig als den ersten. So gelang es einem Mann erst nach zehn Jahren mit juristischen Mitteln, eine Frau zu stoppen und sie in die Psychiatrie einweisen zu lassen. Da sie sich selber für ein verfolgtes Opfer hielt und durch alle Instanzen geklagt hatte, hatte sich das Verfahren bis zum rechtskräftigen Urteil eine Ewigkeit hingezogen. Zudem wurde dem Opfer unlängst von der Polizei mitgeteilt, dass die Dame flüchtig sei. Freunde des Mannes wollen sie in seiner Heimatstadt gesehen haben.

Amerikanische Sicherheitsexperten wie Captain Robert L. Snow, Autor des Buches »Stopping a Stalker«, vertreten die Meinung, das Opfer müsse frühzeitig intervenieren. Wer zu lange wartet, lässt zu, dass sich der Stalker immer tiefer in seiner Traumwelt verirrt und immer weiter von der Wirklichkeit entfernt.

Konfrontieren

Die direkte, womöglich öffentliche Konfrontation des Opfers mit dem Täter kann Erfolg haben, birgt aber auch ein Risiko: Diese Möglichkeit besteht nur einmal – gelingt sie nicht, ist eine höhere Eskalationsstufe wahrscheinlich.

Dass eine Konfrontation von Opfer und Täter im Beisein Dritter helfen kann, beweist das Beispiel einer Münchner Assistenzärztin: Die Neurologin, die häufig Fortbildungsveranstaltungen besuchte, an denen auch Nichtmediziner teilnahmen, wurde eines Abends von einem Mann angesprochen. Sie verhielt sich ihm gegenüber jedoch kühl und abweisend. Ein paar Tage später rief er bei ihr im Krankenhaus an und stellte sich als Medizinstudent vor. Obwohl sie ihn schroff und ablehnend behandelte, rief er später auch bei ihr zu Hause an. Als er ihr die abstruse Geschichte von einem Mörder erzählte, dem es besser ginge, seit er liebe Menschen gefunden habe, ging sie zur Polizei, die aber eher belustigt auf die Bandaufnahmen der Anrufe reagierte. Ein Psychologie-Professor riet ihr zur Konfrontation. Sie stellte den Mann öffentlich zur Rede, indem sie ihm während eines Vortrages im Beisein aller anderen Teilnehmer laut und deutlich sowie mit klaren abgrenzenden Gesten zu verstehen gab, dass sie kein Interesse an ihm habe. Danach klingelte noch ein paar Mal das Telefon, dann zog sie in eine andere Wohnung und hatte Ruhe.

Vermittlung durch Dritte

Im Fall des Kulturkritikers Professor Joachim Kaiser (siehe Seite 173 ff.) schaltete sich eine Ärztin ein, bei dem geschilderten Martyrium eines NDR-Mitarbeiters (siehe Seite 165 ff.) waren es die Eltern der Stalkerin. Es kann durchaus nützlich sein, Familienangehörige und/oder behandelnde Ärzte mit einzubeziehen. Allerdings ist zu bedenken, dass manchmal gerade Familienangehörige und Freunde das psychopathologische Fehlverhalten des Täters nicht wahrnehmen wollen. In solchen Fällen ist es nicht auszuschließen, dass sich Familienangehörige mit dem Täter solidarisieren und das Opfer ihrerseits mit Schmähanrufen oder Anzeigen wegen Meineids überziehen.

13. Erste Hilfe gegen Stalker

Polizei, Sozialpsychiatrischer Dienst und Gesundheitsamt

Polizei

Stalkingopfer sollten zunächst an sich denken. Falsch verstandene Rücksicht auf den Täter führt in den meisten Fällen zu immer heftiger werdenden Aktionen des Stalkers gegen sein Opfer. Der Berliner Kriminaloberkommisar Jörg von Daake erklärt: »Stalking beschreibt Beziehungstaten. Das Motiv der Täter wird, wenn auch eine scheinbare nicht nachvollziehbare Verbindung zwischen Täter und Opfer aufgrund eines psychopathischen Defekts beim Täter denkbar ist, im überwiegenden Teil der Fälle aus einem Beziehungskonflikt herrühren, wie Trennung oder falsch interpretierte Gefühle. Zur Verhütung solcher Konflikte wird es zum überwiegenden Teil auf eigene Prävention des Opfers und der sozialen Prävention des Opferumfelds ankommen. Soweit möglich, sollte das Stalkingopfer ihm bekannte Konfliktsituationen vermeiden. Polizeiliche Prävention ist bei einem Beziehungsdelikt mit dieser Tätermotivation ohne Mitwirken des Opfers nur schwer vorstellbar.«

Die erste Anlaufstelle für Opfer ist die Polizeiwache. Stalking besteht in Deutschland in Ermangelung eines gesonderten gesetzlichen Straftatbestandes aus einzelnen Tatbeständen wie Beleidigung, Verleumdung, Hausfriedensbruch, Bedrohung, Nötigung, Freiheitsberaubung, Wohnungseinbruch, Körperverletzung, Exhibitionismus, Totschlag oder Mord. Bei einigen dieser Delikte ist das Erstatten einer Anzeige allein nicht ausreichend, zusätzlich ist ein förmlicher Strafantrag nötig (siehe Seite 190 ff.).

Die Polizei ist verpflichtet, die Anzeige entgegenzunehmen. Sollte der Dienst habende Beamte nicht richtig motiviert sein und Sie mit Sätzen wie »Das ist Ihr privates Problem!« oder »Das gibt doch nur noch mehr Ärger« wieder wegschicken wollen, dann bestehen Sie auf Ihrem Recht. Machen Sie ihm freundlich, aber bestimmt klar, dass es seine Pflicht ist, Ihre Anzeige aufzunehmen. Ob ein Straftatbestand erfüllt ist, hat nicht der Revierbeamte zu entscheiden, sondern der Staatsanwalt und letztlich das Gericht.

Wenn die Polizei annimmt, dass der Täter eine psychische Störung im Sinne einer Geistesstörung hat, kann sie den sozialpsychiatrischen Dienst einschalten. Bei Suizidverdacht kann man auch die Feuerwehr unter der Rufnummer 112 benachrichtigen.

Sozialpsychiatrischer Dienst und Gesundheitsamt

Stalker sprechen manchmal Drohungen aus, die Sie ernst nehmen sollten, vor allem, wenn der Verdacht besteht, dass der Stalker wegen einer psychischen Erkrankung ernsthaft gefährlich werden kann. In fast jedem Bundesland gibt es Gesundheitsämter, an die der sozialpsychiatrische Dienst angeschlossen ist. Beide Institutionen sind wichtige Ansprechpartner, um feststellen zu lassen, ob eine psychische Störung vorliegt und welche Möglichkeiten der Intervention es gibt. Um dieses festzustellen, kann der sozialpsychiatrische Dienst den Stalker nach einer schriftlichen Vorankündigung auch zu Hause besuchen.

Nachteil: Die Dienste sind jeweils nur für eine begrenzte Region (Landkreis, Stadt, Stadtteil) zuständig. Sie sind genau wie andere Behörden nur zu bestimmten Zeiten zu erreichen. Liegt zum Beispiel am Wochende ein Suizidverdacht vor, sollte man sich direkt an die Polizei, die Feuerwehr oder den ärztlichen Notdienst wenden. Da das Gesundheitswesen regional sehr unterschiedliche Organisationsstrukturen aufweist, sind auch die Hilfsangebote an Wochenenden unterschiedlich. In einigen Ländern wie Hamburg und Bremen existieren Notrufnummern der sozialpsychiatrischen Dienste. Zu erfragen sind diese beim ärztlichen Notdienst.

Sowohl der Amtsarzt im Gesundheitsamt als auch der sozialpsychiatrische Dienst, der sich meist aus Ärzten, Sozialarbeitern, Krankenschwestern und Psychologen zusammensetzt, können entscheiden, ob eine Gefährdung vorliegt. Sie haben in schweren Fällen das Recht, eine vorläufige Einweisung in eine psychiatrische Einrichtung zu verfügen. Allerdings muß bei jeder Zwangseinweisung spätestens am nächsten Tag geprüft werden, ob wirklich eine Gefährdung vorliegt. Es kann vorkommen, dass der am nächsten Tag zuständige Arzt eine Gefährdung verneint, die Einweisung aufhebt und der Stalker wieder entlassen wird.

Hilfe in Rechtsfragen – Weißer Ring, Rechtsanwälte und regionale Opferhilfe

Der Weiße Ring

Als einzige bundesweite Hilfsorganisation für Kriminalitätsopfer und ihre Familien hilft der Weiße Ring individuell und setzt sich auch öffentlich für die Belange der Betroffenen ein. Der gemeinnützige Verein, der sich über Spenden, Stiftungen und Nachlässe finanziert, bietet unter der bundesweiten Hotline 01803/34 34 34 rund um die Uhr ein Info-Telefon und einen Opfer-Notruf an.

Außerdem unterhält der Weiße Ring ein Hilfsnetz mit über 400 Anlaufstellen und rund 2300 ehrenamtlichen Helfern. Sie helfen Opfern durch persönliche Betreuung nach einer Straftat, durch Hilfestellung im Umgang mit Behörden, Begleitung zu Gerichtsterminen oder Unterstützung in materiellen Notlagen im Zusammenhang mit der Straftat. Ein Beratungsscheck für die kostenlose Erstberatung bei einem frei gewählten Anwalt gehört ebenso zu den Leistungen wie Rechtsschutz oder die Vermittlung von Hilfen anderer Organisationen.

Bundesgeschäftsstelle
Weberstraße 16, 55130 Mainz, Tel.: 06131/8 30 30,
Fax: 06131/ 83 03 45, E-Mail: info@weisser-ring.de

Rechtsanwälte und regionale Opferhilfe

Nehmen Sie sich einen Rechtsanwalt, der sich auf die Vertretung von Kriminalitätsopfern versteht. Er kennt auch Adressen von Hilfsorganisationen, die zusätzlich weiterhelfen können. In fast jeder größeren Stadt gibt es auch regionale Opferhilfeorganisationen, an die Sie sich wenden können.

Hilfe bei häuslicher Gewalt und Bedrohung durch den Expartner

Berliner Initiative gegen Gewalt gegen Frauen (BIG e. V.)

Unter der Schirmherrschaft des Bundesministeriums für Familie, Senioren, Frauen und Jugend und der Berliner Senatsverwaltung für Arbeit, Berufliche Bildung und Frauen wurde vor fünf Jahren die Berliner Initiative gegen Gewalt gegen Frauen (BIG e.V.) gegründet. Außer der direkten Zusammenarbeit mit der Polizei, der Justiz, Psychologen und Frauenberatungsstellen hat BIG inzwischen auch eine Hotline eingerichtet, die vor allem für betroffene Frauen gedacht ist, aber auch hilfesuchende Nachbarn, Familienmitglieder und Freunde können sie in Anspruch nehmen. Rund um die Uhr bekommt man hier Hilfe und Informationen zum Thema häusliche Gewalt und Verfolgung nach einer Trennung. Zur Zeit wird die Hotline noch aus Berlin betreut, soll aber bald zu einem bundesweiten Dienst erweitert werden. Tel.: 030/61 10 300

Beratungsstellen für Frauen, Männer, Familien und Homosexuelle, Notruf für vergewaltigte Frauen

Inzwischen gibt es überall Beratungsstellen, die sich auf Themen wie häusliche Gewalt, Trennung, Scheidung und Recht spezialisiert haben oder Menschen in Lebenskrisen weiterhelfen. Hier findet man kompetente Ansprechpartner, die über Erfahrungen bei der Lösung dieser Probleme verfügen. Zusätzlich gibt es Notrufnummern, zum Beispiel für vergewaltigte Frauen. Es würde zu weit führen, wollte man alle diese Institutionen hier aufführen. Für Betroffene aus ländlichen Gebieten empfiehlt es sich, die Familienberatungsstellen der nächstgrößeren Stadt anzusprechen und sich gegebenenfalls durchzufragen. Teilweise stehen auch weiterführende Adressen auf den ersten Seiten der Telefonbücher. Außerdem bieten die nachfolgenden Organisationen bundesweite Auskünfte über die zuständigen Beratungsstellen in Ihrer Nähe.

Deutsche Arbeitsgemeinschaft für Jugend- und Eheberatung e. V.
Neumarkter Straße 84 c
81673 München
Tel.: 089/43 61 091;
Fax: 089/43 11 266

Zusammen mit dem Bundesministerium für Familien, Senioren, Kinder und Jugend gibt die DAJEB auch einen Beratungsführer mit Adressen verschiedener bundesweiter Hilfseinrichtungen heraus. Zusätzlich sind auch im Internet mehr als 11 000 Beratungsstellen unter **www.dajeb.de** abrufbar.

Katholische Bundesarbeitsgemeinschaft
für Beratung e. V.
Kaiserstraße 163
53113 Bonn
Tel.: 0228 / 10 32 31;
Fax: 0228 / 10 33 34

Evangelisches Zentralinstitut für Familienberatung
Metterhornstraße 82
14112 Berlin
Tel.: 030/80 30 850;
Fax: 030/80 30 85 12

Evangelische Konferenz für Familien und
Lebensberatung e. V.
Dietrich-Bonhoeffer-Haus
Ziegelstraße 30
10117 Berlin
Tel.: 030/28 30 39 27;
Fax: 030/28 30 39 26

Pro Familia – Deutsche Gesellschaft für
Sexualberatung und Familienplanung e. V.
Stresemannallee 3
60598 Frankfurt am Main
Tel.: 069/63 90 02;
Fax: 069/63 98 52

Sozialdienst Katholischer Frauen
Agnes-Neuhaus-Straße 5
44135 Dortmund

Tel. 0231/55 70 260;
Fax 0231/55 70 26 60
bietet zusätzlich eine Übersicht über alle Frauenhäuser Deutschlands

Bundeskonferenz für Erziehungsberatung e. V.
Herrnstraße 53
90763 Fürth
Tel.: 0911/97 71 40;
Fax: 0911/74 54 97

Deutscher Caritasverband e. V.
Karlstraße 40
79104 Freiburg
Tel.: 0761/20 04 51;
Fax: 0761/20 05 72

Hilfe in Krisen, bei Angst und Depression

Telefonseelsorge (Konfliktberatung und Selbstmordverhütung)

Die Telefonseelsorge, ein Service der evangelischen und katholischen Kirche, wendet sich mit ihrer bundesweiten Hotline an Menschen, die sich in einer Konfliktsituation befinden oder selbstmordgefährdet sind. Zu den Leistungen gehört auch die Vermittlung von weiterführenden Hilfsangeboten. Tel.: 0800/11 10 111 oder 0800/11 10 222

Kriseninterventionsstationen

In einigen Bundesländern wie Berlin gibt es Kriseninterventionsstationen, die an die psychiatrischen Abteilungen staatlicher Krankenhäuser angegliedert sind. Wer sich einem auf Seele und Köper abzielenden Terror ausgesetzt sieht, kann sich kurzfristig in einer dieser Stationen aufnehmen lassen. Entweder lässt man sich von seinem Hausarzt einweisen oder wendet sich direkt an die betreffende Klinik. Kriseninterventionsstationen sind geschaffen worden, um Menschen in einer akuten Lebenskrise zu helfen.

Die psychiatrisch ausgebildeten Ärzte können Ihnen bei Panikattacken, Schlafstörungen oder Depressionen weiterhelfen. Manchmal ist es sehr wichtig, gerade in solchen Extremsituationen mit geschultem Personal zu reden, um innerlich wieder stabil zu werden. Wer einer permanenten Verfolgung ausgesetzt ist, braucht manchmal nur ein offenes Ohr und ein paar Tage ungestörten Schlaf, um wieder zu Kräften zu kommen. Für Frauen besteht außerdem die Möglichkeit, sich übergangsweise in einem Frauenhaus aufnehmen zu lassen.

Hausärzte

Der Haus- oder Vertrauensarzt ist ebenfalls eine gute Anlaufstelle, wenn man sich im Dschungel der Selbsthilfegruppen nicht zurechtfindet. Ärzte wissen meistens, wo man fragen kann, um die richtige Selbsthilfegruppe oder andere Hilfsinstitutionen zu finden.

Selbsthilfegruppen

Stichting Anti Stalking

Zur Zeit gibt es in Deutschland noch keine Selbsthilfegruppe für die Opfer von Stalkern. In Holland ist man schon weiter. 1996 wurde aufgrund mehrerer Stalkingfälle durch Betroffene die Stiftung »Stichting Anti Stalking« (SAS) gegründet. Inzwischen zählt diese Stiftung über 600 zahlende Vereinsmitglieder, die Tausende von Anrufen jedes Jahr entgegennehmen. Auch Hilfesuchenden aus Deutschland wird hier unter der Hotline 0031/30 23 31 335 ein offenes Ohr geschenkt, es werden Tipps und Ratschläge erteilt und Literatur empfohlen. Auch in Belgien wurde mittlerweile SAS gegründet. Wer mehr Informationen (auch in Deutsch) braucht oder eine Selbsthilfegruppe gründen möchte, kann sich direkt an Stichting Anti Stalking, Postbus 111, 6040 AC Roermond, Tel.: 0031/47 53 15 046, wenden.

S. L. A. A. – Anonyme Sex- und Liebessüchtige

Menschen, die feststellen, dass sie nach einem anderen Menschen süchtig sind und nicht mehr davon loskommen, können sich an die Selbsthilfegruppe S. L. A. A. (»Anonyme Sex-, Liebes-, Romanzen- und Beziehungssüchtige«) wenden. Ursprünglich in den USA gegründet, gibt es seit 1984 auch in Deutschland eine Niederlassung. Es gibt mittlerweile 45 Gruppen, von Hamburg bis Würzburg. Nähere Informationen bekommt man bei: S. L. A. A., Textorstr. 15, 97070 Würzburg, Tel.: 0931/46 51 543 (nur zu bestimmten Zeiten erreichbar, ansonsten läuft ein Band).

Männer gegen Männer-Gewalt

Männer, die sich entschlossen haben, gegen ihre Gewalttätigkeit in einer Beziehung oder nach einer Trennung etwas zu unternehmen, können sich an »Männer gegen Männer-Gewalt« (MgM) wenden. In Einzelgesprächen wird versucht, eine Klärung des persönlichen Hintergrunds zu erarbeiten, eine Analyse der gegenwärtigen Situation zu erstellen und die eigenen Verhaltensmuster bewusst zu machen, die zu gewaltätigen Handlungen führen. Danach wird ein Gruppenprogramm angeboten, bei dem man sich mit anderen Betroffenen austauscht und konstruktive Lösungen gemeinsam erarbeitet. Die Adressen und Telefonnummern von Beratungsstellen von Männer gegen Männergewalt können erfragt werden bei: Kontakt- und Beratungsstelle Männer gegen Männer-Gewalt®, Mühlendamm 66, 22087 Hamburg, Tel.: 040/22 01 277, Fax: 040/22 12 60.

Hilfe im Internet

Nakos ist ein überregionaler Ansprechpartner für Selbsthilfegruppen. Auf der Homepage findet man eine Datenbank, in der man regional nach der richtigen Gruppe suchen kann: **http://www.nakos.de**

http://www.psychiatrie.de gibt einen guten Überblick über verschiedene Formen der Hilfe bei psychischen Erkrankungen, Publikationen und Adressen von Betroffenen- und Angehörigenverbänden psychisch Kranker.

Über **http://www.psychologie.de** kann man die Homepage von und für Diplom-Psychologen und Interessierte anwählen. Außer dem Newsticker, der jede Woche die neuesten psychologischen Meldungen aus Zeitungen auflistet, findet man hier auch eine Adressendatenbank deutscher Psychologen, Beratungsstellen und Links. Zusätzlich kann man sich in Mailinglisten eintragen, online talken und Fragen an sogenannten »schwarzen Brettern« hinterlassen.

Inzwischen sind alle Bundesländer im Netz. Schleswig-Holstein zum Beispiel bietet unter **http://www.komjunity.de** eine Übersicht über örtliche psychiatrische Hilfe im nördlichsten Bundesland. Andere wie **http://www.bremen.de** geben, unter dem Suchbegriff »sozialpsychiatrischer Dienst«, Anschrift und Telefonnummer der örtlichen Dienste.

14. Die Anti-Stalking-Regeln

17 ways to leave your stalker

Egal mit welchem Stalkertyp Sie es zu tun haben: Sie sind ein Opfer, auch wenn Sie es nicht wahrhaben wollen. Sätze wie »Ich lasse mir nichts gefallen!« oder »Wegen dieser Person werde ich mein Leben nicht ändern!« klingen heroisch, beinhalten aber einen fundamentalen Irrtum: Ihr Leben hat sich bereits geändert! Für immer! Je früher Sie das einsehen, desto schneller helfen Sie auch dem Stalker. Akzeptieren Sie, dass Stalking ein massiver Eingriff in Ihr Privatleben ist, der schlimmstenfalls in ein Verbrechen münden kann. Die folgenden Tipps helfen beim Umgang mit Stalkern:

1. **Sagen Sie gleich zu Beginn einmal – und nur einmal – eindeutig NEIN zu Ihrem unerwünschten Verehrer!**
   Reagieren Sie danach nie wieder auf Ihren Stalker, was immer er auch tut und so schwer es Ihnen auch fallen mag. Denn jede weitere Reaktion von Ihnen, ob am Telefon, per Brief, auf der Straße oder sonstwo, ermutigt ihn, Sie verstärkt zu belästigen, gibt ihm das Gefühl, dass er Ihnen doch etwas bedeutet. Genau das will er erreichen, davon nährt sich sein obsessives Verhalten. Der US-Sicherheitsexperte Gavin de Becker weist seine Klienten darauf hin, dass Gesetze nur begrenzte Möglichkeiten bieten, gegen Stalking vorzugehen. Was wirklich hilft, so rät er, ist die entschiedene Ablehnung durch das Opfer Opfers von Anfang an. Wer aus falsch verstandener Rücksicht auf seinen Verfolger eingeht, verschärft das Problem nur. Das klare Nein erleichtert auch die juristische Auseinandersetzung. Sie schwächen Ihre Position, wenn Sie dem Gericht erklären müssen, warum Sie sich mit ihrem Verfolger getroffen oder mit ihm telefoniert haben, obwohl Sie keine Beziehung zu ihm wollten.

2. **Reden Sie mit Ihren Nachbarn, Freunden und Kollegen über Ihr Problem!**
   Es gibt Stalker, die gewalttätig werden. Wenn Freunde und Nachbarn Bescheid wissen, können Sie in entsprechenden Situationen

aktiv werden. Verschwenden Sie keinen Gedanken darauf, ob Ihnen das Stalking peinlich sein muss oder Sie vielleicht sogar einen Fehler begangen haben, weil Sie anfangs noch freundlich zu dem Verfolger waren. Das psychologische Problem hat er und nicht Sie! Öffentlichkeit schützt Sie.

3. **Dokumentieren Sie alles, was Ihr Verfolger treibt!**
   Halten Sie Zeit, Datum und Art der Belästigung in einer Art Tagebuch, auf Kassetten, Fotos, Video fest. Archivieren Sie Nachrichten auf dem Anrufbeantworter, Briefe, E-Mails. Steht Ihr Verfolger vor dem Haus, dann bitten Sie einen Nachbarn, Ihnen das schriftlich zu bestätigen. All dies wird vor Gericht als Beweismittel akzeptiert.

4. **Nehmen Sie sich einen erfahrenen Rechtsanwalt!**
   Er wird für Sie alle rechtlichen Dinge erledigen und Ihr Sprachrohr gegenüber Gerichten, Behörden oder privaten Institutionen sein. Bei ihm hinterlegen Sie auch Ihre gesammelten Aufzeichnungen. Bei Problemen mit dem Arbeitgeber kann er ebenfalls hilfreich sein und Ihre Glaubwürdigkeit bestätigen.

5. **Wenn Ihr Verfolger Ihnen nicht namentlich bekannt ist, richten Sie eine Fangschaltung ein!**
   Anträge bekommen Sie in jeder T-Punkt-Filiale. Sie müssen dort persönlich und mit Ihrem Personalausweis erscheinen, um eine Fangschaltung zu beantragen. Die Kosten dafür tragen Sie selber. Am ersten Tag kostet es 20 Mark, vom zweiten bis zum vierten Tag 10 Mark, vom fünften bis zum neunten Tag 5 Mark, danach jeden weiteren Tag eine Mark. Ist der Störenfried ermittelt, teilt Ihnen die Telefongesellschaft seinen Namen und seine Adresse mit. Aus Datenschutzgründen wird allerdings auch der Anrufer informiert. Es sei denn, Sie können einen wichtigen Grund dafür anführen, dass dies unterbleiben soll. Verbindungsnachweise der Telefongesellschaft gelten auch als Beweismittel vor Gericht (siehe Kapitel 9, Seite 191). Unter der Servicenummer 0800 330 1000 können Sie erfragen, welche T-Punkt-Filiale in Ihrer Nähe ist.

6. Wenn Sie es mit einem Stalker zu tun haben, der vor Ihrem Haus lauert, bitten Sie Freunde, Sie zu begleiten!

Das gewährt Ihnen Schutz. Der Stalker spürt, dass er unerwünscht ist, und Sie haben stets einen Zeugen.

7. Beantragen Sie eine einstweilige Verfügung (siehe Seite 193), wenn Sie sicher sind, dass Ihnen daraus kein Schaden erwächst!

Es gibt Stalker, die mit ihrem Terror aufhören, um nicht noch einmal mit dem Gesetz in Konflikt zu geraten. Mit einer einstweiligen Verfügung hat man eine juristische Handhabe. Die Polizei hat jetzt die Möglichkeit, einzugreifen, wenn der Stalker wieder aktiv werden sollte. Richter erkennen Ihr Bemühen zudem an.

8. Seien Sie auf dem Rechtsweg konsequent!

Wenn Sie sich entschlossen haben, juristisch gegen Ihren Verfolger vorzugehen, informieren Sie Ihren Anwalt über jede Übertretung, damit er Sie bei den Strafverfolgungsbehörden anzeigt, und veranlassen Sie gegebenenfalls, dass das Gesundheitsamt oder ein sozialpsychiatrischer Dienst in Ihrer Nähe informiert wird, insbesondere dann, wenn Sie das Gefühl haben, dass Ihr Verfolger eine Bedrohung für sich oder andere darstellt.

9. Seien Sie vor Gericht unnachgiebig!

Kommt es zur Gerichtsverhandlung, dann seien Sie hart in Ihrer Haltung gegenüber Ihrem Verfolger. Um ein langwieriges Verfahren zu vermeiden, schlagen manche Richter einen Vergleich zwischen dem Opfer und dem Verfolger vor. Der Stalker muss sich darin verpflichten, sein Opfer nicht mehr zu belästigen. Verstößt er gegen diese Verpflichtung, hat er eine Strafe zu erwarten. Die Erfahrung amerikanischer Fachleute zeigt allerdings, dass Stalking durch einen Vergleich in der Regel nicht gestoppt werden kann. Im Gegenteil: Die Zustimmung des Opfers zu dem Vergleich bestärkt den Täter in seinem Glauben, dass das Opfer ihn mag.

10. Wenn es sich bei dem Verfolger um Ihren Expartner handelt, machen Sie sich frei von Emotionen!

Machen Sie sich immer klar: Sein Verhalten schränkt Ihre persönliche Freiheit ein. Und das ist rechtswidrig! Keine Affäre, Beziehung oder vorangegangene Ehe rechtfertigt ein Verhalten, das auf Einschüchterung, Belästigung oder Psychoterror abzielt. Falsches Verständnis verlängert das beidseitige Martyrium unnötig!

11. Ändern Sie Ihre Telefonnummer nicht, wenn Ihr Verfolger Sie fernmündlich behelligt!

Lassen Sie sich stattdessen eine zweite Nummer geben. Verbannen Sie den Telefonapparat mit der alten Leitung, auf der Ihr Stalker anruft, in einen abgeschiedenen Teil Ihrer Wohnung, so dass Sie die Signale nicht hören. Schließen Sie einen Anrufbeantworter an. Darauf können Sie seine Anrufe als Beweismittel für juristische Schritte aufzeichnen. An dem neuen Apparat können Sie jetzt getrost Gespräche entgegennehmen, da nur Ihre Freunde und Bekannten diese Nummer kennen. Der Stalker merkt nicht, dass Sie eine neue Nummer haben, und glaubt, über den Anrufbeantworter würde er mit Ihnen kommunizieren. Damit er Ihre Stimme nicht mehr zu hören bekommt, lassen Sie das Band von einer Freundin besprechen, wenn Ihr Verfolger ein Mann ist. Bei einer männlichen Stimme würde Ihr Verfolger wieder aktiv recherchieren, wer der Mann ist. Das Gleiche, nur anders herum, gilt auch für Männer.

12. Nehmen Sie keine Pakete entgegen, die Sie nicht erwarten.

Post, die nicht zurückkommt, gilt für den Stalker als angenommen und sieht wie ein mittelbarer Kontakt aus.

13. Hund oder Judo-Kurs!

Stalking ist auch ein Anschlag auf Ihre Psyche, der Täter verbreitet Angst. Ein Hund erhöht Ihr Sicherheitsgefühl und kann Ihnen im Ernstfall helfen. Eine andere Möglichkeit ist die Teilnahme an einem Selbstverteidigungskurs. Sie gewinnen wieder Selbstbewusstsein und bekommen das Gefühl, Ihr Problem selber in der Hand zu haben.

14. Schaffen Sie sich ein Handy an!
Nicht ganz billig, aber womöglich lebensrettend. Es gibt aggressive Stalker, die auch vor einem Einbruch nicht zurückschrecken. Mit einem Handy können Sie die Polizei rufen, wenn Ihr Stalker zum Beispiel die Telefonleitung durchgeschnitten hat oder Sie sich in einer Situation befinden, in der kein festes Telefon erreichbar ist.

15. Informieren Sie Ihren Hausarzt!
Er kann Ihnen Tipps geben, was Sie selber in die Wege leiten können, Ihnen bei juristischen Auseinandersetzungen als Zeuge dienen und Ihnen gegebenenfalls psychologischen Beistand empfehlen.

16. Schauen Sie in den Rückspiegel!
Stellen Sie fest, dass der Stalker Sie im Auto verfolgt, dann fahren Sie nicht nach Hause und nicht zu Freunden, sondern direkt zur Polizei.

17. Wenn Ihr Verfolger Sie massiv in Ihrem Leben einschränkt, dann überlegen Sie, ob Sie nicht umziehen!
Bevor Sie Ihr Leben gefährden, nehmen Sie lieber die Anstrengung auf sich, eine neue Wohnung zu suchen. Selbst wenn das Recht auf Ihrer Seite ist, haben Sie keinen sicheren Schutz. Kein Gericht der Welt kann einen Stalker lebenslänglich einsperren, solange er nicht einen Mord begangen hat. Bei jedem Einwohnermeldeamt können Sie eine Auskunftssperre beantragen, indem Sie mit Hilfe von Zeugenaussagen oder Briefen die Bedrohlichkeit Ihrer Situation nachweisen. Die Telefongesellschaften dürfen Ihre Nummer nicht bekannt geben, wenn Sie es nicht wünschen. Sie können sich auch ein Postfach einrichten lassen, damit Ihre Briefe nicht Ihre neue Adresse verraten. Sie sollten auch überlegen, wem Sie Ihre neue Adresse geben. Müssen Sie für Ihre Firma erreichbar sein, dann legen Sie sich ein Handy zu, aber vermeiden Sie, private Adressen und Telefonnummern an Kollegen weiterzugeben. Womöglich sollten Sie einen Schulwechsel Ihrer Kinder überlegen. Stalker sind sehr raffiniert.

13 Tipps zur Abwehr von Internet-Stalkern

1. Bleiben Sie anonym!
Niemals, auch nicht bei der Anmeldung in einem Chat, sollte der Surfer seinen richtigen Namen, seine Adresse, Arbeitsstelle, Telefonnummer oder die eigene E-Mail-Adresse angeben.

2. Geschlechtsneutral bleiben!
Vor allem Frauen sollten in Chaträumen geschlechtsneutrale Spitznamen benutzen.

3. Vorher informieren!
Vorsichtshalber sollte man sich schon zu Beginn informieren, wie Moderator oder Postmaster zu erreichen sind.

4. Neutrale Adresse!
Anonymität gewährt auch eine kostenlose E-Mail-Adresse, wie sie beispielsweise von Yahoo, Hotmail, Excite oder Netscape angeboten werden. Wer sich auf die Homepage des jeweiligen Anbieters einwählt, kann jederzeit auf sein dortiges Postfach zugreifen, ohne vorher Auskunft über private Daten oder Einwahlknoten zu geben.

5. Klares Nein!
Wer ungebetenen Besuch in einem Chat bekommt, sollte dem Belästiger unverzüglich mitteilen, dass man kein Interesse an einem Gespräch hat. Danach sollte man jegliche Kommunikation ignorieren.

6. Sachlich bleiben!
Wer verbal angegriffen wird, sollte niemals sarkastisch, aggressiv oder wütend reagieren. Menschen, die es auf Belästigung angelegt haben, versuchen über Provokationen einen Kontakt aufzubauen.

7. Sammeln!
Wer bereits belästigt wird, sollte alles an Informationen, Kommunikation und E-Mails über den Belästiger speichern und dem Postmaster oder Chat-Moderator mitteilen.

8. **Vereinen!**
Schließen Sie sich mit anderen Opfern zusammen, um bei Anbietern gegebenenfalls größeren Druck erzeugen zu können.

9. **Öffentlichkeit!**
Machen Sie eine Verfolgung und alle verfügbaren Informationen über den Verfolger öffentlich, um den Täter abzuschrecken und potentielle Opfer zu warnen. Informieren Sie den Administrator und den Netzbetreiber über alle Daten des Belästigers.

10. **Neue E-dentität!**
Ändern Sie Ihre virtuelle Identität, geben Sie sich einen neuen »Nickname« und informieren Sie alle Freunde davon.

11. **Eltern informieren!**
Wer noch nicht volljährig ist, sollte auf jeden Fall seine Eltern über die Belästigung informieren.

12. **Fortbildung!**
Lernen Sie in Computerkursen, wie man Filter einbaut, um ungewollte E-Mails abzuschirmen, oder wie man Fallen stellt, um einem anonymen Täter auf die Spur zu kommen.

13. **Diskretion!**
Verbieten Sie Ihrem Netzanbieter, Ihre private E-Mail-Adresse in Suchmaschinen, Listen oder Adressbüchern zu veröffentlichen.

15. Danksagung

Peter und Susanne Charlotte Möller, Anke Richter, Sonny Krauspe, Corinna Bonneval, Sabine Christiansen, Prof. Dr. Joachim Kaiser, Dr. Eva Schielke, Dr. Sibylle Quellhorst, Dagmar Berghoff, Jens Riewa, Bernd Musa, Verena Brockshuus, Birgit Großmann, Matthias Hennig, Kathrin Reichel, Jörg van Daake, Anke Wendland, Jan-Ole Tanneberger, Kirstin Luxenburg, Alexander Hoffmann, Udo Ludwig, Prof. Dr. Horst Bosetzky, Peter Heinrich, Melissa und Christian Wolff, Maren Niemeyer, Detlev Hacke, Christine Zahn, Iris Luise Böhm, Sabine Lauxen, Uta Fischer, Dinka und Marla Mrkowatschki, Wolfgang Fierek, Rebecca Hudson, Frau Wozniak, Dr. Diana Valero, Manfred Bolz, Jeanette Gewages, Gaby Bauer, Horand Knaup, Birgit Schweikert, Puppa Gailinger, Heidi Snel, Roger Willemsen, Amy Goldberg, Rolf Brendel, Dr. Andreas Kernbichler, Heinz Bude, Melanie Hede, Michael Schöbel, Iris und Christoph Lanz, Bundesjustizministerin Hertha Däubler-Gmelin, Paul, meinem Mann, und allen, die mir ihr Vertrauen geschenkt haben.

16. Medien

Sachbücher

Becker, Gavin de
Mut zur Angst
Frankfurt/M. 1999

Benedetti, Gaetano
Todeslandschaften der Seele
Göttingen 1983

Egger, Fröschl, Lercher, Logar, Sieder
Gewalt gegen Frauen in der Familie
Wien 1995

Meloy, J. Reid
The Psychology of Stalking
Clinical and Forensic Perspectives
San Diego 1998

Möhr, Andrea
Liebeswahn: Phänomenologie und Psychodynamik
der Erotomanie
Stuttgart 1987

Orion, Doreen
I know you really love me
Stalking and obsessive love
New York 1998

Pechstaedt, Volkmar von
Stalking. Strafbarkeit nach englischem und deutschem Recht
Göttingen 1999

Snow, Robert L.
Stopping a Stalker
A Cop's Guide to make the system works for you
New York 1998

Ulshöfer, Helmut (Hrsg.)
Liebesbriefe an Adolf Hitler – Briefe in den Tod
Frankfurt/M. 1996

Studien

Mullen, P., Pathé, M.: »Stalking and the Pathologies of Love.« Australien and New Zealand Journal of Psychiatry (1994) 28: 469–477

Mullen, P., Pathé, M.: »The Impact of Stalkers on their Victims.« British Journal of Psychiatry (1997) 170: 12–17

Rudden, M., Sweeney, J., Frances, A.: »Diagnosis and Clinical Course of Erotomanic and other Delusional Patients.« American Journal of Psychiatry (May 1990) 147(5): 625–628

Segal, JH.: »Erotomania revisited: from Kraepelin to DSM-III-R.« American Journal of Psychiatry (1998) 146: 1261–1266

Menzies, R. P., Fedoroff, J. P., Green, C. M., Isaacson, K.: »Prediction of dangerous Behavior in Male Erotomania.« British Journal of Psychiatry (1995) 166: 529–536

Romane

Highsmith, Patricia
Der süße Wahn
Zürich 1974

Hoag, Tami
Dunkle Pfade
München 1999

-KY
Es reicht doch, wenn nur einer stirbt;
Zu einem Mord gehören zwei; Die Klette
Hamburg 1995

Noll, Ingrid
Der Hahn ist tot
Zürich 1993

Noll, Ingrid
Röslein Rot
Zürich 1998

McEwan, Ian
Liebeswahn
Zürich 1998

Munson, Ronald
Fan Mail
Frankfurt/M. 1995

Filme

Cape Fear
USA 1991
R: Martin Scorsese;
D: Robert de Niro, Nick Nolte, Jessica Lange

Deadly web – Terror im Internet
USA 1996
R: Jorge Montesi;
D: Gigi Rice, Ed Marinaro, John Wesley Shipp

Fan
BRD 1981
R: Eckhart Schmidt;
D: Désirée Nosbusch, Bodo Staiger, Simone Brahmann

Fan – Fanatiker
USA 1981
R: Edward Bianchi;
D: Lauren Bacall, James Garner, Maureen Stapleton

Fatal Attraction – eine verhängnisvolle Affäre
USA 1987
R: Adrian Lyne;
D: Michael Douglas, Clenn Close, Anne Archer

Mon amour – eine mörderische Liebe
Frankreich / Belgien 1996
R: Pierre Joassin;
D: Florence Pernel, Robin Renucci, Patrick Catalifo

Taxi Driver
USA 1976
R: Martin Scorsese;
D: Robert de Niro, Jodie Foster

The Crush – das Biest
USA 1993
R: Alan Shapiro;
D: Alicia Silverstone, Cary Elwes

The Fan
USA 1997
R: Tony Scott;
D: Robert de Niro; Westley Snipes

The King of Comedy
USA 1983
R: Martin Scorsese;
D: Robert de Niro, Jerry Lewis

Unter Druck
TV Film, BRD 1995
R: Peter Pistor;
D: Kai Wiesinger, Nicolette Krebnitz, Natalie Wörner

Internet-Adressen

www.antistalking.com
www.stalkingvictims.com
www.fiu.edu/~victimad/st.htm
www.chanabuse.ftn.org

17. Quellennachweis

S. 9: William Shakespeare, Othello; übers. von Wolf Heinrich Graf Baudissin, hrsgg. von Dietrich Klose, Reclam Universal-Bibliothek Nr. 21, Suttgart 1971.

Dargestellte Sachverhalte von Erlebnissen folgender Persönlichkeiten beruhen auf den aufgeführten Berichten aus:

Géraldine Olivier (Seite 23):
Das Neue (08.05.1999)
Das Neue Blatt (11.05.1999)

Steffi Graf (Seite 102 f.):
Der Spiegel (27.03.1995)
Frankfurter Allgemeine (22. 03.1995)
Welt am Sonntag (19.09.1993)
Bildzeitung (22.06. u. 24.06.1993)
Bunte (01.07.1993)
Sport Bild (05.05.1993)

Harald Schmidt (Seite 105):
Bild am Sonntag (11.07. u. 12.09.1999)

Birgit Schrowange (Seite 105 f.):
Bild am Sonntag (22.05.1994 u. 27.08.1995)
Hamburger Morgenpost (10.07.1993)
Das Neue (22.06.1996)
Playboy (01.07.1996)

Brigitte Bastgen (Seite 106):
Bild am Sonntag (27.08.1995)
Das Neue (22.06.1996)
Playboy (01.07.1996)

Prinzessin Diana (Seite 108):
Süddeutsche Zeitung (29.06.1996)
Hörzu (13.09.1996)
Abendzeitung, München (13.01.1996)
Bild am Sonntag (10.03.1996)

Prinzessin Anne (Seite 108 f.):
Abendzeitung, München (13.01.1996)
Bildzeitung (22.11.1999)

Prinzessin Victoria (Seite 109):
De Telegraaf, Amsterdam (17.07.1999)

Madonna (Seite 109):
Bildzeitung (31.05.1995)
Süddeutsche Zeitung (25.03.1996)
Hörzu (13.09.1996)
New York Times (08.01.1996)

Björk (Seite 110 f.):
Bildzeitung (19.09.1996)
Rolling Stone (14.12.1996)
Berliner Zeitung (18.10.1996)
New Musical Express (07.11.1998)

David Letterman (Seite 111):
The New York Times (07.10.1998)

18. Register

Aftab, Parry 135 f.
Altweger, Susanne 153
American Psychological Association (APA) 156 f.
Anne, Prinzessin 108
Anonyme Sex- und Liebessüchtige (S.L.A.A.) 21, 217
Anti-Stalking-Gesetz 185, 203
von 1996 185
antisoziale Persönlichkeitsstörung 150, 157
APA (American Psychological Association) 156 f.
Auermann, Nadja 104

Barber, Randi 134 ff., 168
Bardo, Robert John 155 f., 201
Bastgen, Brigitte 106
Becker, Gavin de 112 f., 116 f., 155, 185, 207
Bedrohung 197 f., 211
Beleidigung 197, 211
Berghoff, Dagmar 105 ff.
Bergmann, Christine 125
Berliner Initiative gegen Gewalt gegen Frauen (BIG e.V.) 213
Berliner Interventionsprojekt (BIG) 186
Björk 110 f.
Boer, Dr. A. P. de 124
Borderline-Störung 144, 157
Bude, Heinz 122
Bundesjustizministerium 25
Bundeskonferenz für Erziehungsberatung e.V. 216

Campbell, Naomi 17
Chapmann, Mark David 156, 201
Christiansen, Sabine 17 f., 137
chronische Schlafstörungen 164
Cicero 19
Clérambault, Gaetan G. de 149 ff.
Clinton, Bill 185

Däubler-Gmehlin, Hertha 25, 125, 197
Depression 143
endogene 144, 159
Deutsche Arbeitsgemeinschaft für Jugend- und Eheberatung 214
Deutscher Caritasverband e.V. 216
Diana, Prinzessin 108
»Die dritte Generation« 104
Diekstra, Rene 20
Dietz, Dr. Park 110, 185

Egger, Renate 146
Einstmann, Babette 105
Einstweilige Verfügung 193 f., 223
Eisermann, André 105
Elisabeth II 108
Emker, W.C. 153
endogene Depression 144, 159
Ermittlungsverfahren, strafrechtliches 190, 195
erotomaner Wahn 150
Erotomanie 144, 149
Essstörungen 164
Evangelische Konferenz für Familien und Lebensberatung e.V. 215

Evangelisches Zentralinstitut für Familienberatung 215
Exhibitionismus 211

Fan 103 f.
Fangschaltung 136, 222
Fehr, Hanns-Ewald 170
Ferres, Veronica 105
Fischer, Helmut 108
Formenkreis, schizophrener 144
Foster, Jodie 17, 110, 201
Freiheitsberaubung 195, 211
Fromm, Jan 105
Frösch, Elfriede 146

Georg V. 151
Gerichtsverhandlung 223
Gesundheitsamt 212, 223
Gorbatschow, Michail 156
Gottschalk, Thomas 17, 105
Graf, Steffi 17, 103
Griffith-Joyner, Florence 23
Grothmann, Elisabeth 170

Haftbefehl 192
Hagen, Nina 104
Hall, Dr. Doris M. 147
Hausfriedensbruch 197, 211
Herman, Eva 105
Hickes, Eric 185
Hinckley, John 17, 110, 201
Hingis, Martina 105
Hitler, Adolf 153
Hoffmann, Alexander 146
Hoffmann, Dr. Jochen 147
Hoskins, Roland 109
Houston, Whitney 17
Huber, Anke 105

Jackson, Arthur 201

Kaiser, Prof. Dr. Joachim 22, 173–183, 209
Kastle, Patricia 202
Katholische Bundesarbeitsgemeinschaft für Beratung e. V. 215
Kernbichler, Dr. Andreas 147
Kesner, John 146
Kienlen, Kristine K. 145
Kiesbauer, Arabella 140 f.
Kohler, Jürgen 105
König Georg V. 151
Kopfschmerzen 164
Körperverletzung 189, 197 f., 211
Kurt, Kay 193

Legalitätsprinzip 191
Lennon, John 156, 201
Lercher, Lisa 146
Letterman, David 17, 111
Levee, Jim 103
Lewis, Jerry 17
Liebeswahn 15, 25, 150, 152
klassischer 207
Logar, Rosa 146
Lopez, Ricardo 111
Luxenburg, Kirsten 122, 189

Madonna 17, 105, 109
Maleeva, Magdalena 102
Männer gegen Männer-Gewalt (MgM) 218
Matussek, Mathias 176
McKenry, Prof. Patrick 146
Meloy, J. Reid 170, 185
MgM (Männer gegen Männer-Gewalt) 218

Missbrauch 145
emotionaler 145
körperlicher 145
Mobbing 197
Möhr, Dr. Andrea 149 f.
Mord 211
Mullen, Dr. Paul E. 24, 144, 161–164, 169

Nakos 218
Narzissmus 104, 144, 148, 154
Neurose 143, 154, 157, 159
Organneurose 160
psychosomatische 160
Psycho- 160
Nötigung 197 f., 211
sexuelle 195

Olivier, Géraldine 23
Opferhilfe, regionale 213
Ordnungsgeld 195
Österreichisches Wegweisungsrecht 124

Paltrow, Gwyneth 15
paranoide Psychose 144, 150, 152, 158
paranoide Schizophrenie 149
Parche, Günther 102
Pathé, Michele 24, 144, 161–164, 169
Personalbeweis 191
Persönlichkeitsstörung 143, 154, 156, 207
antisoziale 150
Pfeiffer, Christian 146
Pilotprojekt aus Girona 125
Pitt, Brad 15
Polizei 211
posttraumatische Stresssymptome 164
Prinzessin Anne 108
Prinzessin Diana 108
Prinzessin Victoria 109
Pro Familia 215
Prozesskostenhilfe 196
Psychose 143, 149, 154, 157 f.
paranoide 144, 150, 152, 158

Queen Elisabeth II 108

Rappaport, Maurice 143
Ray, Margaret Mary 111
Reagan, John 110
Reagan, Ronald 17, 201
regionale Opferhilfe 213
Riewa, Jens 105, 108 f.
Rolando, Athena Maria 15
Ruge, Nina 105
Rutschky, Michael 176

S. L. A. A. (Sex and Love Addicts Anonymus – Anonyme Sex- und Liebessüchtige) 21, 217
Sachbeschädigung 189
Sachbeweise 191
Saldana, Theresa 201
SAS (Stichting Anti Stalking) 217
Schaeffer, Rebecca 155 f., 201
Schanda, Dr. Hans 152
Scheuerer-Englisch, Hermann 144
Schiffer, Claudia 105
schizophrener Formenkreis 144
Schizophrenie 158
paranoide 149
Schlafstörungen, chronische 164

Schmidt, Harald 105
Schöbel, Michael 104
Schrowange, Birgit 105
Schürmann, Petra 105
Schweickert, Birgit 186
Schweins, Esther 105
Seles, Monica 23, 102
Sessions, William S. 123
Sex and Love Addicts Anonymus (S.L.A.A.) 21, 217
Sex- und Liebessucht 21
sexuelle Nötigung 195
Sieder, Hermine 146
Silverman, Joy 122 f.
Smith, Samantha 156
Snow, Captain Robert L. 208
Sozialdienst Katholischer Frauen 215
Sozialpsychiatrischer Dienst 212, 223
Spielberg, Steven 105
Stahnke, Susan 105
Stalker 101
- »anonymer Fan« 101 f.
- »flüchtiger Bekannte« 101, 113
- »Expartner« 101, 113, 120, 145
- »Internet-Stalker« 101, 130
- »Rache-Stalker« 101, 136
- -Typen 101

Stalking 14, 18, 20 f., 25, 101, 120, 122, 124, 140, 143 f., 154, 156, 163, 168–171, 186, 190, 197 f., 202, 204, 211
- amerikanisches Strafrecht und 25
- US-Studie über 169

Stichting Anti Stalking (SAS) 217
Strafantrag 190
Strafanzeige 190, 195
strafrechtliches Ermittlungsverfahren 190
Strauß, Bodo 176
Stresssymptome, posttraumatische 164

Telefonseelsorge 216
Threat Management Unit (TMU) 205
Totschlag 211

Unterlassungsklage 193 f.

Verfügung, einstweilige 193 f., 223
Vergewaltigung 195
Verleumdung 211
Victoria, Prinzessin 109
Vollstreckungsverfahren 194
von Daake, Jörg 211

Wachtler, Sol 123
Wahn, erotomaner 150
Wegweisungsgesetz 199
Wegweisungsrecht in Österreich 124
Weißer Ring 189, 213
»Wildwasser« 104
Willemsen, Roger 105, 108
Witt, Katharina 102
Wohnungseinbruch 211
Wohnungszuweisung 193

Zwangsgeld 194